ÉTAT

DES

ANOBLIS EN NORMANDIE.

EVREUX.— CANU, IMP.

ÉTAT

DES

ANOBLIS EN NORMANDIE

De 1545 a 1661

AVEC UN SUPPLÉMENT

De 1398 a 1687

PAR L'ABBÉ P.-F. LEBEURIER

Ancien élève de l'Ecole des chartes, chan. hon. d'Evreux
et archiviste de l'Eure.

EVREUX

P. Huet, Libraire-Editeur, rue Chartraine, 42

PARIS | ROUEN
Dumoulin, quai des Augustins, 13. | Lebrument, r. de l'Impératrice, 44.

M DCCC LXVI

PRÉFACE.

L'ancienne noblesse est celle dont l'origine remonte au-delà de l'époque des anoblissements proprement dits. Les nobles d'ancienne extraction se distinguaient autrefois des anoblis ou nouveaux nobles. La noblesse de ces derniers était moins estimée dans l'opinion publique, et certaines charges leur étaient interdites. Ainsi, pour être sous-lieutenant des gardes du corps, il fallait faire preuve d'une noblesse sans origine connue et remontant à 1400; pour être page, il fallait remonter à 1550, également sans principe connu. De là venait, dans les familles des anoblis, une tendance naturelle à laisser ignorer la date de l'anoblissement, et à citer dans les généalogies les titres qui prouvaient la possession de la noblesse par le premier anobli de leur race, sans indiquer le titre primordial.

Au fond, cette distinction entre les anciens nobles et les anoblis était peu logique. Si on excepte quelques familles illustres dont les souvenirs remontent aux premiers siècles de notre histoire, les différences d'origine n'ont plus d'importance que par un certain prestige que donne toujours une plus haute antiquité.

Les dons extraordinaires du génie ou de très-grands services rendus à l'Etat sont choses assez rares à toutes les époques, et ils peuvent être le principe de la noblesse chez les derniers anoblis, comme dans les familles dont l'origine se perd dans la nuit des temps.

En dehors de ces exceptions, l'ensemble de la noblesse d'ancienne extraction a eu pour origine la propriété territoriale. Des hommes libres, que rien ne distinguait des autres hommes libres, ont possédé, d'abord à titre transitoire, et ensuite à titre héréditaire, des domaines auxquels étaient attachés le service militaire et l'exercice de fonctions administratives et judiciaires. Ils sont devenus la noblesse féodale. Bientôt, en dehors d'eux, il n'y eut plus d'hommes libres, et, pendant longtemps, il suffit de devenir propriétaire d'un fief pour entrer par là même dans la noblesse. Plus tard, quand par les progrès des classes inférieures, le vilain, l'homme coutumier, comme on disait alors, put devenir assez riche pour acquérir un domaine noble, il exerça immédiatement tous les droits à cette propriété, et à la troisième génération, sans autre formalité, ses descendants eurent tous les priviléges de la noblesse (1). Telle est historiquement l'origine des familles nobles sans principe connu.

Au XIIIe siècle commence l'anoblissement par lettres royales. On cite ordinairement, comme le plus ancien titre de ce genre, les lettres de noblesse accordées à Raoul L'orfevre, par Philippe-le-Hardi, en 1270.

---

(1) « Se aucuns hons coustumier conqueroit, ou achetoit chose qui
» feist a mettre homage ou il porchasse envers son seingnieur com-
» ment il le mette en foy, ou en homage en tous ses heritaiges, ou une
» partie, en tele foy, comme est la chose qui seroit pourchaciée, si
» auroit autant li uns comme li autres des enfans, fors li aisné, qui
» feroit la foi si auroit la moitié selon la grandeur de la chose, et pour
» faire la foy, et pour garir les autres en parage. Et tout ainsi départira
» toûjours més jusques en la tierce foy, et d'ileques en avant si aura
» l'aisné les deux parties, et se departira toûjours més gentiment.» —
Etablissements de St Louis, chapitre 143, Ordonnances des rois de France, t. 1er, p. 226.

Dans le cours du xiv{{e}} siècle, l'anoblissement par l'acquisition des fiefs continue et les lettres de noblesse deviennent très-fréquentes (2), quoiqu'on n'en connaisse qu'un petit nombre.

Chérin, au siècle dernier, évaluait à peine au vingtième de la noblesse de France les familles dont l'anoblissement était alors inconnu et qu'on disait d'ancienne extraction. Mais si on réfléchit que beaucoup de ces familles devaient avoir pour origine les nombreux anoblissements antérieurs à 1400; que plusieurs autres se sont éteintes depuis un siècle, et qu'enfin la révolution a notablement éclairci leurs rangs, on en conclura qu'aujourd'hui la presque universalité de la noblesse française est composée d'anoblis, quoiqu'il ne soit pas toujours possible d'établir le fait pour telle ou telle famille en particulier.

L'Etat des anoblis normands, que nous publions, ne mentionne qu'un seul exemple d'anoblissement au xiv{{e}} siècle, et encore il se rapporte à une famille dont nous n'avons pu retrouver la trace (3).

(2) Les lettres d'anoblissement sont assez multipliées pour que le roi délègue à ses officiers ou à ses lieutenants le droit de les accorder. En 1339, Philippe V accorde à sa Chambre des comptes, pour un temps limité, le pouvoir de délivrer en son nom des lettres d'anoblissement. (Ordonnances, t. XII, p. 53.) En 1342, il donne la même faculté à son lieutenant général en Languedoc. (Ibid., t. VIII, p. 375.) En 1361, Jean V accorda le même pouvoir à des commissaires délégués dans certaines provinces. (Armorial de France, reg. 1er, p. 657.) En juillet 1368, Charles V ordonna que les lettres d'anoblissement seraient visées par les gens des comptes qui fixeraient la finance à payer. (Ordon., t. V, p. 119.)

(3) C'est l'anoblissement de François Louchard, en 1398, n° 1177. Mais La Roque, dans son Traité de la Noblesse, (édition de 1735, Rouen, Pierre le Boucher, in-4°), indique plusieurs autres titres du XIVe siècle:

11 decembre 1344. — Maintenue de noblesse sur enquête en faveur de Gautier de Malleville, dit de la Londe, bailliage de Rouen (p. 194).

Mais au xvᵉ siècle, les anoblissements connus commencent à devenir nombreux. Notre Etat en indique cinq sous Charles VI (1380-1422), et vingt sous Charles VII (1422-1461) (4).

Novembre 1345.— Lettres de noblesse accordées par Jean, duc de Normandie, regent du royaume, a Jean de Geucourt, ecuyer de sa cuisine et chatelain de Goulet et de l'Isle (p. 93).

1355.— Aimery de Cours, demeurant pres Noyon sur Andelle, a raison de son anoblissement paya quatre vingt écus d'or (p. 57).

Fevrier 1358.— Pierre de Neuville, bailly de Rouen, faisant la charge de recteur en l'Université de Paris, anobli par le roi Jean (p. 175).

Aoust 1358.— Pierre Saffray, fils de Pierre, normand de nation, anobli par lettres données à Paris par Charles, fils ainé du roi et regent (p. 93).

1360.— L. d'an. accordées par Charles, fils ainé du roi et régent, a Jacques le Lieur, bourgeois de Rouen, confirmées apres son avenement à la couronne en 1364, et ver. c. en 1536 (p. 93 et 206).

Février 1363.— Simon de Baigneux, vicomte de Rouen, anobli par Charles, duc de Normandie (p. 93).

Avril 1367.— Jean Trefflier, bourgeois de Rouen, qui fut depuis maire de la ville, obtint lettres de noblesse moyennant 60 l. d'or. Sa femme et ses enfants y sont compris (p. 57).

Mai 1389.— L. d'an. accordées a Renaut Eudes, demeurant a Dieppe, pour lui et sa posterité données a Paris, ver. ch. le 25 mai même année moyennant 80 l. de finance (p. 59).

(4) La Roque nous fait connaître trois anoblissements normands du XVᵉ siècle, qui ne sont pas mentionnés dans notre Etat :

Février 1406.— Guillaume du Bosc, anobli par lettres de Charles VI (p. 163).

1436.— L. d'an. a Colin de Rallemont, de la paroisse de Criquetot l'Esneval, election de Montivillier, par Arthur, fils du duc de Bretagne, en 1436, et ensuite par Charles VII, en 1446. Il en sortit Jean, père de Nicolas ou Colinet de Ralemont, anobli a cause du fief du Bosc, en 1470, par la charte générale de Louis XI (p. 59).

Septembre 1441. — Le roi Charles VII fit expédier des lettres de noblesse à Jean Becquet, né à Rouen et habitué au Pont-de-l'Arche, pour avoir fait de belles actions au siége de Pontoise et avoir monté des premiers sur la tour de la Friche. Il lui donna pour armoiries : d'or à trois tours d'azur (p. 65).

Juin 1466.— Jean Mallet, demeurant au comté de Mortain, anobli à cette date, paya quatre vingt livres parisis (p. 57).

1492. — Jean de Bézu, seigneur de Frenelles, vicomte de Gournay,

Sous Louis XI, les anoblissements continuèrent et prirent bientôt en Normandie une extension très-considérable par la célèbre charte de 1470. Le roi, après avoir achevé de réprimer la révolte de 1469, avait promis aux Etats de la province d'abolir ce qu'il y avait d'abusif dans le droit dit de *francs-fiefs et de nouveaux acquêts.* Cette mesure fiscale, lui avait-on représenté, était contraire aux privilèges de la charte aux normands. Lorsque les gens d'église acquéraient de nouveaux biens, ils devaient s'en dessaisir dans l'intervalle de trente ans, à moins qu'ils n'eussent obtenu du roi des lettres d'amortissement. Les roturiers qui acquéraient des fiefs nobles devaient s'en dessaisir après quarante ans, s'ils n'avaient obtenu du roi des lettres d'anoblissement vérifiées et expédiées en la Chambre des comptes. Les uns et les autres ne devaient payer d'autre finance que celle fixée dans les lettres d'amortissement ou d'anoblissement. On voit, par les termes mêmes de ces remontrances, que les anoblissements par l'acquisition de fiefs nobles étaient demeurés en usage en Normandie, mais que la Chambre des comptes en expédiait des lettres et fixait l'indemnité à payer au roi (5).

Louis XI décida que chacun des bailliages de Normandie enverrait six notables personnes à Caen, le 1ᵉʳ octobre 1470, et que leurs réclamations seraient examinées par les commissaires royaux.

L'assemblée eut lieu en effet devant Louis de Har-

---

annobli par charte du roi Charles VIII, donnée à Paris le 24 juin 1492, eut un descendant qui obtint encore une charte d'Henri III suivant son édit du mois de novembre 1573. — Voyez note n° 71.

(5) Voir la charte de 1470, que nous donnons plus loin. La vérification des lettres d'anoblissement à la Chambre des comptes avait été prescrite par l'ordonnance de Charles V, en 1368, que nous avons citée note 2·

court, patriarche de Jérusalem et évêque de Bayeux, l'évêque d'Avranches, confesseur du roi, et Guillaume Cerisay, greffier du parlement de Paris.

Les demandes des Etats furent accordées et converties en un édit donné à Montils-lès-Tours, le 5 novembre 1470. Le roi amortit toutes les acquisitions faites par les gens d'église jusqu'au dit jour, et anoblit tous les roturiers qui possédaient des fiefs en Normandie, moyennant une somme de 47,250 livres tournois (6).

(6) Voici en entier ce célèbre édit appelé ordinairement la charte des francs-fiefs.

Louis, par la grâce de Dieu, roy de France, sçavoir faisons à tous presens et advenir, nous avoir reçue l'humble supplication de nos chers et bien amez les gens des trois estats de nos pays et duché de Normandie, contenant que comme puis n'agueres nous eussions donné nos lettres de commission addressantes à aucuns de nos conseillers et autres dénommés en icelles, pour besongner sur le fait des francs fiefs et nouveaux acquets en nostre dit pays et duché de Normandie selon la forme qu'il avoit esté accoutumée de faire es autres lieux et parties de nostre royaume, et ainsi qu'il estoit contenu en certaines instructions à eux sur ce baillées en nostre chambre des comptes par vertu desquelles nos lettres de commission, lesdits commissaires se soient transportez en aucunes parties d'iceluly pays et duché de Normandie et illec est en commencé de besongner sur le faict desdits francs fiefs et nouveaux acquêts selon le contenu desdites instructions, et ce voyant les dits suppliants, et aussi que lesdites instructions et l'exécution de la dite commission estoient directement, comme ils disoient, contre les lois, usages, coustumes, styles, statuts, ordonnances, privilèges, franchises et libertés par nous et nos prédécesseurs roys de France à eux concédés, donnés, octroyés, et contre la charte aux Normands, se soient tirés devers nous et après plusieurs requestes et remonstrances par eux à nous faites, nous ayent très humblement supplié et requist que nostre bon plaisir fust abolir et adnuller ladicte commission et tout l'effet d'icelle, et dont, ainsi qu'ils disoient, n'auroit jamais été accoutumé estre usé en nostre dit pays de Normandie, mais seulement en ensuivant lesdites loix, coustume et charte avoit esté accoutumé que quand aucunes eglises ou autres où nom d'icelles acqueroient en general ou particulier, fust par achapt, don, aumosme, ou autrement, où que aucuns non nobles acqueroient fiefs ou autres choses nobles, de les contraindre par les juges ordinaires dudit pays, et non par aultres juges ou commis-

Pour l'exécution de cet édit, le roi, par une commission datée du même jour, délégua les commissaires des

saires quelconques à en vuider leurs mains, c'est assavoir lesdits gens d'eglises en dedans trente ans après lesdites acquisitions et jusques à ce qu'ils eussent obtenu de nous lettres d'admortissement, et lesdits non nobles dedans quarante ans après lesdites acquisitions et jusqu'à ce qu'ils eussent semblablement obtenu de nous lettres d'annoblissement duement verifiées et expediées en nostre chambre des comptes ainsi qu'il appartient sans pour les dites contraintes, ne à l'occasion d'icelle, prendre, lever ou exiger sur eux aucune quittance ou somme de deniers, fors seulement celle qui estoit modérée ou composée par lesdits annoblissemens et admortissemens; sur lesquelles requestes et remonstrances eussions appointé que de chacun bailliage du dit pays de Normandie comparoistroient sex notables personnes en la ville de Caen, au premier jour d'octobre dernier passé, devant notre très cher et féal cousin le patriarche de Hiérusalem, évêque de Bayeux, et nos amez et féaux conseillers l'evesque d'Avranches, nostre confesseur, et Me Guillaume de Cerisay, greffier de nostre cour de parlement à Paris, ou les deux d'iceux, pour estre oys bien à plein sur lesdites requestes et remonstrances afin d'y trouver aucune bonne expédition, lequel patriarche nostre cousin et le dit Cerisay, estant en la ville de Caen au jour sur ce par nous ordonné, se soient comparus et presentez par devant eux en bon et grand nombre les dits gens des dits estats de nostre dit pays, ayant procurations suffisantes et leur ayent fait plusieurs ouvertures pour trouver aucun bon expédient en la dite matière, lesquelles ouvertures nostre dit cousin et le dit de Cerisay ayent accepté sous nostre bon plaisir, et après nous ayant fait bien a plein le rapport pour sur ce en ordonner ainsi que verrions estre a faire par raison; pourquoy nous, ces choses considérées, voulans et désirans de tout nostre cœur entretenir, garder et observer lesdites loix, coutumes, priviléges, statuts, usages, ordonnances, libertés et franchises de nostre dit pays de Normandie, à nosdits progéniteurs, à nous et à la couronne de France, et les grandes peines, travaux pertes et dommages que à l'occasion des guerres et differents passés, ils ont toujours porté, sousténue, enduré, et pour autres grandes causes et considérations qui à ce nous ont meu et meuvent, avons de nostre certaine science, propre mouvement, grace espéciale pleine puissance et auctorité royale, cassé, revoqué, annulé la dite commission, ainsi de nous obtenue pour besongner au dit pays de Normandie sur le faict des dits francs fiefs et nouveaux acquêts avec tout l'effet d'icelles et ce qui en dépend et peut dépendre, et voulons, ordonnons et nous plaist que toutes les terres, rentes, héritages et possessions quelconques, quelque part qu'ils soient au dit pays de francs-fiefs et nouveaux acquêts en Normandie, lesquels pendant les années 1471, 1472 et 1473, expédièrent des

Normandie, en quoy ont droit propriétaire par achat, don, aumosne ou autrement les dites gens d'église d'icelluy pays de Normandie tant en général qu'en particulier et autres, pour lesquels nous eussions pu prendre aucun droit pour raison d'amortissement ou consentement de tenir de tout le tems passé jusqu'à présent, soient et demeurent aux dites gens d'église et autres dessusdits quittes et paisibles, sans qu'ils puissent estre contraints, ores ne pour le temps advenir, à en composer ou les mettre hors de leurs mains, ne pour ce payer aucune finance, et en tant que touche lesdites gens d'église leur admortissons par ces présentes lesdites terres, rentes, héritages, possessions qu'ils tiennent à présent et ou ils ont doit de propriété, sans préjudice toutes fois du droit des seigneurs feodaux de qui les dites terres, rentes héritages et possessions sont tenus et mouvans et au regard des fiefs nobles acquis par gens non nobles jusqu'à présent en icellui pays de Normandie, et lesquels ils tiennent à présent héréditablement, ou en quoy ils ont droit hérédital, propriétaire et foncier, et qui sont tenus noblement à gage pleige court et usage, que les dits non nobles les tiennent, puissent tenir et posséder paisiblement dorénavant, sans ce qu'ils puissent être contraints à les vuider ne mettre hors de leurs mains, ne pour ce payer aucune finance, *mais seront iceux non nobles, qui ont acquis fiefs nobles, de la condition dessus dite, tenus et réputés pour nobles et des maintenant les avons annoblis et annoblissons, ensemble leur postérité et lignée nais et à naistre en loyal mariage, et voulons qu'ils jouissent des priviléges de noblesse comme les autres nobles de nostre royaume, pourveu qu'ils vivent noblement, suivent les armes, se gouvernent en tous actes comme les autres nobles du dit pays et ne facent choses derogeant à noblesse,* ou quel cas durant qu'ils feront le contraire, ils seront tenus et contraincts à payer les tailles comme les autres contribuables; et d'abondant, en ensuivant la tenue des dits priviléges, loix, coustumes et charte aux Normans, la confirmation que leur en avons faite, et selon l'usance qui en a esté observée et gardée au dit pays, avons octroyé et octroyons de nostre plus ample grâce par ces mêmes presentes que les dits gens d'église du pays de Normandie qui acquerront en icelluy pays aucunes terres, rentes ou possessions ou temps advenir, qui en jouiront paisiblement l'espace de trente ans continuels et consécutifs, par droit propriétaire, sans en avoir esté ou estre inquiétés, approuchés ne mis en procès durant le dit temps par nos dits juges et officiers ordinaires du dit pays, puissent tenir icelles terres, rentes et possessions comme admorties, sans qu'ils soient tenus en payer aucune finance ne prendre de nous et chartes particulières à toutes les familles qui se trouvaient de nos successeurs aucunes lettres d'amortissement, et pareillement les non nobles qui acquerront aucuns fiefs nobles tenus, comme dit est, noblement à gage pleige, court et usage, desquels ils jouiront l'espace de quarante ans continuels et consécutifs paisiblement par droit héréditaire, sans en avoir esté approchés, poursuivis ne mis en peine par nos dits juges et officiers ordinaires pendant le dit tems, ainsi que dit est, ne pourront estre contraincts à les mettre hors de leurs mains par quelconques commissaires que ce soit, ne par le juge ordinaire, ne à ceste cause payer, composer à aucune finance ne somme d'argent, en faisant à cause des dits fiefs nobles qu'ils auront ainsi acquis le service a nos guerres ou autrement selon la qualité d'iceux fiefs nobles, et pour toute la finance qui nous pouvaient, peuvent et pourroient estre deues à causes des amortissemens, annoblissemens, et autres choses dessusdites, les subjets et contribuables à ce ont faict et composé avec nous pour nostre intérest et indemnité à la somme de quarante sept mille deux cent cinquante livres tournois, monnoie du dit pays, qu'ils seront tenus de nous payer franchement en nos mains; pour laquelle recevoir et faire venir ens promptement, avons commis et ordonné, commettons et ordonnons nostre cher et bien amé Jehan Basire, maistre de nos monnoies de St Lo et de Tours, si donnons en mandement à nos amez et feaulx conseillers les gens tenans ou qui tiendront nostre cour de parlement et nostre échiquier de Normandie, les gens de nos comptes, trésoriers et generaux de nos finances, aux baillifs de Rouen, Caux, Caen, Cotentin, Evreux et Gisors, vicomtes desdits baillifs et à leurs lieutenans, presens et advenir, et à chacun d'eux si comme à lui appartiendra, que de nos presentes, volonté, declaration et octroy, admortissement, annoblissement, et de tout le contenu en ces presentes, ils et chacun d'eux en droit soy facent, souffrent et laissent les dites gens des estats de nostre dit pays et duché de Normandie et leurs successeurs jouir et user pleinement et paisiblement sans leur faire, mettre ou donner ne souffrir estre fait, mis ou donné aucun arrest, d'estourbier ou empeschement du contraire, lequel, se mis ou donné leur estoit ou temps advenir, le facent incontinent et sans delai revoquer, casser, annuller et le tout reparer et mettre au premier estat et deub, car ainsi nous plait il et voulons estre fait, non obstant que pour le temps passé les singulieres parties desdits admortissemens et annoblissemens ne soient aucunement exprimées ou déclarées en ces présentes et quelconques ordonnances, mandemens ou deffences à ce contraires; et pour ce que de ces presentes l'en pourra avoir à besongner en plusieurs et divers lieux, nous voulons qu'aus vidimus qui en seront faicts en nos dites cours de parlement et de l'eschiquier de

comprises dans la charte générale d'anoblissement (7). Plus tard des arrêts de la chambre des comptes confirmèrent la noblesse des familles sur le vu de ces chartes particulières ou sur les preuves de la possession d'un fief noble en 1470 (8).

Le total des anoblissements sous Louis XI (1461-1483) mentionnés dans notre Etat est de 45. Nous en trouvons 41 sous Charles VIII (1483-1498), et 26 sous Louis XII (1498-1515).

Le règne de François Ier (1515-1547) nous fournit 125 anoblissements, et encore nos manuscrits présentent-ils une lacune de douze ans, de 1530 à 1542. A cette époque l'anoblissement par les francs-fiefs devient plus rare. Le roi accorde directement des lettres de noblesse qui

---

Normandie, ou en nostre dite chambre des comptes, foy soit adjoutée, et que en s'en puisse ayder comme de ce present original; et afin que ce soit chose ferme et stable à toujours, nous avons faict mettre nostre scel à ces dites presentes signées de nostre main, sauf en autres choses nostre droit et l'autruy en toutes. Donné au Montils-lès-Tours, au mois de novembre, l'an de grace mil quatre cent soixante et dix, et de nostre regne le dixieme.

Sic signatum sub plica : Louis. Et supra plicam : par le roy, Bourré. Visa contentor. Roland : registrata. Et in eadem plica est scriptum; lecta, publicata et registrata Parisius in parlamento tertia die januarii anno Domini millesimo quadringentesimo septuagesimo. Sic signatum Brunat. Similiter lecta publicata et registrata in camera compotorum Domini nostri regis, Parisiis die quarta mensis et anno supradictis. Badouiller.—Dom Le Noir, la Normandie, anciennement pays d'états, p.114.

(7) Ces commissaires étaient Louis de Harcourt, patriarche de Jérusalem, évêque de Bayeux; Jean de Daillon, chevalier, bailli de Cotentin; May de Houllefort, bailli de Caen; Guillaume de Cerisay, greffier du parlement. Maîtres Gerard Bureau, Robert Jossel et Nicolas de Frefville, lieutenants généraux des baillis de Caen, de Cotentin et d'Evreux; Cardin des Hayes, avocat du roi au bailliage de Caen, Guillaume le Coq; Nicolas de Mante; Jean de Barville, avocat du roi, à Evreux; Jean le Sens; Bernard le Marinel; Thomas Ernaut et Nicolas le Mansel.—De la Roque, Traité de la Nobl., chap. 32, p. 105.

(8) De la Roque, ibid., p. 106.

sont expédiées par sa chancellerie et enregistrées après vérification par la chambre des comptes et la cour des aides, ce qui a toujours eu lieu dans la suite.

En 1582 apparaissent pour la première fois des lettres de réhabilitation ou relèvement de dérogeance (n° 140).

Sous les successeurs de François Ier nous trouvons : pour Henri II (1547-1559) 27 anoblissements ; pour François II (1559-1560) un seul ; Charles IX (1560-1574) six ; Henri III (1574-1589), 251 lettres d'anoblissement, et 3 de dérogeance (9) ; Henri IV (1589-1610) 345 lettres d'anoblissement, 8 de dérogeance et 8 d'exemption de tailles (10) ; Louis XIII (1610-1643) 199 lettres d'anoblissement, 138 de dérogeance, 29 de vétérance et 7 d'exemption de tailles (11) ; Louis XIV, pour la partie de son règne que contiennent nos manuscrits, 289 anoblissements (12).

---

(9) De la Roque, p. 150, mentionne, sous ce règne, un arrêt du conseil privé du 3 février 1580 pour Jean Marguerie, sieur de Sorteval, élu en l'élection de Caen, Adam Dodeman, sieur de Placy, Jeanne Marguerie, sa femme, Jacques Fauvel, sieur de Fresnay, lieutenant en l'amirauté de France au siège d'Oistrehan, et Charles Noel, sieur de Demonville, descendus du frère de la Pucelle.

(10) De la Roque, ch. 43, p. 151, mentionne, sous le même règne, des lettres du dernier juillet 1603 qui maintiennent Charles Baillard, sieur de Flametz, lieutenant criminel du bailli de Caux à Neufchâtel. Il descendait, par Madeleine Garin, sa mère, d'une fille du frère de la Pucelle.—Le même, p. 150, cite un arrêt du 22 juin 1599 en faveur de Guillaume le Verrier, sieur de Tourville, assesseur en la vicomté de Valognes, qui avait épousé Denise du Chemin, laquelle descendait d'un frère de la Pucelle. — Enfin, p. 60, il cite encore des lettres de noblesse accordées en 1593, avec changement de nom, à Guillaume Sauvé, de la comté de Mortain.

(11) De la Roque, ch. 43, p. 151, cite un arrêt de la cour des aides, séant à Caen, le 12 juin 1640, en faveur de Robert le Conte, sieur de St Evroult, qui avait épousé Anne de Troismons, laquelle descendait, d'un frère de la Pucelle.

(12) De la Roque, ch. 43, p. 151, cite un arrêt de 1667 en faveur de Phi-

Les lettres d'anoblissement furent souvent révoquées ; mais ces révocations n'étaient en réalité que des mesures fiscales. On admettait qu'elles ne pouvaient remonter au-delà du quatrième degré, et il suffisait aux nouveaux anoblis de payer une nouvelle taxe pour obtenir des lettres de confirmation.

Ces révocations et confirmations fréquentes jetaient cependant une certaine confusion dans l'état des personnes. Le roi donnait à ferme les droits appelés de francs-fiefs et levés sur les roturiers acquéreurs de biens nobles. Les fermiers de ces droits et de quelques autres, *les traitants*, comme on les appelait, harcelaient les familles anoblies, en les obligeant à produire leurs titres primitifs et ceux qui avaient confirmé leur noblesse après les édits généraux de révocation, ce qui exigeait parfois des recherches et des procédures plus ou moins coûteuses. Les familles échappaient à ces ennuis par l'obtention de nouvelles lettres de noblesse, c'est pour cela qu'on voit des familles anciennes, aussi bien que celles dont les titres étaient douteux, retirer des lettres qu'on appelait *à deux visages*, parce qu'elles avaient pour but de donner la noblesse à celui qui les obtenait, s'il n'était pas déjà noble, et de la lui confirmer, s'il la possédait réellement. Notre état présente des exemples de ces sortes de lettres (13).

Les lettres d'anoblissement obligeaient à une finance dont le roi exemptait rarement; mais cette somme d'ar-

---

lippe Baratte, sieur de Vergenetté, de la paroisse de Fontaine-Halbout, de Louis Douesy, sieur de Caumont, et Jean Douesy, son frère, sieur d'Ardaine, de la paroisse de St-Loup-de-Frébois, dans l'élection de Falaise, comme descendus de la Pucelle.

(13) Voyez le n° 972 et conférez les n°s 17, 224, 310, 428, 595, 614. 622 638, 729, 775, 849, 880 et 991.

gent n'était pas, comme on l'a dit trop souvent, le prix de la noblesse : c'était une indemnité payée à l'Etat. Le roturier, par suite de son anoblissement, cessait de payer au roi divers impôts auxquels il avait été jusqu'alors assujetti. La chambre des comptes l'obligeait à payer une somme d'argent qui représentait en quelque sorte le capital des subsides annuels dont le trésor était privé. Une seconde indemnité lui était imposée au profit de la paroisse de son domicile, parce que l'exemption de la taille dont jouissait l'anobli était pour les autres habitants une aggravation de charges. On trouve dans la plupart de nos articles des exemples de ces deux sortes de finance.

Les anoblissements eurent souvent lieu en vertu d'édits généraux dans lesquels le roi déclarait anoblir un certain nombre de personnes quelquefois avec exemption de finance, mais ordinairement sous condition d'une finance à régler par la chambre des comptes ou réglée par l'édit lui-même. Le premier édit de ce genre que mentionne notre Etat est celui d'Henri III en 1576, en vertu duquel plusieurs Normands furent anoblis, entr'autres : Jacques Nourry et François le Moine (n⁰ˢ 127 et 137) (14).

En 1584, l'Etat mentionne un édit de Henry III pour anoblir 12 personnes en Normandie, et nous fait connaître parmi ces anoblis : Pierre Allain, n° 767 ; François de Bougueran, n° 768 ; Jacques de Cauvigny, n° 763 ; Pierre Fourel, n° 296 ; Philippe et Jacques le Monnier, n⁰ˢ 763 et 765 ; Jean Voisin, n° 147.

---

(14) Voyez un extrait de cet édit, Armorial de d'Hozier, regist. 1ᵉʳ, 2ᵉ part., p. 665. Nous croyons qu'il imposait une finance de 1000 livres et que c'est de lui dont il est question n° 37 et dans beaucoup d'autres articles où la finance est de 1000 livres ; mais nous ne connaissons cette pièce que par l'analyse assez vague qu'en donne d'Hozier.

En mars 1586, au moment où la Ligue devenait redoutable, Henri III anoblit 20 personnes en Normandie dont notre Etat nous fait connaître dix-neuf : Jean Benoist, grenetier à Bayeux, n° 171 ; Louis Benoist, n° 168 ; Marin Benoist, conseiller à Rouen, n° 771 ; Thomas le Breton, n° 778 ; Jacques du Buisson, n° 337 ; Adrian le Doulx, lieutenant-général à Evreux, n° 165 ; Pierre Guerard, n° 299 ; Guillaume Hue, n° 302 ; Pierre Hue, n° 778 ; Robert Lambert, de Lisieux, n° 166 ; Jean de la Lande, de Caen, n° 779 ; Richard Maloisel, greffier à Caen, n° 184 ; Ursin Pottier, n° 870 ; Thomas Pottier, lieutenant-général à Bayeux, n° 170 ; Robert Roger, n° 778 ; Jacques du Tertre, n° 164 ; Guillaume de Trollay, n° 778 ; Christophe de Varignon, de Caen, n° 780 ; Gilles Vautier, n° 778.

Un peu plus tard, en juin 1588, Henri III présent à Rouen, et voulant rallier à sa cause les principaux habitants de la ville, anoblit les 12 capitaines des bourgeois, en permettant à ceux qui étaient déjà nobles, ou qui ne voudraient point profiter de cette faveur, de désigner pour les remplacer un de leurs amis de la même province, n° 781.

L'Etat nous fait connaître huit de ces anoblis : Jean Brevedent, désigné par René de Brevedent, capitaine, n° 849 ; Nicolas Carré, capitaine, n° 158; Jean de la Croix, désigné par le sieur de Grossy, capitaine, n° 869; Jean Estienne, désigné par Nicolas Larcher, capitaine, n° 162 ; Pierre d'Eudemare, capitaine, n° 176 ; Pierre Morel, capitaine, n° 782, et Romain Quesnel, désigné par Richard des Arpens, n° 373. Peut-être faut-il encore ranger parmi eux Gilles de Bretteville, n° 783; Guillaume Colombel, n° 784, et Jacques le Seigneur, n° 785, anoblis dans les mêmes circonstances, et qui ne sont désignés que comme échevins ou bourgeois.

Le 23 octobre 1592, Henri IV signe, à Saint-Denis, un édit pour anoblir vingt personnes en Normandie (n° 795), dont deux seulement sont mentionnées : Philippe Marescot, enquêteur à Orbec, n° 269, et Jean Champion, de Caen, n° 1013.

En janvier 1594, le même roi anoblit encore par édit douze Normands (n° 891) parmi lesquels nous voyons: Louis de la Follye, n° 228; Pierre Goyer, n° 215; Nicolas Gremare, n° 408; Jacques Houart, n° 250; Jean Pielevé, n° 892 (15).

Au mois de mai 1593 ou 1594, nouvel édit pour anoblir huit Normands (16), parmi lesquels figurent : Guillaume le Maistre, n° 493; Robert Mecqueflet, n° 409; François le Sueur, n° 333; Nicolas le Valois, n° 216.

Après son entrée à Paris, Henry IV. signa un nouvel édit, au mois d'octobre 1594, pour anoblir dix personnes en Normandie, moyennant une finance qui paraît avoir été de 600 livres pour la plupart des anoblis parmi lesquels l'Etat nous désigne : Jean Blot ou Belot, n°s 229 et 1042; Etienne Canu, n° 248; Jean Croisy, n°s 635 et 825; Gaston Hue, n° 292, et Jean Hue, n° 213.

Enfin, en décembre 1609, un dernier édit anoblit encore dix Normands (n° 892), entr'autres : Nicolas Anquetil, n° 445; Richard Beuzelin, n° 393; Richard Fremin, n° 425, et Jean Hue, n° 383.

Sous Louis XIII nous trouvons trois édits.

Le plus célèbre est celui de janvier 1629, en faveur

---

(15) Les n°s 215, 228 et 408 disent l'édit des 20 nobles; mais comme ils se placent en janvier 1594, il est probable qu'il faut lire 12 au lieu de 20.

(16) Le n° 892 dit 1594; tous les autres 1593.

de la société du Canada. Cette compagnie, fondée en 1627, sous le patronage du cardinal de Richelieu, et composée de 100 associés, avait pour but de favoriser le développement de notre colonie. Le roi, pour stimuler le zèle des associés et récompenser les services qu'ils rendaient au pays, donna, en janvier 1629, un édit qui anoblissait 12 d'entr'eux (17). Presque tous les associés étaient Normands; aussi neuf anoblis sont désignés par notre Etat, et la plupart même appartiennent à la Basse-Normandie. Ce sont: Pierre le Boullenger, n° 613; Pierre de Fontaine, n° 608; Jacques Godefroy, n° 704; André Pontault, n° 707; Michel de Saint Martin, n° 655; Jean le Tellier, n° 716; Thomas Tibout ou Tiebout, n° 654; Etienne Vaufleury, n° 673; Nicolas Vielle, n° 689.

Le second édit, donné au mois de mars 1636, créait 12 nobles, parmi lesquels l'Etat désigne: Jacques Dallibert, n° 723; Samuel le Mercier ou le Miere, n° 734; Guillaume Morant, n° 694, et Jean Lanterre, n° 732.

Le troisième édit, en février 1638, créait six nobles dont l'Etat ne signale qu'un seul, Pierre le Barbier, n° 719.

Dès le mois de mai 1643, Louis XIV publia une déclaration qui anoblissait deux personnes par généralité, en l'honneur de son heureux avènement à la couronne. Ces anoblis ne devaient payer ni finance ni indemnité (18).

---

(17) De la Roque, Traité de la Noblesse, ch. 56, p. 179 et 180.—L'édit, d'après cet auteur, est du 6 mai 1628, mais les lettres-patentes données pour son exécution sont du mois de janvier 1629.

(18) D'Hozier, Armorial général de France, registre 1er, 2e partie, p. 677. L'auteur dit que cette déclaration fut registrée le 3 décembre 1643. Elle fut vérifiée en Normandie le 15 juin 1644, comme l'indique notre manuscrit, n° 908.

L'Etat nous signale l'un des anoblis de la généralité de Caen, Jacques André, n° 950 ; et les deux de celle de Rouen : Pierre de Cailleville, n° 917, et Michel Canu, n° 918.

L'Etat mentionne encore (n°s 956 et 1170) deux édits du même roi. Le premier, du mois d'octobre 1645, anoblit 50 personnes parmi les habitants des villes franches de Normandie, avec permission de continuer le commerce pendant leur vie, sans dérogeance. Le second, du mois de janvier 1660, à la suite de la paix avec l'Espagne, anoblit deux personnes par généralité en les exemptant de toute finance ou indemnité (19).

Quoique l'Etat ne permette point de distinguer tous ceux qui ont été anoblis à la suite d'un édit, il est probable que tous ou presque tous s'y trouvent compris. Seulement le rédacteur aura omis dans plusieurs articles d'indiquer que l'anoblissement avait eu lieu en conséquence d'un édit général.

Les lettres de noblesse et les édits généraux d'anoblissement ont été l'objet de bien des récriminations. On se plaignait autrefois des anoblissements comme on s'est plaint de nos jours, sous tous les régimes, du trop grand nombre de décorations. Mais en réalité ces plaintes étaient exagérées. La bourgeoisie s'élevait rapidement par ses richesses, son activité et son intelligence. Un grand nombre de ses membres vivaient noblement, c'est-à-dire que parvenus à la richesse, ou du moins à l'aisance, ils abandonnaient les arts mécaniques et le commerce pour se livrer aux travaux de l'esprit, servir l'État

---

(19) Voyez aussi d'Hozier, ibid., p. 678 et 683.—Par une déclaration du 14 juin 1659, le roi avait annulé en faveur de la Normandie toutes les révocations d'anoblissement faites depuis son avènement à la couronne, ibid., p. 683.

dans l'armée, la magistrature ou les fonctions administratives. Pourquoi n'auraient-ils pas joui facilement des privilèges de la noblesse qui, dans le passé, avait tiré des mêmes services publics toute son illustration ?

Lorsque le roi anoblissait par un édit général et moyennant une finance déterminée un certain nombre de personnes, il ne vendait pas la noblesse au plus offrant enchérisseur, mais il en ouvrait les portes aux membres les plus distingués du tiers-état. Une multitude de bourgeois riches auraient pu payer très-facilement la finance déterminée par les édits; mais les gens du roi, comme on disait alors, les chefs des cours souveraines, les gouverneurs des provinces et leurs lieutenants généraux, plus tard les intendants, faisaient le choix entre les candidats; si dans ce choix, il y avait des abus, ils étaient exceptionnels, et ne détruisaient pas le mérite d'une institution qui n'a pu traverser tant de siècles que parce qu'elle avait des bases sérieuses dans l'organisation et les traditions de la société [20].

Nous voyons par notre État que dans le cours d'un

[20] Une foule d'auteurs ont cité après de la Roque, Traité de la Noblesse, ch. XXI, p. 67, l'anoblissement de Richard Graindorge, fameux marchand de bœufs du pays d'Auge, qui aurait été obligé d'accepter la noblesse et de payer 1,000 écus de finance en 1577. Nous pensons que Graindorge a été anobli en vertu de l'édit de 1576 (voy. la note 14);il n'a été imposé qu'à 1,000 livres de finance, comme on peut le voir, n° 66; il y a donc, sur ce point déjà, une erreur dans de la Roque.Cet auteur ajoute : « J'en ai vu les contraintes entre les mains de Charles Graindorge, son petit-fils, sieur du Rocher;» mais ces contraintes avaient-elles pour but de faire payer la finance ou de faire accepter la noblesse, c'est ce que la Roque n'explique pas. Il nous paraît assez probable que le riche éleveur normand, après avoir obtenu et peut-être demandé la noblesse, aura regretté d'abandonner son commerce, et aurait préféré ne rien payer et renoncer au privilège, mais que les gens des comptes l'auront forcé à payer, sauf à lui à déroger immédiatement, si cela lui plaisait.

siècle, de 1550 à 1650, près de mille familles ont été anoblies dans la seule province de Normandie ; et ce nombre ne comprend pas toutes les familles arrivées à la noblesse par des grades dans l'armée ou par l'exercice de diverses fonctions qui rendaient cette distinction héréditaire à la première, à la seconde ou à la troisième génération.

Qu'on applique maintenant ces nombres proportionnellement à toute la France, et on comprendra qu'autrefois la noblesse n'était qu'une classe de citoyens revêtus d'honneurs et de privilèges auxquels tous les autres pouvaient facilement arriver par des services rendus à l'Etat. Elle n'était, à ce point de vue, pour les classes inférieures, qu'un digne sujet d'émulation et d'efforts qui contribuaient aux progrès de la société.

Si aujourd'hui la noblesse, quoique réduite à une simple distinction honorifique, est menacée de disparaître, c'est, entre beaucoup d'autres causes, parce que le nombre des anoblissements est insignifiant, et que la noblesse, devenue comme une caste fermée, se trouve en opposition avec les tendances de notre époque aussi bien qu'avec les traditions du passé.

Les idées modernes, dans ce qu'elles ont de sage et de libéral, n'exigent pas que les distinctions soient exclues de l'organisation sociale, mais que tous les citoyens puissent y parvenir par leur mérite et par le jeu naturel des institutions. Tel homme aujourd'hui possède la noblesse parce que deux ou trois de ses ascendants ont été conseillers d'un parlement ou d'une chambre des comptes, ou officiers d'un grade inférieur dans l'armée, tandis que des présidents du sénat, des maréchaux de France, des ministres secrétaires d'Etat n'en jouissent pas (21). Il y a dans ce simple fait une

---

(21) On sait que l'empereur Napoléon Ier, en reconstituant la noblesse par le décret du 1er mars 1808, donnait des titres à tous les hauts fonc-

étrange anomalie et un principe de ruine pour la noblesse. Nous sommes convaincu qu'elle disparaîtra à une époque plus ou moins rapprochée ou que ses portes seront de nouveau ouvertes largement et régulièrement à tous les hommes qui méritent d'y entrer, en consacrant avec distinction leur vie aux choses de l'intelligence et de l'art ou aux fonctions publiques.

Outre les lettres d'anoblissement proprement dites, notre Etat mentionne des lettres de vétérance. Celles-ci donnaient le droit de jouir après un temps d'exercice fixé ordinairement à 20 ans, des privilèges attachés aux charges dont on s'était démis. Les lettres de vétérance étaient levées surtout par les militaires, et elles servaient à leurs fils ou petits-fils pour établir leurs droits à la noblesse héréditaire. On trouve aussi, mais plus rarement, des lettres de vétérance prises par les secrétaires du roi, les officiers des cours souveraines, etc. Toutes les lettres de vétérance que mentionne notre Etat ont été expédiées sous le règne de Louis XIII, et la plus ancienne est de l'an 1611, n° 465 (22).

Les lettres de relief de dérogeance, ou simplement de dérogeance ou de réhabilitation, avaient pour but de rétablir dans les privilèges de la noblesse ceux qui les avaient perdus par quelqu'acte de dérogeance, tels que l'exploitation des fermes d'autrui, l'exercice du trafic, des arts mécaniques ou d'offices jugés incompatibles avec la

---

tionnaires après dix ans d'exercice, ainsi qu'aux membres de la Légion-d'Honneur, et déclarait leur noblesse transmissible héréditairement sous la condition des majorats.

(22) Ces lettres sont au nombre de 29, les voici dans l'ordre chronologique: n°s 465, 593, 447, 452, 457, 551, 470, 486, 489, 476, 490, 560, 474, 478, 500, 562, 502, 520, 563, 582, 513, 576, 580, 649, 651, 664, 665, 679, 699.

noblesse. La femme noble qui épousait un roturier faisait acte de dérogeance, et, devenue veuve, elle ne pouvait être rétablie dans les privilèges de la noblesse que par une lettre spéciale du roi. Nous avons déjà vu que la première lettre de dérogeance est de l'an 1582, n° 140.

Enfin notre Etat mentionne encore des lettres d'exemption de tailles, dont la plus ancienne est de 1590, n° 350. Ces lettres, comme l'indique assez leur titre, ne donnaient pas la noblesse, mais un simple privilège qui dispensait de payer la taille et les autres subsides populaires. Elles étaient souvent accordées à d'anciens militaires en récompenses de plusieurs années de service, comme on peut le voir dans les n°s 370, 375, 380 et 390. Les grades dans l'armée ne conférant la noblesse qu'à la seconde ou à la troisième génération, les officiers eux-mêmes obtenaient de ces sortes de lettres, ainsi qu'on le voit dans les n°s 397 et 404.

Il nous reste, pour terminer, à donner quelques détails sur le manuscrit que nous publions et sur nos soins d'éditeur.

Il y a une quinzaine d'années, en visitant le précieux chartrier de M. le marquis de Chambray, nous y trouvâmes un manuscrit du xvii° siècle, contenant l'Etat des anoblis en Normandie, et qui nous parut d'un haut intérêt. M. de Chambray voulut bien nous le communiquer et nous permettre d'en prendre une copie pour les Archives de l'Eure. Nous avions l'intention de le publier, mais après l'avoir lu et relu à plusieurs reprises, nous dûmes renoncer à cette pensée par l'impossibilité où nous étions de rectifier de trop nombreuses erreurs et d'étranges confusions.

Longtemps après, en visitant le chartrier du château d'Acquigny, nous eûmes le bonheur d'y rencontrer un second manuscrit contenant un état des anoblis normands de 1545 à 1661. Madame la comtesse Dumanoir nous permit, avec sa bienveillance ordinaire, d'en prendre une copie que nous publions aujourd'hui.

Ce travail est évidemment l'œuvre d'un officier, peut-être d'un greffier de la cour des aides de Normandie. Il avait à sa disposition les registres et les dossiers de cette cour souveraine; il les dépouille feuille par feuille et à peu près dans l'ordre chronologique (23).

Le manuscrit est écrit au xviie siècle avec une netteté et une régularité qui ne laissent aucune difficulté de lecture. Néanmoins il renferme de nombreuses erreurs dans les noms d'hommes et les noms de lieux. Personne de ceux qui s'occupent de ces matières ne s'en étonnera, car les manuscrits et les imprimés sur la noblesse en présentent des exemples trop fréquents. Mais ces erreurs ne sont point uniquement imputables au rédacteur de l'Etat. L'orthographe des noms variait beaucoup autrefois, on n'y attachait qu'une médiore importance, et il n'est point rare de trouver des noms défigurés dans les minutes les plus authentiques. Le scribe exprimait par des lettres de son choix le nom qu'il entendait prononcer, et le même nom de famille se trouve écrit dans des documents originaux de beaucoup de manières différentes. A cette première cause d'erreur viennent se joindre les difficultés

---

(23) Les volumes et les folios sont indiqués à chaque article jusqu'au n° 371. L'ordre chronologique de l'enregistrement à la cour, suivi très-exactement jusqu'à cet article, continue, mais sans indication de volume, jusqu'au n° 613, qui appartient à l'année 1634. L'auteur revient ensuite sur ses pas à l'année 1611 et continue l'ordre chronologique jusqu'au n° 741, où on est averti par une espèce de titre que commence un supplément. L'ordre chronologique y est moins bien suivi et l'auteur, après quelques articles, remonte jusqu'à l'année 1584.

de lecture que notre auteur a dû rencontrer, particulièrement dans les registres du xvie siècle, difficultés qui sont quelquefois insurmontables quand on ne connaît pas personnellement les familles et les lieux dont il s'agit.

Nous n'avons pas la prétention d'avoir fait disparaître, à beaucoup près, toutes les erreurs. Nous avons mis entre parenthèses la vraie leçon quand elle nous a paru certaine, ou quand celle du manuscrit, quoique exacte au xviie siècle, ne permettait pas de reconnaître facilement aujourd'hui la famille ou le lieu désigné. Nous avons comparé article par article le manuscrit de M. le marquis de Chambray avec celui que nous publions, et donné en notes les variantes toutes les fois que le premier manuscrit contenait la véritable leçon ou, dans les cas douteux, une leçon distincte de celle de notre auteur et qui pouvait mettre sur la voie de découvrir la véritable.

Notre manuscrit renferme un certain nombre d'anoblissements de 1545 à 1661 dont ne parle pas celui de M. de Chambray; ce dernier à son tour en indique d'autres de la même époque qui sont omis dans le premier, et au lieu de s'arrêter à 1545, il remonte jusqu'au XIVe siècle. Nous donnons en forme de supplément, et en conservant l'ordre chronologique, les articles que renferme en plus le manuscrit de M. de Chambray.

Ce dernier manuscrit est l'œuvre de plusieurs auteurs, et contient deux travaux fort distincts. Le premier est intitulé : « Roolle des annoblis de Normandye dressé au » conseil privé du Roy en mil six cens huict.

C'est la copie du rôle d'une taxe levée sur les anoblis de Normandie par Henri IV en 1608. Il est classé par élections, renferme 437 articles, et se termine ainsi : « Somme totale desdites taxes y compris les deux sols » pour livre trois cens trente mil livres... 330,000 l.

» Fait au conseil d'Estat tenu pour les finances à Paris, » le xxvii⁰ jour de mars mil six cens huict. » La somme imposée à chaque anobli varie de 1760 à 110 livres. La moyenne est de 755 livres.

Cette copie fourmille de fautes soit dans les noms d'hommes, soit dans les noms de lieux. Des corrections, tantôt bonnes, tantôt mauvaises, ont été écrites au-dessus d'un grand nombre de noms par une autre main. Chaque article, à la suite du nom du taxé, donne la date de son anoblissement, le montant du principal de la taxe et les deux sous pour livre, comme on peut le voir dans l'article 1425 et dans plusieurs autres que nous avons extraits de ce rôle.

En marge de ce premier travail s'en trouve un second d'une autre main disposé également par élections et contenant, sans aucun ordre chronologique ou alphabétique, des articles fort courts sur tous les anoblis de chaque élection que l'auteur a pu connaître. Les fautes y sont moins nombreuses que dans la copie du rôle de 1608. L'auteur n'indique pas les sources où il a puisé, et reproduit parfois le même article dans trois ou quatre élections, avec des variantes de noms d'hommes ou de lieux, qui lui ont fait croire qu'il s'agissait de personnes ou de lieux différents. A la fin du manuscrit se trouvent des suppléments de ce second travail qui peuvent être l'œuvre du même auteur ou de plusieurs autres.

Nous avons extrait de cet ensemble de recherches tout ce qui nous a paru offrir de l'intérêt, et qui ne se rencontre pas d'une manière plus complète dans le manuscrit de Madame la comtesse Dumanoir; mais ce supplément ne présente pas les mêmes garanties d'authenticité que l'État de 1545 à 1661. On ne peut le considérer que comme le fruit des recherches d'un ou de plusieurs savants, fort versés dans l'histoire de la noblesse normande. L'indication de l'élection à laquelle appartient l'anobli nous a paru entr'autres assez souvent erronée. Nous avons appliqué une seule série de numéros à tous les articles. Deux tables, aussi exactes que possible, l'une des noms d'hommes, l'autre des noms de lieux, renvoient aux numéros des articles, et rendent ainsi les recherches promptes et faciles.

Qu'il nous soit permis d'adresser, en terminant, le témoignage public de notre reconnaissance à Madame la comtesse Dumanoir et à M. le marquis de Chambray qui ont mis si libéralement à notre disposition les richesses de leurs chartriers.

ÉTAT

DES

ANNOBLIS EN NORMANDIE

DE 1545 A 1661 (1).

Estat des lettres d'annoblissement obtenues par les particuliers cy apres nommez dans la province de Normandie, veriffiéés en la chambre des comptes de la susd. province et registréés en la cour des Aydes depuis l'année 1545 et jusques a present, ou il sera remarqué la creation des nobles de plusieurs de nos roys, le lieu ou lesd. lettres ont esté donnéés, l'année, le jour et la datte de la veriffication de lad. chambre des Comptes, le registrement de la cour des Aydes, ensemble lettres de naturalité, relief les derogeances, l'indemnité, la finance payée, avec la pluspart de leurs armes; par mesme

---

(1) Les treize premiers numéros sont absolument conformes au manuscrit; mais à partir du n° 14, nous abrégeons diverses formules qui se reproduisent à chaque numéro, et qui sont du reste abrégées plus ou moins dans le manuscrit même :

Lettres d'annoblissement......................... L. d'an.
Vérifiées en la chambre des Comptes............. Ver. ch.
Vérifiées en la cour des aides................... Ver. c.
Données... Don.

Pour abréger nous avons aussi désigné par A le manuscrit que nous publions, et par B le manuscrit de M. le marquis de Chambray.

moyen, on y verra le lieu de leur naissance, leur demeure, leurs qualitez, noms et surnoms.

1. PREMIEREMENT lettres d'annoblissement de Jean de Morant obtenues de sa majesté au mois de juin 1522, residant et demeurant au bailliage de Caux, eslection de Montiviller, fils de feu Estienne de Morant, seigneur de Tiboutot, ont esté registrées en la cour des Aides de Rouen, suivant l'arest d'icelle du 29 janvier 1665, veriffiées en la chambre aud. an; 5° volume, fol. 40; sans finance.

2. Lettres d'annoblissement obtenues par Nicolas Baillet, fils de deffunct Louis Baillet de St Martin, aagé de 30 ans ou environ, demeurant paroisse d'Assigny, eslection d'Arques, ont esté registrées en la cour, suivant l'arest d'icelle du penultiesme janvier 1556; finance 600 l.

3. Pierre le Noble, sieur de Feuguerey, demeurant à Bures, au bailliage de Caux, a fait registrer en lad. cour les lettres d'annoblissement par luy obtenues en avril 1556 suivant l'arest de lad. cour; sans finance, sinon que l'indemnité de la paroisse.

4. Thomas Gargaste de Rouville, demeurant en la paroisse de Bricbec, vicomté de Valogne, a fait registrer en la cour les lettres d'annoblissement par luy obtenues en juillet 1544, [en la chambre] le dix septième avril 1545, fol. 13; finance 200 l.

5. Jean Basard, sieur du Fresnay, demeurant en la parroisse de Putot, eslection de Lisieux, a fait registrer en lad. cour les lettres d'annoblissement par luy obtenues en mars 1548, [reg. en la chambre] le 11 septembre 1549, et en la cour le 8 de septembre aud. an; au 5e vol., fol. 16; sans finance, pour indemnité 350 l.

6. Richard Simon, seigneur de Breville, a fait veriffier en la chambre les lettres d'annoblissement par luy obtenues en mars 1551, veriffiées en la chambre des comptes le 23

---

4 B. Gargasse, sieur de Rouville.
5 B. Bastard ou Bustard.

septembre 1557, en la cour le 3 de x^{bre} 1553; du 5e vol., fol. 58; finance 300 l.

7. Bertrand de Modon ou Medon, natif en la Moreé, fiefs (fils) de l'aga dud. Medon qui est a dire gouverneur pour le grand seigneur d'icelle ville habitué et retiré, au lieu d'Audrieu, duché d'Aumalle, a fait veriffier en la chambre les lettres d'annoblissement et de naturalité par luy obtenues, donneés a St Germain en Laye en juin 1555, registreés en la cour le 19 avril 1558; au 5e vol.; finance 600 l.

8. Roger Duval, sieur du Tot, parroisse du Bec de Morteing (Mortagne) bailliage de Caux, eslection de Montiviller, a fait veriffier en la chambre les lettres d'annoblissement par luy obtenues en avril 1521, et en la cour des aydes le p^{er} juillet 1558; au 5e vol.; finance 1,000 l.

9. Maistre Robert Tirel, lieutenant general en la vicomté d'Auge, a fait veriffier les lettres d'annoblissement par luy obtenues en avril 1544, donneés a S. Pr. (St Prix?), et en la cour le 12 decembre 1551; du 5e vol., fol. 34; finance 300 l.

10. Pierre le Talbot dit le capitaine Talbot, demeurant en la paroisse de Cricquetot, bailljage de Caux, a fait veriffier en la chambre les lettres d'annoblissement par luy obtenues a Rouen en aoust 1552, et en la cour le 29 avril 1554; au 5e vol., fol. 358; sans finance.

11. Jean le Vasseur, procureur general et sindic de la ville de Dieppe, a fait veriffier en la chambre les lettres d'annoblissement par luy obtenues en novembre 1552, et en la cour le 17 juillet 1554.

12. Me Jacques Auber, sieur du Fossay, procureur du roy au domaine et imposition de Normandie, demeurant a Rouen, et Richard Aubert, sieur des Becquets, demeurant a Caen, ont fait veriffier les lettres d'annoblissement par eux obtenues a Coignac en aoust 1555, et en la cour 11 decembre aud an; au 5e vol., fol. 400

13. Lettres d'annoblissement de Jean des Champs, sieur de St Victor et de Cretainville (Chrétienville), election de Bernay, fils de Nicolas et de Naudinne Thibout, fille de Lucas, en son vivant escuyer, sieur de Couuerville (Coullerville), election de Bernay, donnez a St Germain en Laye 1556, veriffiées en la chambre le 25 octobre 1557, et en la cour le 8 mars 1559; au 5e vol.; sans finance, d'indemnité 65 l. au denier 20.

14. L. d'an. de Guillaume Pinain, lieutenant en la vicomté d'Auge, bailliage de Rouen, demeurant parroisse de Toucques, en lad. vicomté, et eslection de Lizieux, don. le..., ver. ch. le dernier decembre 1544, et c. le 19 mars 1557; au 5e vol., fol. 108.

15. L. d'an. de Nicolas Fatin ou Falin, sieur d'Aurecher, don. le..., ver. ch. le 28 mars 1552, et c. 1572.

16. L. d'an. de Mre Nicolas Mallet, advocat au parlement de Rouen, seigneur de la Vallée, demeurant alors en la ville de Bernay, don. a St Mennechout en septembre 1543, ver. ch. le 26 sept. aud. an, et c. le 26 may 1572; au 5e vol., fol. 367; finance 500 l. avec indemnité.

17. L. d'an. de Mre Jessé de Bocquemare, maistre des requestes ordinaires de l'hostel du roy, et Guillaume de Bocquemare, sieur de Branville, conseiller au parlement de Rouen, et Nicolas de Bocquemare, sieur de Frangueville (Franqueville), greffier des estats de Normandie, en tant que besoing seroit de nouveau, le 13 d'avril 1572, ver. ch. le 9 juin aud. an, ailleurs la ver. c. est du 29 janvier 1575; du 5e vol., fol. 374; sans finance. Porte d'azur au chevron d'or accompagné de 3 testes de léopard.

18. L. d'an. d'Anthoine Harden, verdier en la forest de Brothonne, demeurant au bailliage de Rouen, ver. ch. le 17 mars 1593, registréés c. le 29 janvier 1573; au 5e vol., fol. 462, pour service.

19. L. d'an. de Jean de Bordeaux, sieur de Buisson de May,

17 Les trois Bauquemare étaient, d'après B, fils de Jacques, avocat au parlement, frère de Jacques premier président.

fils de deffunct Pierre et damoiselle M. Bellisle, vicomte de Vernon, don. à Amboize en decembre 1571, ver. ch. le.. octobre 1573, et c. le 21 decembre aud. an; au 7e vol., fol. 17; finance 1050 l. pour plusieurs paroissiens (paroisses).

20. L. d'an. de Michel Sublet, sieur de Heudicour et de Villejouvier, don. au Bois de Vinciennes en may 1574, ver. ch. le 7 septembre aud. an, et c. le 13 juin 1575; au 7e vol., fol. 82; sans finance.

21. L. d'an. de Simon Godard, sieur d'Ardenicourt, homme d'armes des ordonnances du roy, don. a St Germain en Laye en may 1547, ver. ch. le 18 juin 1574, et c. le dernier avril 1575; au 7e vol., fol. 90; sans finance.

22. L. d'an. de Richard Thissard, lieutenant general au Ponte Audemer, don. en may 1574, ver. ch. le 13 dud. mois et an, et c. 11 juillet 1575.

23. L. d'an. de Gilles de Bonneville (l. Benneville), fils de Henry, escuier, sieur dud. lieu, et de Granges, eslection de Caen, don. à St Germain en Laye en febvrier 1574, ver. ch. le 26 fevrier 1575, et c. le 8 juillet aud. an; du 7e vol. de lad. cour, fol. 130; finance 1,000 l.

24. L. d'an. de Pierre du Tertre, sieur de Grouville et de Bonneville, de Cherbourg, don. au chateau de Vinciennes en avril 1574, ver. ch. le 15 juin aud. an, et c. le 23 juillet 1575; au 7e vol., fol. 136; finance 3,000 l.

25. L. d'an. de Gilles du Castel, sieur de la Foye, demeurant au Ponte Audemer, don. en may 1574, et ne sont pas ver. ch., registrées en la c. le 23 juillet 1575; au 7e vol., fol. 148; finance 3,000 l.

26. L. d'an. de Mre Charles Gallye, sieur des Brets, fils de deffunt Mre Guillaume, vivant bailly de Dieppe, et de damelle Anne Croismare, don. a Vinciennes en mai 1574, ver. ch. le

---

21 B. Hardencourt.

24 Peut-être faut-il lire Benoisville au lieu de Bonneville.

26 may 1575, et c. en decembre aud. an; au 7e vol., fol. 191; finance 1,000 l.

27. L. d'an. de Charles Miffants, sieur d'Aufienne, dict fief de la Motte St Quentin et fiefferme de Commecourt, demeurant a Dieppe, don. a Vinciennes en may 1574, ver. ch. 19 juin aud. an, et c. 17 septembre 1579; au 7e vol., fol. 195; finance 1,000 l.

28. L. d'an. de Mre Guillaume Quesnel, sieur du Guesson, advocat au parlement de Rouen, don. a Dieppe en may 1574, ver. ch. le 4 may 1623, et c. le 3 janvier 1576; du 7e vol. fol. 216; finance 1,000 l.; a payer suplement pour en jouir par Jacques Quesnel, fils du deffunct.

29. L. d'an. de Richard le Monnier, demeurant parroisse de St Sent proche Valogne, don. a Paris en avril 1575, ver. ch. le 19 septembre aud. an, et c. le 14 febvrier 1576; au 7e vol. fol. . . . . .; finance donnez.

30. L. d'an. de Pierre du Chemin, demeurant a Gucutteville, vicomté de Caux, don. au Bois de Vinciennes en may 1574, ver. ch. le 14 febvrier 1576, et c. le 16 dud. mois et an; du 7e vol. 115; finance 1,000 l.

31. L. d'an. de Noel Boivin, sieur de Tourville, bourgeois de Rouen, don. a Vinciennes en may 1574, ver. ch. le . . . ., et c. le 21 mars 1576; du vol. 7, fol. 232; finance 1,000 l.

32. L. d'an. de Jean Boyvin, sieur des Prez, bourgeois de Rouen, don. a Lion le 22 janvier 1575, ver. ch. . . . ., et c. le 21 mars 1576; au 7e vol., fol. 135; finance 1,000 l.

33. L. d'an. de Pierre de St Martin, sieur d'Espagne, archer des mortes payes du Havre de Grace, don. a Vinciennes en may 1574, ver. ch. le 28 may aud. an, et c. le 28 mars 1576; au 7e vol., fol. 239; finance 1,000 l.

---

27 B. Aucourt au lieu d'Aufiene.
28 B. Eclon (Iquelon) au lieu de Guesson.
29 B. St.-Cir au lieu de St.-Sens.
32 B. Grandprey au lieu des Prez.

34. L. d'an. de Mre Robert Guillotte, vicomte de Carenten, et Thomas Guillote, greffier en l'election de Coutance, freres, seigneurs des fiefs de Franquetot, Gonneville et Fortescu, demeurant aud. Carenten, don. a St Mennehoult en septembre 1545, ver. ch. le 26 septembre aud. an, c. le 16 may 1576; 7^e vol., fol. 259; finance 1,200 l. suivant les lettres ver. ch. 1543 (sic).

35. L. d'an. Jean Osbert sieur d'Ouville et Couppeville, don. a Fontainnebleau en juillet 1574, ver. ch. le 11 avril 1576, et c. le 8 juin aud. an; au 7^e vol., fol. 178 ; finance donnez.

36. L. d'an. de Nicolas des Marets, fils de Thomas, et damoiselle Guillemette de St-Martin, demeurant parroisse de Floumery en Caux, eslection de Gizors, don. a Paris en febvrier 1512, ver. ch. le 26 febvrier aud. an, et c. le 2 aoust 1576; au septi^e vol., fol. 299 ; finance 600 l.

37. L. d'an. de Jean Mahault, sieur de Tierceville et du Mesnil, prevost, vicomte de Gisors, don. a Lion en septembre 1574, ver. ch. le 17 decembre aud. an, et c. le 8 aoust 1576; au 7^e vol., fol. 297; finance 1,000 l.

38. L. d'an. de Robert le Nud, sieur d'Osville, du pays de Caney (Caux?), don. a Paris en septembre 1576, ver. ch. le 23 d'octobre aud. an, et c. le 26 dud. mois et an; au 7^e vol., fol. 33; sans finance.

39. L. d'an. de Richard Tardieu, sieur de Mouchy, don. a Paris en novembre 1576, ver. c. le 24 de novembre aud. an, et ch. ....; au 7^e vol., fol. 343 ; a satisfait au contenu de l'edit portant finance de 1,000 l.

40. L. d'an. de Nicolas Octean de l'an 1576, ver. ch. le 12 novembre aud. an, et c. le 12 decembre en suivant.

41. L. d'an. de François Sorel don. a Paris en novembre 1576, ver. ch. le 12 novembre aud. an, et c. le 30 janvier 1577; du 7^e vol., fol. 360 ; finance 1,000 l.

36 B. Sommery au lieu de Flommery.

42. L. d'an. de Michel Mangon, sieur de Renicaulle, don. a Paris en octobre 1576, ver. ch. le... et c. le 30 janvier 1577; du 7e vol., fol. 364; finance comme dessus.

43. L. d'an. de Jean Grandin, sieur de Bailleul, procureur du roy au bailliage, vicomté et eslection de Morteing, don. a Paris a mars 1577, ver. ch. le..... et c. le 9 febvrier aud. an; au 7e vol., fol. 362; finance 4,000 l.

44. L. d'an. de Jean le Grand, du bailliage de Caen, don. a Paris en janvier 1577, ver. ch. le 12 novembre aud. an, et c. le 11 febvrier 1577; du 7e vol., fol. 366; finance comme dessus.

45. L. d'an. de Guillaume le Cousturier, sieur de la Motte, demeurant au Ponte Audemer, don. a Bloys en decembre, ver. ch. le 25 janvier 1577, et c. le 17 febvrier aud. an; au 7e vol., fol. 368; finance comme dessus.

46. L. d'an. de Ponthue Vincent, sieur dud. lieu, don. a Blois en decembre 1576, ver. ch. le 9 janvier 1577, et c. le 18 febvrier aud. an; au 7e vol., fol. 370; finance comme dessus.

47. L. d'an. de Jean le Vallois, sieur de Montrou, du bailliage de Costentin, don. a Blois en decembre 1576, ver. ch. le 9 janvier 1577, et c. le 16 mars aud. an; du 7e vol., fol. 366; finance comme dessus.

48. L. d'an. de Jacques Collas, sieur de Grichard, cappitaine de Questhou, don. a Blois en decembre 1576, ver. ch. le 9 janvier aud. an, et c. le 29 mars 1577; au 7e vol., fol. 387; finance comme dessus.

49. L. d'an. de Guillaume Collas, sieur de Venois, don. a Blois en decembre 1576, ver. ch. le 9 janvier 1577, et c. le 9 mars aud. an; au 7e vol., fol. 386; finance comme dessus.

50. L. d'an. de Guillaume Lebas, sieur de Golleville, don.

---

42 Peut-être, au lieu de Renicaulle, faut-il lire Anneville, dont Michel Mangon était seigneur.

46 B. Pontas Vincent, sr de la Seigneurie. Peut-être s'agit-il des Vincent en Ponthieu?

a Blois en decembre 1576, ver. ch. le 24 janvier 1577, et c. le dernier avril aud. an; du 7e vol., fol. 390; finance comme dessus. Nota que Jean le Bas, sieur de Quesnay, fils aisné dud. Guillaume, a esté dechargé de la taxe des nobles par lettres don. a Paris le 26 mars 1608, registrées en la c., suivant l'arrest d'icelle; du 7e vol., fol. 206.

51. L. d'an. d'Albert Morel, sieur de Heroud^{elle}, don. a Blois en mars 1577, ver. ch. le 7 d'avril aud. an, et c. le 20 may en suivant; au 7e vol., fol. 406; finance comme dessus.

52. L. d'an. de Guillaume Hue, sieur de Torchy, don. a Paris en septembre 1577, ver. ch. le 28 octobre aud. an, et c. le 28 may 1577; au 7e vol., fol. 403; finance comme dessus.

53. L. d'an. de Pierre Boucquet, sieur de Moon, esleu a Bayeux, don. a Blois en janvier 1577, ver. ch. le 25 janvier aud. an, et c. le 7 juin en suivant; au 7e vol., fol. 405; finance comme dessus.

54. L. d'an. de Jean et Jacques Callet frères, en l'an 1555, ver. ch. le... et c. le 4 juin 1577.

55. L. d'an. de Gilles Noel, sieur de Manoms (Manoir), demeurant en la vicomté de Valognes, don. au bois de Vinciennes en may 1574, ver. ch. le 24 janvier 1577, et c. le 17 juin aud. an; du 7e vol., fol. 409; finance 1,000 l.

56. L. d'an. d'Anthoinne Ozenne, sieur d'Intraville en Rommois, la Cambris (l. le Rommois, la Tambrie) et le Ramier, demeurant aud. lieu d'Intraville, don. au chateau de Vinciennes en avril 1574, ver. ch. le 27 may 1577, et c. le 17 juillet aud. an; au 7e vol., fol. 410; finance 1,000 l.

57. L. d'an. de Guillaume Aubert, sieur de Gouville, don. en avril... ver. ch. le 17 may 1577, et c. le 7 juillet aud. an; au 7e volume, fol. 412; finance comme dessus.

58. L. d'an. de Nicolas Romé, sieur de Frequiesnes, conseiller

---

55 B. Manoer au lieu de Manoms.

du roy et maitre des requestes en son hostel, don. à Blois, en janvier 1577, ver. ch. de Paris le 21 de febvrier et en celle de Normandie le 16 de ce mois 1603; au 7e vol., fol. 413; finance 1,000 l. Nota que la mere et les freres dud. sieur Romé obtindrent autres lettres du roy du 9 mars 1577, ver. au grand conseil le 7 janvier 1578, par lesquelles ils sont maintenus en leur noblesse comme fils de feu Mre Nicolas Romé, sieur de Fresquiesne, ayant exercé l'office de secrétaire plus de 20 ans et jusques à son deces encore qu'il n'aye obtenu lettres de noblesse, comme lesd. freres. Porte d'azur au chevron d'or accompagné de deux estoilles et une bellette en pointe passant d'argent.

59. L. d'an. de George Langlois, sieur de Canteleu, demeurant à Rouen, don. à Blois en janvier aud. an, et c. le 7 juillet en suivant et ch. le 24 janvier aud. an. Porte d'or à deux lions passant de gueulles.

60. L. d'an. de Jean Louvel, sieur de Normare, secretaire du roy, don. à Blois en decembre 1576, ver. ch. le 9 janvier 1577, et c. le 7 juillet aud. an; au 7e vol., fol. 416; finance 1,000 l. Porte d'azur au chevron d'argent surmonté d'un soleil costoié de deux etoiles d'or au loup passant en pointe de mesme sur la therasse de sinople.

61. L. d'an. de Simon de Bellou, don. à Blois en decembre 1576, ver. ch. le 14 novembre aud. an, et c. le 15 juillet 1577; au 7e vol., fol. 420; finance comme dessus.

62. L. d'an. de Henry Dannot, don. à Blois en decembre 1576, ver. ch. le 24 janvier 1577, et c. le 19 juillet aud. an; au 7e vol., fol. 421; finance comme dessus.

63. L. d'an. de François Quesnon, sr de la Mellinniere, don. en 1577, ver. ch. le 9 janvier 1577, et c. le 27 juillet aud. an.

64. L. d'an. de Jean le Roy, sieur d'Amelot, don. à Vin-

---

60 Les armes sont écrites d'une autre main.
62 B. Danet.
63 B. Quesnoy.

ciennes en 1574, ver. ch. le..., et c. le 24 juillet 1577; du 7e vol., fol. 428; finance 1,000 l.

65. L. d'an. de François Jullien, sieur de Crosley, don. a Blois en decembre 1576, ver. ch. le 7 decembre 1577, et c. le 21 juillet aud. an; au 7e vol., fol. 430; finance 1,000 l.

66. L. d'an. de Richard Graindorge, parroisse de Sainte Opportune, bailliage de Caen, don. a Chastelleraux en juin 1577, ver. ch. le 6 juillet aud. an, et c. le 6 aoust en suivant; au 7e vol., fol. 413; finance comme dessus. Porte d'azur a trois trefle d'or.

67. L. de relevement de desrogeance obtenues par Gilles, Rault, Michel et Robert Vaultier, demeurants en la vicomté de Valogne, du 6 aoust 1577.

68. L. d'an. de Louis le Vallois, sieur de Fontaine Estoupesfour, de Villette, et du fief des Emiret de Pilly, et François le Valois, sieur d'Esvibles, homme d'armes de la compagnie du sieur de Longueville, Jean le Valois, sieur du Mesnil-Guillaume et du Cocq, et Nicolas le Valois, sieur de Mainneville et de Cannay, comte de Costanville (sic), freres, declarez maintenus et gardez en pleine et entiere jouissance de leur estat et qualité de noblesse par lettres patentes don. a Paris le 25 aoust 1576, ver. ch. le 14 aoust 1577, et c. led. jour.

69. L. d'an. de Jacques du Boullant ou Bouleur, sieur de Grassiere, don. a Blois le 3 de mars 1576, ver. ch. le 7 janvier 1577, et c. le 14 aoust aud. an; au 7e vol., fol. 407; finance comme dessus.

70. L. d'an. de Bartolle le Conte, sieur d'Epinay, don. a Blois en decembre 1576, ver. ch. le 14 janvier 1577, et c. le 22 aoust aud. an; du 7e vol., fol 439; finance comme dessus.

71. L. d'an. de Mre Jean le Bezu, sieur de Freville et de

---

66 Les armes sont écrites d'une autre main.

68 Il faut probablement lire : de Murret au lieu des Emiret — B. Escoville au lieu d'Esvibles.

Mautois, vicomté de Gournay, don. a Reims en avril 1575, ver. ch. le 3 aoust 1677, en c. le 22 dud. mois et an; au 7ᵉ vol., fol. 442; finance 1,000 l.

72. L. d'an. de Nicolas Huré, sieur du Baudroit, demeurant paroisse d'Orbec, don. a Blois en janvier 1551, ver. ch. le 3 febvrier 1552, et c. le 3 decembre 1577; au 7ᵉ vol, fol. 467; finance 200 l., d'indemnité, 15 l. de rente.

73. L. d'an. de David Heudebert dit de la Nos, demeurant parroisse de Tracy, eslection de Bayeux, don. a Blois en decembre 1576, ver. ch. le 4 janvier 1577, et c. le 6 novembre aud. an; du 7ᵉ vol., fol. 477; finance 1,000 l.

74. L. d'an. d'Anthoinne le Pelletier, sieur de Claville, don. a Paris en novembre 1577, ver. ch. le 4 decembre aud. an, et c. le 12 janvier 1578; au 7ᵉ vol., fol..., 500 l.

75. L. d'an. de Robert Estard, sieur de Boiscardon, don. a Chennonceau en juin 1577, ver. ch. le 27 juin aud. an, et c. le 30 janvier 1578; au 7ᵉ vol., fol. 514; finance comme dessus.

76. L. d'an. de Richard Ernault, fils de Nicolas, en son vivant vicomte de Capres, sieur d'Olivier et de Libellay, demeurant parroisse du Vieu, eslection de Caen, don. a Paris en fevrier 1576, ver. ch. le 9 janvier aud. an, et c. le premier fevrier 1578; au vol. 7ᵉ, fol 515; finance 1,000 l.

77. L. d'an. de Guillaume Becquet, sieur de Longuemare, soldat des ordonnances du roy en la compagnie du sieur de Milleraye, don. a Paris en decembre 1577, ver. ch. le 16 janvier 1578, et c., le... au 7ᵉ vol., fol. 526; finance comme dessus.

78. L. d'an. de Pierre Auger, sieur de la Mare, demeurant a Sᵗ Hilaire, vicomté de Carenten, don. a Blois en mars 1577; ver. ch. le..., et c. le 19 mars 1578; au 7ᵉ vol.

79. L. d'an. de Jean le Boucher, sieur d'Esmieville, demeurant a Caen, don. a Blois en febvrier 1576, ver. ch le 9 janvier

---

76 Olivier paraît être Olivet, les autres noms paraissent être mal lus.

1577, et c. le 14 juin 1578; au 8ᵉ vol., fol. 8; finance 1,000 l.

80. L. d'an. de Thomas le Bourgeois, demeurant parroisse de Fourmigny, bailliage de Caen, don. a Paris en mars 1578, ver. ch. le 29 avril aud. an, et c. le 23 juin en suivant; finance suivant l'edit; au 8ᵉ vol., fol. 10. Y a autres lettres du 4 febvrier 1611, par lesquelles madame le Bourgeois, fille et heritiere dud. Thomas, est declareé dechargée de touttes taxes et suplements pretendus sur les nouveaux annoblis, ver. ch. le 10 febvrier 1611.

81. L. d'an. d'Isambar Mercadé, don. a Blois en 1577, ver. ch. le 21 febvrier 1579, et c. le 18 juillet 1578.

82. L. d'an. de Christophle le Mazurier, sieur du Redent, monnoyeur de la ville de Rouen, don. au chasteau de Vinciennes en may 1574, ver. ch. le 26 febvrier 1578, et c. le 26 juillet aud. an; du 8ᵉ vol., fol. 22; finance 1,000 l.

83. L. d'an. de Pierre du Hamel, advocat du Roy, demeurant a Caen, don. a Paris en avril 1578, ver. ch. le 30 dud. mois et an, et c. led. jour.

84. L. d'an. de Nicolas Pourguet, sieur d'Auberville, fils de Guillaume, bourgeois de Rouen, don a Paris en aoust 1578, ver. ch. le 22 octobre aud. an.

85. L. d'an. de Charles de Graindor, sieur de Saurent, fils de Michel, demeurant a Auberville, eslection de Caudebec, don. en aoust 1578, ver. ch. le 7 octobre, et c. le 7 novembre aud. an. Porte d'azur a trois espics de blé d'or.

86. L. d'an. d'Anthoine le Moyne, sieur d'Aubermesnil et Anneville, procureur fiscal et sindic de Dieppe, don. a Paris en novembre 1577, ver. ch. le 5 decembre aud. an, et c. le 8 novembre 1578.

87. L. d'an. de Jean Houel, sieur de Valleville, esleu a Cau-

---

81 B. Marcadey.
85 Les armes sont écrites d'une autre main.

debec, fils de Guillaume, don. a Paris en decembre 1578, ver. ch. le 5 decembre aud. an, et c. le 9 dud. mois et an.

88. L. d'an. de Guillaume le Roux, esleu a Caudebec, fils de Robert, don. a Paris en decembre 1578, ver. ch. le 5 decembre aud. an, et c. le 10 dud. mois et an; au 8e vol. de la cour, fol. 54; finance 1,000 l.

89. L. d'an. de Guillaume le Roy, sieur de Bourdainville bailliage et eslection de Rouen, don. a Fontainebleau en octobre 1578, ver. ch. le 25 octobre aud. an, et c. le 20 decembre en suivant; au 8e vol., fol. 36; finance 1,000 l.

90. L. d'an. de Raphael Gouie, sieur de Brieux, esleu a Bayeux, don. a Paris en juillet 1578, ver. ch. le 28 d'octobre aud. an, et c. le 24 janvier 1579; au 8e vol., fol. 65; finance 1,000 l.

91. L. d'an. de Michel le Doucet, sieur de Lavay, fils de Michel, vicomté de Bayeux, bailliage de Caen, don. a Fontainebleau en novembre 1578, ver. ch. le 12 decembre 1579, et c. le 29 janvier aud. an; au 8e vol., fol. 69 ; finance comme dessus.

92. L. d'an. de Guillaume le Midon, fils de Jean, demeurant parroisse St Malo de Bayeux, don. a Fontainebleau en novembre 1578, ver. ch. le 10 decembre aud. an, et c. le 29 janvier 1579. Jean et Guillaume le Midon, fils dud. Guillaume, furent dechargez de la taxe des nobles par lettres don. a Fontainebleau en novembre 1578, registrées c. le 8 mars 1608; au 18e vol. fol. 190.

93. L. [d'an.] d'Olivier Voisin, monnoyeur a St Lo, fils de Thomas, de la paroisse de Lastilly, baillage de Caen, en 1578, ver. ch. le 7 decembre aud. an, et c. le 30 janvier 1579; au 8e vol., fol. 70; finance 1,000 l.

---

91 B. Doulcet, sr de Cloucy.
93 Au lieu de Lastilly, il faut peut-être lire : Tassilly.

94. L. d'an. de Mre Pierre du Hamel, sieur du Costein, advocat a Bayeux, don. a Paris en mars 1579, ver. ch. le 5 dud. mois, et c. le 18 dud. mois et an; au 8e vol., fol. 70; finance comme dessus. Autres lettres du 4 febvrier 1611 par lesquelles les enfants dud. du Hamel ont esté dechargez de touttes taxes et suplements pretendus sur les nouveaux anoblis, ver. le 19 dud. mois et an.

95. L. d'an. de Pierre Michault, demeurant a St Pellerin, eslection de Carenten, don. a Blois en 1578, ver. ch. le 12 febvrier aud. an, et c. le 18 juillet 1579; au 8e vol., fol. 166.

96. L. d'an. de Mre Guillaume du Montier, advocat au parlement de Rouen, don. a Paris en mars 1580, ver. ch. le 18 mars aud. an, et c. le 7 may en suivant; au 8^e vol., fol. 215.

97. L. d'an. de Gilles Hardouin, demeurant parroisse de Mailleville sur la Mer, bailliage de Costentin, fils de Thomas, don. a Fontainebleau en octobre 1578, ver. ch. le 20 octobre aud. an, et c. le 10 may 1580; au 8e vol., fol. 219.

98. L. d'an. de Mre Nicolas le Menicier, sieur de Martragny, esleu a Carenten, fils de Philippe, sieur de la Covée, don. a Paris en mars 1579, ver. ch. le 13 mars aud. an, et c. le 17 juin 1580; au 8e vol., fol. 224.

99. L. d'an. de Jean Cauvet, sieur du Saussay, receveur ancien des tailles, demeurant en la parroisse de Vaux sur Olve (l. Aure), eslection de Bayeux, don. a Paris en juillet 1578, ver. ch. le 25 octobre aud. an, et c. en juin 1580; au 8^e vol., fol. 280.

100. L. d'an. de Robert le Boet, s^r d'Enicourt et du Boisguillon, don. a Fontainebleau en septembre 1578, ver. ch. le 24 juin 1580, et c. le 7 juillet aud. an; au 8e vol., fol. 252.

---

94 On trouve Cothan dans Chevillard.

97 Au lieu de Mailleville, il faut probablement lire : Muneville-sur-Mer.

98 B. Martigny et Cavée.

101. L. d'an. de Jean Sublet, sieur de la Gissonnière, don. a Fontainebleau en septembre 1578, ver. ch. le premier de juin 1580, et c. le 7 juillet aud. an; au 7e vol., fol. 335.

102. L. d'an. de Thomas Gosselin, sieur de Fontenay, monnoyeur a St Lo, vicomté de Bayeux, don. a Paris en juillet 1578, ver. ch. le 25 octobre aud. an, et c. le 23 juillet 1580; au 8e vol., fol. 250.

103. L. d'an. de Guillaume de la Mare, sieur de Bauguemont, bailly de Maineglize, esleu en l'eslection d'Avranches, don. a Paris en novembre 1577, ver. ch., le 7 decembre aud. an, et c. le 18 aoust 1580; au 8e vol., fol. 259.

104. L. d'an. de Nicolas et Guillaume le Moyne, sieurs de Guiergueville, demeurant parroisse de Mortainville, eslection de Valognes, don. a Paris en avril 1578, ver. ch. le 14 avril 1580, et c. le 19 octobre aud. an; au 8e vol., fol. 263.

105. L. d'an. de Cyprien le Thrésor et de damoiselle Marguerite Richer, sa mere, demeurant parroisse de Montreuil, vicomté de Carenten, en 1580, et ver. ch. le 4 octobre aud. an, et c. le 22 octobre en suivant; au 8e vol., fol. 267; finance 1,000 l.

106. L. d'an. de Nicolas Auger ou Anger, sieur de Grainville, fils de Martin, demeurant a Carenten, don. a Paris en febvrier 1579, ver. ch. le 12 mars aud. an, et c. le 29 octobre 1580.

107. L. d'an. de Nicolas Plessard, sieur de Mont-Serven, vicomté de Valognes, don. a Paris en avril 1580, ver. ch. le 29 aoust aud. an, et c. le 12 novembre en suivant; du 8e vol., fol. 264 ; finance comme dessus.

108. L. d'an. de Robert Bataille, sieur du Petit Hamel, demeurant a Carenten, don. a Paris en avril 1580, ver. ch.

---

101 B. Guichonniere.
104 B. Quierqueville (Querqueville) et Montfierville (Montfarville).

le 4 d'octobre aud. an, et c. le 12 novembre en suivant; au 8ᵉ vol., fol. 276; finance 1,000 l.

109. L. d'an. de Thomas le Courtois, sieur de Héroudeville, demeurant parroisse d'Epicarville (l. Picauville), election de Valognes, don. a Paris en febvrier 1579, ver. ch. le 29 aoust 1580, et c. le 24 novembre aud. an; au 8ᵉ vol., fol. 258; finance comme dessus.

110. L. d'an. de Charles Simon, sieur de Pontemangue, greffier du bailly de Costentin, au siège de Carenten, fils de deffunct Ravend (*sic*), don. à Paris en febvrier 1579, ver. ch. le 13 mars aud. an, et c. le 18 novembre 1580; finance 1,000 l.

111. L. d'an. de Michel Couillard, premier esleu à Carenten et Sainct Malo, sieur et patron de Boutteville, fils de Jean, bailliage de Costentin, don. en novembre 1578, ver. ch. le premier de decembre aud. an, et c. le 22 decembre 1580; du 8ᵉ vol., fol. 284; finance comme dessus.

112. L. d'an. de Jean Fauvel, fils de Nicolas, sieur de la Lande, demeurant paroisse d'Orguelande, vicomté de Valognes, don. à Paris en avril 1580, ver. ch. le 19 decembre aud. an, et c. le 22 decembre 1580; du 8ᵉ vol., fol. 289; finance comme dessus.

113. L. d'an. de Guillaume Bonion, sieur du Mesnil, demeurant a Falaize, don. a Blois en decembre 1580, ver. ch. le 19 dud. mois et an, et c. le 24 may 1581.

114. L. d'an. de Jean Fauvel, aud. an 1581.

115. L. d'an. de Jean du Bouillon, sʳ de Goues, procureur du roy au bailliage de Costentin, don. a Blois en janvier 1581, ver. ch. le 9 mars aud. an, et c. le 27 septembre en suivant; du 8ᵉ vol., fol. 336; finance 1,000 l.

116. L. d'an. de Jean Manssois, fils de deffunct Rault Manssois, bourgeois de Cherbourg, demeurant parroisse de Valcanville, bailliage de Costentin, don. a Blois en avril 1581, ver.

113 B. Boujon ou Goujon.

ch. le 26 may aud. an, et c. le dernier aoust en suivant; du 8ᵉ vol., fol. 338; finance comme dessus.

117. L. d'an. de Jean Bauquet, fils de Robert, de la parroisse de Mauon (Moon), vicomté de Bayeux, don. a Paris en avril 1584, ver. ch. le 27 may aud. an, et c. le 7 decembre en suivant; au 8ᵉ vol., fol. 338; finance 1,000 l.

118. L. d'an. de Jacques du Monstier, sieur de la Saussais, demeurant parroisse de Maisons, vicomté de Bayeux, don. a Paris en avril 1584, ver. ch. le 21 mars aud. an, et c. le 14 d'aoust en suivant; du 8ᵉ vol., fol. 338; finance comme dessus.

119. L. d'an. de Nicolas Jullien, sieur de la Bourdière, demeurant parroisse de Colomby, vicomté de Valognes, don. a Paris en avril 1580, ver. ch. le 19 decembre aud an, et c. le 5 decembre 1581; du 8ᵉ vol., fol. 384; finance 1,000 l.

120. L. d'an. de Jean Capon, sieur du Breuil, demeurant parroisse de Colomby, eslection de Valognes, don. a Paris en avril 1580, ver. ch. le 19 decembre aud. an, et c. le 15 decembre 1581; au 8ᵉ vol., fol. 375; finance 1,000 l.

121. L. d'an. de Jean Giroult, sieur de Hautot, don. a Blois en decembre 1576, ver. ch. le 25 janvier aud. an, et c. le 15 decembre 1581; au 8ᵉ vol., fol. 375; finance 1,000 l.

122. L. d'an. de Jacques Bertier, sieur de Rougeval, receveur des tailles en l'eslection de Carenten, don. a Paris en may 1578, ver. ch. le 15 juillet aud. an, et c. le 7 septembre 1581; au 8ᵉ vol., fol. 390.

123. L. d'an. de Christophe Filiastre, sieur du Val, don. en novembre 1581, ver. ch. le 13 decembre aud. an, et c. le 19 janvier 1582; au 8ᵉ vol., fol. 394.

124. L. d'an. de Jean Mangon, sieur du Val, fils de Jacques, demeurant parroisse de Bric (Brix), eslection de Valognes, don. a Paris en septembre 1576, ver. ch. le 24 janvier 1577, et c. le 19 janvier 1582; au 8ᵉ vol., fol. 397.

125 B. Vaurichard.

125. L. d'an. de Mre Jean de Neuville, sieur de Vauricarde, procureur du roy en l'election de Coustance, don. a Paris en janvier 1582, ver. ch. le 26 janvier aud. an, et c. le 9 dud. mois et an; au 8e vol., fol. 412.

126. L. d'an. d'Anthoine Arnault, sieur de Desnaudier, archer des mortes payes en la forteresse du Mont St Michel, demeurant paroisse de St Quentin, eslection d'Avranches, en 1582, ver. ch. le 6 mars aud. an, et c. le 21 dud. mois et an; du 8e vol., fol. 412.

127. L. d'an. de Jacques Noury, sieur de Senouville et du fief de Caron, demeurant paroisse de Bordeaux, bailliage de Caux, eslection de Montiviller, don. a Paris 1582, ver. ch. le 6 may 1584, et c. en may 1582; du 9e vol., fol. premier; finance 1,100 l., vertu de l'edit du mois de juin 1576; et porte pour ses armes trois testes d'aigle tenant au bec une anguille d'argent, et lesd. testes d'or en champ d'azur.

128. L. d'an. de Jean Touffaut, sieur de la Porte, demeurant parroisse de Cricqueboeuf, bailliage de Costentin, don. a Paris en avril 1578, ver. ch. le..., et c. en may 1584; du 9e vol., fol. 8e; finance 4,000 l.

129. L. d'an. de Guillaume le Fieu, sieur d'Esmerville, receveur general des finances a Rouen, don. a Dieppe en avril 1578, ver. ch. a Rouen le 21 mars 1582, et en celle de Paris, le 9 dud. mois et an, et c. le 26 juin 1584; au 9e vol., fol 13; finance donnez; et porte pour ses armes 3 molettes d'esperon d'argent et un coeur d'argent enflambé, le tout en champ d'azur.

130. L. d'an. de Henry d'Ambray, receveur general des finances a Rouen, don. a Dieppe en avril 1572, ver. ch. le 3 d'aoust, aud. an, et c. le 26 juin 1584, au 9e vol., fol. 78; finance donnez; et porte pour ses armes un lion rampant d'or avec trois tours d'argent, le tout en champ d'azur.

---

127 B. Benouville.
128 B. Truffaut, paroisse de Carquebut.

131. L. d'an. de Jean Collas, sieur de Breville, seul fils et heritier de feu Jean Collas et de damoiselle Anne Foucques, demeurant parroisse de Questhou, eslection de Valognes, aagé de 23 ans, don. a Paris en febvrier 1582, ver. ch. le 6 mars aud. an, et c. le dernier de janvier 1583; du 9ᵉ vol., fol. 60 ; finance 1,000 l.

132. L. d'an. de Claude de la Barre, aagé de 25 ans, fils d'André, procureur en la chambre des comptes de Normandie et controlleur des traittez dud. pays, don. a Paris en decembre 1578, ver. ch. le 5 febvrier 1579, et c. le 11 dud. mois 1583 ; au 9ᵉ vol., fol. 65; finance reglez suivant l'edit et depuis donnez par autres lettres du 23 juin 1583.

133. L. d'an. de Louis Noel, esleu a Bayeux, don. a Paris en novembre 1582, ver. ch. le 3 decembre aud. an, et c. le 3 febvrier 1583 ; du 9ᵉ vol, fol. 61 ; finance comme dessus.

134. L. d'an. de Pierre de Marbeuf, sieur d'Imare, don. a Blois en may 1581, ver. ch. le 9 juin 1582, et c. le 19 mars 1583; du 9ᵉ vol., fol. 78; finance donnez.

135. L. d'an. de Picosme Pottard, sieur de la Ruelle, don. a Paris en febvrier 1582, ver. ch. le 28 juin aud. an, et c. le penultiesme mars 1583; du 9ᵉ vol., fol. 86 ; finance donnez.

136. L. d'an. de Guillaume le Coustre, sieur de Bourville et de la Roziere, don. a Paris en novembre 1581, ver. ch. le 13 aoust 1583, et c. led. jour et an ; au 9ᵉ vol., fol. 113 ; finance 1,000 l.

137. L. d'an. de François le Moyne, sieur de Boisbenard, advocat, demeurant au bourg du Sap, vicomté d'Orbec, don. a Paris en janvier 1583, ver. ch. de Paris le 27 janvier aud. an, et en celle de Rouen le 31 juillet 1588, et c. le 22 novembre 1583, en consequence de l'edit du mois de may 1576; du 9ᵉ vol., fol. 127; finance suivant l'edit.

138. L. d'an. de Guillaume du Pin, sieur du Chaufestre, sergeanterie noble de Montfort en partie, demeurant paroisse

d'Illeville, bailliage de Rouen, eslection du Ponte Audemer, don. a S¹ Germain en Laye en novembre 1583, ver. ch. le 19 decembre aud. an, et c. le 17 janvier 1583; du 9ᵉ vol., fol. 139; finance 1,000 l.; et porte pour ses armes 3 pommes de pin d'or, en champ d'azur.

139. L. d'an. de Guillebert Guerard, bourgeois de Dieppe, don. a S¹ Germain en Laye en novembre 1583, ver. ch. le 19 decembre aud. an, et c. le 21 janvier 1584; au 9ᵉ vol., fol. 139; finance comme dessus.

140. Mʳᵉ Nicolas de la Vache, conseiller au siege presidial de Gizors, a obtenu lettres de declaration de rehabilitation don. a Paris en febvrier 1542, ver. ch., a la charge de vivre a l'advenir noblement et sans y desroger, le 22 decembre 1582, lesd. lettres sont de rehabilitation, car led. Nicolas estoit fils d'Olivier sorti de la race et sang de Robert la Vache, advocat a Rouen, annobly par le roy Charles en decembre 1403; et porte pour ses armes de sable a trois croix d'argent au pied fiché et trois gerbes de bled d'or au chef d'azur au bœuf passant d'or.

141. L. d'an. de Robert le Bailleur, sieur et patron du Mesnil, demeurant parroisse de Commanville (Gomerville), bailliage de Caux, don. a Paris en juillet 1583, ver. ch. le 25 d'octobre aud. an, et c. le premier de juin 1584; au 9ᵉ vol., fol. 159.

142. L. d'an. de Thomas le Roy, sieur de Falerue, eslection de Valognes, et Simon le Roy, son frère, don. a Paris en novembre 1575, ver. ch. le 26 juin 1577, et c. le 5 juin 1584; au 9ᵉ vol., fol. 168.

143. L. d'an. de Denis Pelloquin, sieur de Bernieres, maitre des comptes a Rouen, don. a Paris en novembre 1582, ver. ch. le 20 avril 1583, et c. le 22 juin aud. an; par merites; fol...

144. L. d'an. de Nicolas Poitevin, demeurant paroisse de Valognes, don. a Fontainnebleau en novembre 1583, ver. ch. le premier decembre aud. an, et c. le 13 juillet en suivant.

145. L. d'an. d'Anthoinne et Scipion de Ciresmes, enfants de Christophe, secretaire du roy, et vivant sieur de la Ferriere,

Cillanne, de Barville et de Colombier, don. a Paris en 1559, ver. ch. en 1585, et c. le 5 juin 1584; au 9e vol., fol. 186; finance 1,000 l.

146. L. d'an. de Toussaint Fabien, sieur de la Froidre, don. a Paris en novembre 1576, ver. ch. le 12 novembre aud. an, et c. le 11 .... 1585; au 9e vol., 258; finance suivant l'edit.

147. L. d'an. de Jean Voisin, sieur de Guenouville et de Chamheroult, bourgeois de Rouen, don. en 1585, ver. ch. le 26 aoust aud. an, et c. le 11 de juillet aud. an. Nota qu'il y a desja autres lettres veriffiez le 6 may 1587, par lesquelles le roy desclare qu'il est du nombre des annoblis, par l'edit des douze brevets en 1584; du 9e vol., fol. 206; finance donnez; et porte pour ses armes deux croisans et une croix d'or, avec une aisle d'argent au milieu, le tout en champ d'azur.

148. L. d'an. de Pierre Secart, sieur de Saint Arnoult et de la Boulengerie, homme d'armes de la compagnie du sieur de la Milleraye, un des lieutenants generaux au gouvernement de Normandie et vice admiral de France, don. a Paris en mars 1585, ver. ch. le 4 juin aud. an, et c. le 7 aoust 1585; du 9e vol., fol. 272; finance donnez.

149. L. d'an. de Jacques Fizet, conseiller au parlement de Rouen, don. à Paris en novembre 1585, ver. ch. le 15 janvier 1586, et c. le 7 decembre 1585; au 9e vol., fol. 314; finance donnez. Porte d'azur à la face d'argent, deux etoilles d'or en chef, une teste de leopard en pointe.

150. L. d'an. de Jacques le Duc, valet de chambre et chirurgien du roy ordinaire, don. à Paris en juillet 1585, ver. ch. le 13 febvrier 1587, et c. en décembre 1585. Il demeuroit paroisse de Dyves, eslection de Lysieux, pour services.

151. L. d'an. de M\ue Nicolas Larcher, conseiller en la cour

---

146 B. La Couldre, au lieu de la Froidre.
149 Les armes sont écrites d'une autre main.

des aydes de Rouen, don. a Paris en aoust 1585, ver. ch. le 21 decembre aud. an et avoient esté veriffiéés au parlement de Rouen le 12 dud. mois et an, et c. le 17 septembre 1585; du 9e vol., fol. 315; finance donnez. Est des douze crééz en 1584, et a obtenu lettres a cet effet; et porte pour ses armes un porc espy d'or, en champ d'azur.

152. L. d'an. de Guillaume l'Escolier, sieur d'Aubieville, des Granges et des Aussez, demeurant parroisse de Gonneville, vicomté de Montiviller, don. a Paris en novembre 1585, ver. ch. le 7 aoust 1586, et c. le 7 janvier aud. an; du 9e vol., fol. 319; finance donnez.

153. L. d'an. de Guillaume des Pommare, sieur de Bourdemare, demeurant parroisse de Manneville la Goupil, pais de Caux, don. en 1585, ver. ch. le 14 octobre aud. an, et c. le 11 janvier 1586; et porte pour ses armes deux griffons rampans de sable, et une barre de long d'azur, dans laquelle sont trois coquilles d'or, le tout en champ d'argent.

154. L. d'an. de Nicolas le Vavasseur, sieur des Ronfrebosc, demeurant parroisse d'Auberboc, vicomté de Caudebec, homme d'armes de Monsieur de la Milleraye, don. a Paris en avril 1585, ver. ch. le 26 aoust aud. an, et c. le 11 janvier 1586; du 9e vol., fol. 323; finance donnez; et porte pour ses armes deux lions rampans de sable, et un chevron d'azur dans lequel sont trois croix d'argent et le champ d'argent.

155. Jean Virey, sieur du Gravier, lieutenant de Monsieur le mareschal de Matignon en la capittainerie de Cherbourg, a obtenu l. d'an. du roy Henry IIIe, en decembre 1582, ver. ch. le 17 mars 1583, et c. le 14 dud. mois et an; du 9e vol., fol. 84; finance donnez; et porte pour ses armes deux espieux croisez d'argent, deux testes de lyon, et deux molettes d'esperon d'or, le tout en champ de gueulles.

156. L. d'an. de Jean Gosselin, sieur de la Vascherie, procureur des estats de la province de Normandie, don. a Paris en septembre 1585, ver. ch. le 21 octobre aud. an, et c. le 13 janvier 1586; finance donnez.

157. L. d'an. de M⁰ François le Moyne, lieutenant du bailly de Gisors, vicomte de Vernon, don. a Chartres en juillet 1588; ver. ch. le...., et c. le 7 novembre 1588; au 10ᵉ vol., fol. 7; sans finance; et porte pour ses armes 3 tourteaux d'or, en champ d'azur.

158. L. d'an. de Nicolas Carré, l'un des quatre cappitaines de la ville de Rouen, don. à Rouen en juin 1588, ver. ch. le.., et c. le 7 novembre 1588; au 10ᵉ vol., fol. 7; sans finance. Porte de gueulles a trois lozenge d'or, deux en chef et une en pointe.

159. L. d'an. de Mʳᵉ Claude de Bordeaux, natif de Vernon, cy devant president au siege presidial de Gisors, sieur de Boisgarenne et de la vavasserie du Haricourt, don. a Rouen en juin 1588, ver. ch. le 7 mai 1594, et c. le 12 novembre 1588; au 10ᵉ vol., fol. 9; sans finance, d'indemnité 166 l. deux tiers aux habitans de Vernon constituez en 16 l. 2 tiers de rente.

160. L. de desrogeance portant nouveau ann. de Mathieu, Raphael Selles, sieur de la Fontaine, vicomte de Bayeux, don. a Paris en septembre 1587, ver. ch. en 1614, et c. le 18 novembre 1588; au 10ᵉ vol., fol. 12; sans finance.

161. L. d'an. de Laurens Tiremois, sieur de Haûtenos, procureur du roy en la vicomté d'Argenten, don. à Rouen en juin 1588, ver. ch. le 17 aoust aud. an 1588, et c. le 24 novembre 1588; au 10ᵉ vol., fol. 14; sans finance. Nota quelles sont registrées, pour en jouir par led. Laurens seulement sa vie durante et par led. Jean Tiremois, advocat du roy au siege presidial de Rouen, et ses enfans, a perpetuité et non ses dits autres freres, pour lesquels la chambre a declaré ne pouvoir entrer a la verification desd lettres; et pour ses armes d'azur au sautoir d'argent, chargé de 5 huchettes de gueulles.

162. L. d'an. de Jean Estienne, esleu en l'eslection d'Ar-

---

158 Les armes sont écrites d'une autre main.

162 B. Au lieu de Tincep, qui est une abréviation, écrit Serrey près Ecouché. Peut-être faut-il lire Treize-Saints ou Sevray ?

genten, demeurant en la parroisse de Tincep, bailliage de Caen, don. en juillet 1588, ver. ch. le 21 octobre aud. an, et c. le 23 novembre en suivant; au 10e vol., fol. 17; sans finance; a la nomination de Mre Nicolas Larcher, escuyer, conseiller en la cour des aydes de Rouen et l'un des 12 capitaines de lad. ville, suivant l'edit du mois de juin 1588, par lequel il estoit permis aux nobles d'en nommer d'autres.

163. L. d'an. de Nicolas le Pulley, sieur de Baugy, demeurant parroisse de Douvre, eslection de Caen, don. a Paris en septembre 1578, ver. ch. le 16 juin 1587, et c. le 26 novembre 1588; ensemble les lettres de jussion sur le refus qu'avoit fait la chambre de registrer lesd. lettres faute de justiffier les services enoncez; au 10e vol., fol. 19; sans finance.

164. L. d'an. de Jacques du Tertre, vicomte d'Orbec, sieur de la Morandiere et de Mallay, fils de Guillaume et Charlotte de Rouille, don. a Paris en octobre 1586, ver. ch. le 13 janvier 1588, et c. le 28 novembre aud. an; au 10e vol., fol. 20; sans finance, en consequence de la declaration de 20 nobles, ver. le 13 janvier 1588.

165. L. d'an. de Mre Adrian le Doux, lieutenant general au bailliage d'Evreux, don. a Paris en decembre 1586, ver. ch. le 2 febvrier 1588, et c. le 29 novembre aud. an; au 10e vol., fol. 24; sans finance, en consequence de la declaration sud.; et porte pour ses armes 3 testes, avec le col, de faisant, d'argent en champ d'azur.

166. L. d'an. de Robert Lambert, sieur d'Erbigny, demeurant a Lisieux, don. a Paris en decembre 1586; ver. ch. le premier febvrier 1588, et c. le 3 decembre aud. an, en consequence de la declaration susd.; au 10e vol., fol. 27; sans finance; et porte pour ses armes 3 estoilles d'or sur une bande de gueulles avec un lion rampant en champ d'azur.

167. L. d'an. de Pierre Morin, sieur de Moudeville, bailliage

---

164 B. Mallouy au lieu de Mallay.

de Caen, fils de Philippe et de Jeanne Quentin ses pere et mere, don. a Paris en aoust 1587, ver. ch. le 19 janvier 1588, et c. le 8 decembre aud. an ; du 10ᵉ vol., fol. 29 ; sans finance ; sans (en) recompense de ses services ; et porte pour ses armes 3 maistreslettres (merlettes) d'argent en champ d'azur et un chevron d'or rompu.

168. L. d'an. de Louis Benoist, sieur de la Mare, parroisse de Monceaux, vicomté de Bayeux, parent de Mᵉ de Blary, don. a Paris en mars 1586, ver. ch. le 9 mars 1588, et c. le 9 decembre aud. an ; au 10ᵉ vol., fol. 33 ; sans finance ; et porte pour ses armes un aigle de sable en champ d'argent, becqueté et onglé d'or.

169. L. d'an. de Noel et Gilles Graffard freres, sieurs de Beaulieu et de Maillon, demeurant a Rouen, don. a Rouen en juin 1588, ver. ch. le...., et c. le 9 decembre aud. an ; au 10ᵉ vol., fol. 37 ; sans finance.

170. L. d'an. de Thomas Pottier sieur d'Aroumanches, lieutenant general civil et criminel du bailly de Caen, au siege de Bayeux, don. a Paris en may 1586, ver. ch. le 9 mars 1588, et c. le 9 decembre aud. an, en consequence de lad. declaration ; du 10ᵉ vol., fol. 39 ; sans finance ; et porte pour ses armes un aigle d'argent en champ de gueulles.

171. L. d'an. de Mʳᵉ Jean Benoist, sieur du Val, grenetier a Bayeux, parroisse de Monceaux, don. a Paris en mars 1586, ver. ch. de Normandie 1588, et c. le 9 decembre aud. an, est du nombre de 20 annoblis ; au 10ᵉ vol., fol. 42 ; sans finance ; et porte pour ses armes un aigle de sable en champ d'argent becqueté et onglé d'or, qui sont celle de Mʳᵉ de Blary son parent.

172. L. d'an. de Mʳᵉ Roland Tisserant, lieutenant du bailly de Gizors, au siege d'Andely, don. a Paris en avril

---

168 Peut-être faut-il lire Blaru au lieu de Blary ?
169 B. Mailly au lieu de Maillon.

1588, ver. ch. le 22 juin aud. an, et c. le 9 decembre en suivant.

173. L. d'an. de Jean le Roy, sieur d'Asseville, vicomté de Falaize, don. a Chartres en aoust 1588, ver. ch. le....., et c. le 23 decembre aud. an; au 10ᵉ vol., fol. 50; sans finance.

174. L. d'an. de Pierre Guillots, sieur de Touffreville sur Cailly en partie, bourgeois de Rouen, don. a Rouen en juin 1588, ver. ch. le 21 octobre aud. an, et c. le 23 decembre en suivant; au 10ᵉ vol., fol. 50 et 52; sans finance.

175. L. d'an. de Thomas du Pont, ancien conseiller et eschevin de la ville de Rouen, don. a Rouen en juin 1588, ver. ch. le premier aoust aud. an, et c. le 26 janvier 1589; au 10ᵉ vol., fol. 52; sans finance.

176. L. d'an. de Pierre d'Eudemare, sieur du Basset, l'un des douze cappitaines de la ville de Rouen, don. a Rouen en 1588, ver. ch. le 9 aoust aud an, et c. le 18 febvrier 1589; au 10ᵉ vol., fol. 54; sans finance, en consequence de l'edit cy dessus.

177. L. d'an. de Guillaume Jamet, sieur de la Bassecourt, don. a Rouen en parlement le..., ver. ch. le 6 mars 1589, et c. le 24 dud. mois et an; du 10ᵉ vol., fol. 70; sans finance.

178. L. d'an. de Pierre Jupin, sieur de Bolleville, fils de Jean, vice bailly au bailliage de Rouen, don. a Rouen en juillet 1588, ver. ch. le..., et c. le 14 may 1589; au 10ᵉ vol, fol. 13; sans finance.

179. L. d'an. de Jean Lucas le jeune, sieur de Livet, fils de deffunct Jean et de damoiselle Jeanne de Launay, don. a Dieppe en novembre 1583, ver. ch. le 24 dud. mois et an, et c. le 23 mars 1589; au 10ᵉ vol., fol. 76; sans finance.

180. L. d'an. de Mᵉ Nicolas Baudry, sieur de Bretteville

177 B. Annobli en 1588.

et de Raffaut, advocat au parlement de Rouen, don. a Dieppe en novembre 1593, ver. ch. le 7 mai 1594, et c. le 28 juin aud. an; du 10ᵉ vol., fol. 161; sans finance; et porte pour ses armes d'argent au chevron d'azur, accompagné de deux rozes et un cœur en pointe.

181. L. d'an. de Francois ou Claude d'Estrepagny, procureur du roy a Arques, don. à Dieppe en septembre 1589, ver. ch. le 26 juin 1624, et c. le 20 septembre 1594; a payé suplement; du 10ᵉ vol., fol 161; sans finance.

182. L. d'an. de Robert Repichon, thresorier general des finances a Caen, don. en novembre 1587, ver. ch. le 18 juin 1588, et c. le 12 juillet 1594; du 11ᵉ vol., fol. 3; sans finance.

183. L. d'an. de Pierre de Bernieres, receveur general des finances à Caen, don. au camp devant... en novembre 1587, ver. ch. le 18 juin 1588, et c. le 21 juillet 1594; du 11ᵉ vol., fol. 6; sans finance; et porte pour ses armes d'argent au lion estant de sable onglé et lampasé de gueulles, l'ecu coupé en chef d'azur, a trois croisant d'or, surmonté de gueulles a l'etoile d'or.

184. L. d'an. Mʳᵉ Richard Maloisel, greffier ordinaire de la vicomté de Caen et heredital des greffes des presentations des jurisdictions des bailliage, vicomté, eslection, admiraulté, eaux et forest et grenier a sel dud. Caen, a obtenu pareilles lettres, ver. ch. le 18 janvier 1588, et c. le 24 mars aud. an.

185. L. d'an. de Pierre Louvel, sieur de Tessey, fils de Jean, sieur de Crespon, demeurant a Bayeux, a obtenu le 15 aoust 1594, ver. ch. le...., et c. le.....

186. L. d'an. de Mʳᵉ Louis de la Follye, demeurant parroisse de St Pierre dud. lieu, vicomté de Bayeux, don. au camp devant Laon, en juillet 1594; ver. ch. le 18 novembre 1596; au 10ᵉ vol., fol. 117; finance 700 l.; par arest de veriffication doit payer aux habitans de lad. paroisse 18 l. 40 s. de rente.

187. Lettres de relief de desrogeance obtenues a Rouen 13 juillet 1588, fils puisné de feu Adrian, lesd. lettres obtenues par Guillaume le Mercier, sieur du fief au Tenneur, demeurant a Rouen. Nota que Robinet le Mercier s'estoit annobly par lettres escrittes en latin, en l'an 1583, et que le tout fust registré en la cour le 23 decembre 1594; au 10° vol., fol. 144.

188. L. d'an. de Francois le Prevost, sieur de Norfville en partie, don. au camp devant Laon en juillet 1594, ver. ch. le 26 mars 1604, et c. le 15 mars 1610, en consequence de l'edit des 20 nobles donnez en janvier 1594, ver. ch. le premier d'avril aud. an; au 10° vol., fol. 147; finance donnez.

189. L. d'an. de Guillaume Ballot, sieur de Vallonville, en l'an 1595, don. au camp devant..., ver. ch. le 6 octobre 1614, en consequence dud. edit en 1594, demeurant parroisse d'Hicheville, vicomté de Carenten; registrement le 11° [vol.], fol. 155, moyennant 600 l., et par la veriffication chargé de payer 24 l. d'indemnité de rente aux habitans.

190. L. d'an. de Nicolas des Champs, accesseur en la vicomté de Montiviller, don. a St Denis en l'an 1583, ver. ch. le 16 aoust 1594, et c. le 12 janvier 1595; au 11° vol., fol. 129; finance donnez, d'indemnité 33 l. un tiers a la descharge des habitans constituez en 3 l. 20 s. de rente.

191. L. d'an. de Charles Pascal, secretaire de la langue latine de Henry 3° en Pologne et conseiller depuis au parlement de Rouen, et commissaire des requestes, don. a Paris le 3 janvier 1578 par lettres en latin acceptez en aoust, registrez avec autres lettres de Henry 4° et en langue francoise en 1594, ver. le 18 juillet aud. an, et c...; du 10° vol., fol. 187; finance donnez.

---

187 B. Seigneur du Veneur au lieu de au Tenneur.
188 B. Neuville au lieu de Norfville.
189 B. Caillonville au lieu de Vallonville, et Yeville (Hiesville) au lieu d'Hicheville.
190 B. ajoute demeurant à Godarville (Goderville).

192. L. d'an. de Jacques Jean, sieur de la Bataille, demeurant paroisse de St Lo (St Loup) de Fribois, eslection du Pont l'Evesque, don. a St Denis en mars 1594, ver. ch. le 3 decembre aud. an, de l'edit de 8 nobles du mois de may 1593, ver. le premier de febvrier 1594, et c. le 20 janvier 1595, d'indemnité 140 l. constituez en rente le 3 decembre aud. an.

193. L. d'an. d'Estienne Jean, sieur des Pares, frere du precedent, don. a St Denis en mars 1594, ver. ch. le 11 novembre aud. an, vertu du mesme edit, et c. le 21 janvier 1595; du 11e vol., fol. 193; finance 800 l. de lad. paroisse et a la charge de la mesme indemnité.

194. L. d'an. de Michel de St Martin. sieur de la Villette, paroisse de Giel, vicomté d'Argenten, don. a Chartres en mars 1594, ver. ch. le 9 aoust aud. an, et c. le 28 janvier 1595; du 11e vol., fol. 202; sans finance.

195. L. d'an. de Charles Bouvet, sieur de Fontaine, lieutenant general au bailliage de la forest d'Eu, a present maire de lad. ville, don. a Paris en mars 1594; ver. ch. le dernier janvier 1595, et c. le 18 dud. mois et an; du 7e vol., fol. 205; dans lesquels sont enregistrez deux lettres contenant le don de suplement l'un pour led. Bouvet, et l'autre pour Jacque du Prey, d'indemnité 166 l. constituez en 17 l. et 2 tiers de rente.

196. L. d'an. de Jacques du Montier, l'un des capitaines et eschevins de la ville de Caen, don. au champ de Chaubin (?) en septembre 1591, ver. ch. le 27 avril 1592, et c. le 11 mars 1595, en consequence de l'edit des douze nobles en janvier 1544, ver. le premier d'avril aud. an ; et porte pour ses armes deux soleils et un cœur flambant d'or avec un chevron rompu d'argent dans lequel est un croissant de gueulles, le tout en champ d'azur.

197. L. d'an. de Pierre Noel, sieur d'Escorches, parroisse

---

195 B. Bennet au lieu de Bouvet.
197 On trouve dans une copie de la recherche de 1666, Noel, sieur de Sainte Croix à Méridon.

de Meudon, vicomté de Falaize, don. a Paris en octobre 1595, et c. le 7 mars aud. an; du 7ᵉ vol., fol. 263; sans finance, d'indemnité 200 l. constituez en rente.

198. L. d'an. d'Olivier le Reverend, sieur et patron de Bougy, eslection de Caen, don. a Paris en decembre 1594, ver. ch. le 10 febvrier 1595, et c. le 14 mars suivant; au 7ᵉ vol., fol 11ᵉ; sans finance.

199. L. d'an. de Charles Larcher, fils Jean, natif de la parroisse de Manville (Merville?) vicomté de Bayeux et monnoyeur en la ville de St Lo, don. au camp devant Laon en juillet 1591, ver. ch. le 27 avril 1610, et c. le 14 mars 1594, a la charge de payer pour indemnité 21 l. de rente racquitable par iceluy Larcher a la raison du denier 20, en consequence de l'edit des 20 nobles du mois de janvier 1594, ver. le premier d'avril aud. an; au 11ᵉ vol., fol. 284; finance 800 l.

200. L. d'an. de Pierre le Fol, demeurant paroisse de Baudreville, eslection de Valognes, don. a Paris en octobre 1594, ver. ch. le 2 avril 1618, et c. le 11 mars 1595; au 10ᵉ vol., fol. 289; finance 800 l., d'indemnité 100 l. de rente.

201. L. d'an. de Claude du Poiseau, verdier des eaux et forest du duché d'Ellebeuf, don. a Paris en janvier 1595, ver. ch. le..., et c. le 3 avril 1595; au 11ᵉ vol., fol. 203; sans finance, a la charge d'indemnité en cas qu'il aye payé taille.

202. L. d'an. de Guillaume Varin, esleu et eschevin a Honfleur, et receveur des deniers communs de lad. ville, don. a Paris en janvier 1595, ver. ch. le 15 decembre aud. an, et c. le..., au 11ᵉ vol., fol. 30, a la charge d'indemnité s'il est taillable.

203. L. d'an. de Jacques Blondel, lieutenant du bailly de Caen, don. a Paris en septembre 1594. ver. ch. le 20 juin 1595, et c. le 22 dud. mois et an; au 11ᵉ vol., fol. 365; finance donnez, a la charge d'indemnité comme dit est.

204. L. d'an. de Michel de la Fontaine, sieur de St An-

---

204 B. Saint André de l'Espine.

dré de l'Espéé, demeurant a S¹ Lo, et premier conseiller au bailliage et vicomté dud lieu, don. a Nantes en janvier 1594, ver. ch. le 20 mars 1619, a payé suplement, et c. le 13 juin 1595; au 10ᵉ vol., fol. 379; finance donnez a la charge susd.

205. L. d'an. de Jean Hullin, sieur du Neufbourg et de la Porte, natif de Granville, demeurant a Avranches, don. a Paris en avril 1595, ver. ch. le 13 decembre 1595, et c. le 24 juillet aud. an; au 10ᵉ vol., fol. 379; sans finance, a la charge de payer d'indemnité 1,000 l. a la communauté des habitans de la parroisse de Nostre Dame des Champs d'Avranches, pour estre emploiez a leurs affaires ou en rente.

206. L. d'an. de Jacques le Chartier, sieur de la Juganviere, don. a S¹ Denis en mars 1594, ver. ch. le 8 mars 1595, en consequence de l'edit de creation de 8 nobles du mois de may 1593, ver. le premier de febvrier 1594; du 8ᵉ vol., fol. 407; finance 800 l., a la charge de payer 300 l. sol d'indemnité en 20 l. de rente aux habitans de Bellander, vicomté de Coustance.

207. L. d'an. de Mʳᵉ Jean du Houlley, lieutenant general en l'election d'Auge, demeurant au Pont l'Evesque, don. a Nantes en janvier 1594, ver. ch. le 24 novembre 1595; au 11ᵉ vol., fol. 424; sans finance.

208. L. d'an. du sieur du Moussay, demeurant en la parroisse de Tesses, election de Coutance, sieur de la Milleraye, lieutenant general du bailly de Moyen (Moyon), don. en l'an 1594, ver. ch. le 4 dud. mois et an, en consequence de l'edit de creation de 8 nobles du mois de mars 1593, ver. le premier febvrier 1594, et c. aud. an; du 11ᵉ vol., fol. 407; finance 800 l., a la charge de 100 l. d'indemnité constituez en 10 l. de rente.

209. L. d'an. d'Estienne Onfray ou Anfray, sieur du fief de

---

206 Bellander. Nous ne connaissons aucune paroisse de ce nom.
208 Il faut probablement lire la Millerie, paroisse de Tessy.
209 Le manuscrit A ajoute en marge sieur du Cardonnet.

Belle Estoille, scis a Noyers, docteur en medecine a Caen et professeur des sciences mathématiques en lad. université, don. a Paris en septembre 1594, ver. ch. le 20 febvrier 1595, au 11e vol., fol. 443; finance donnez.

210. L. d'an. de Fœlix Gouet ou Gouel, paroisse de Cheurain, vicomté de Bayeux, don. a St Germain en Laye en novembre 1594, ver. ch. le dernier avril 1611, et c. le 14 decembre 1595, en consequence de l'edit du mois de janvier 1594; du 11e vol.; fol. 446; sans finance, d'indemnité 300 l. constituez en rente.

211. L. d'an. de Mre Mathurin d'Hermenoult, sieur de la Perdoelle, demeurant parroisse de Moyaux, election de Lisieux, don. a Paris en mars 1594, ver. ch. le 29 dud. mois et an, et c. le 25 decembre 1595; du 11e vol., fol. 456; sans finance.

212. L. d'an. de Philippe des Perrois, sr de Friegard et de la Pinterie, demeurant parroisse du Pin ou Courtonné, vicomté d'Orbec, don. a St Germain en Laye en novembre 1594, ver. ch. le 28 avril 1595, et c. le 1er de febvrier 1596.

213. L. d'an. de Jean Hue, demeurant a Crespon, vicomté de Bayeux, don. a Paris en avril 1594, ver. ch. le 29 aoust aud. an, et c. le 16 decembre 1595, en consequence de l'edit du mois d'octobre 1594, ver. le 13 decembre 1595; au 11e vol., fol. 286; sans finance, et d'indemnite 200 l. sol, constituez en 20 l. sol de rente.

CREATION DE DIX NOBLES. Le 15 octobre 1595. — Le 25 octobre 1595 la chambre a veriffié l'edit des dix nobles du mois de juillet 1595, a la charge qu'ils payeront indemnité, à raison du denier 20, sans qu'ils puissent avoir diminution et puissent obtenir quelques lettres de jussions.

CREATION DE 60 NOBLES. Le 15 février 1596. — Le 15 febvrier 1596, la chambre a veriffié l'edit de 60 nobles.

---

210 Il faut peut-être Chouain au lieu de Chourain qui n'existe pas.
211 B. Ernemont et la Perdrielle.
212 B. Liegard au lieu de Friegard.

214. L. d'an. de Francois de Senecé, sieur de l'Aumosne autrement de Ste Barbe, don. a Laon en aoust 1594, ver. ch. le 4 febvrier 1595, et c. le 20 febvrier 1596; au 12e vol., fol. 28; sans finance.

215. L. d'an. de Pierre Gohier, sieur de Precaire, demeurant parroisse de Guilberville, vicomté de Bayeux, don. en janvier 1594, ver. ch. le 8 juillet 1596, et c. le 2 mars aud. an; vertu de l'edit de creation de 20 nobles du mois de janvier 1594, ver. le premier d'avril aud. an; au 12e vol., fol. 47; finance 800 l.

216. L. d'an. de Nicolas le Valois, bailly de Moyon, sieur de Brisoult, paroisse du Mesnil au Par (Mesnil-Opac), election de Coutance, don. a St Denis en mars 1594, ver. ch. le 2 avril 1596, et. le 4 dud. mois et an, en consequence de l'edit du mois de may 1593, ver. ch. le premier febvrier 1594; finance donnez, a la charge d'indemnité.

217. L. d'an. de Noel Ammelinne, sieur de Berville, seul fils et heritier de Christophle Ameline, et de dam^elle Louise Gresil, don. a Mantes en may 1594, ver. ch. le..., et c. le 7 mars 1596; finance donnez, a la charge d'indemnité.

218. L. d'an. de Mre Estienne Canu, advocat au bailliage et siege presidial de Caen, don. a Lion en septembre 1595, ver. ch. le 10 novembre aud. an, et c. le 11 may 1596, en consequence de l'edit du mois d'octobre 1594, ver. le 13 decembre; du 7e vol, fol. 75; finance 500 l.

219. L. d'an. de Jacques Bellette ou Bellet, sieur du Petit Mont, don. a Fontainebleau en may 1594, ver. ch. le 13 avril 1595, et. c. le 11 may 1596; du 12e vol., fol. 89; finance donnez.

220. L. d'an. de Francois du Four, sieur du Fossé Virei ou

---

214 B. Seuré ou Seuray. On trouve un Seuroy *alias* Sepvray maintenu dans l'élection de Lisieux en 1666.

220 Il faut lire sieur du Fossé Eurry et du Vievre. Ces deux fiefs se trouvent à Saint-Etienne l'Allier.

de Vievre, de l'an 1582, ver. ch. le 29 janvier 1589, et c. le 17 juin 1596; du 12ᵉ vol., fol. 107; sans finance.

221. L. d'an. de Jean le Terrier, receveur général des finances a Caen, don. a Paris en septembre 1594, ver. ch. le 18 juin 1596, et c. le 10 juillet aud. an; du 12ᵉ vol., fol 123; sans finance.

222. Lettres de desrogeance obtenues par damoiselle Catherine du Mesnil, veuve de Mʳᵉ Charles Martel, lieutenant de robe longue au bailliage d'Allençon, de l'an 1594, et c. le 27 juillet 1596.

223. L. d'an. de François Marette, sieur de Monts, demeurant a Avranches, don. a Lion en septembre 1595, ver. ch. le..., et c. le 26 decembre 1596; du 12ᵉ vol., fol. 145; sans finance; a la charge d'indemnité.

224. L. d'an. de Jacques des Portes, sʳ de la Hutelliere, controlleur ordinaire des guerres et president en l'election de Verneuil, et Claude des Portes, son fils, lieutenant general en la vicomté d'Alencon, don. à Follembrei en janvier..., ver. ch. le 12 febvrier 1597, et c. le 3 octobre 1595; du 12ᵉ vol., fol. 151; sans finance de confirmation, et en tant que besoing d'annoblissement tout de nouveau, a la charge de payer pour indemnité 67 l., constituez en 7 l. 2 tiers de rente.

225. L. d'an. de Mʳᵉ Guillaume le Prieur, president en l'election de Falaize, don. a Paris en septembre 1594, ver. ch. le 19 avril 1611, en c. le 7 octobre 1596; du 12ᵉ vol., fol. 156; sans finance, a payé suplement.

226. L. d'an. de Mʳᵉ Geufroy des Hays, fils de Jean, natif de Sᵗ Sebastien de Preaux, vicomté d'Orbec, election de Lysieux, demeurant a Rouen, don. a Villiers Costentin (Villers-Coterets), en 1544, ver. ch. le..., et c. le 12 novembre 1596; au 12ᵉ vol., fol. 181; finance 100 l.

227. L. d'an. de Michel Couillard, sieur de Belletonne, demeurant paroisse de Boucheville (Brucheville), vicomté de Carenten, don. au camp devant Laon 1594 en aoust, ver. ch.

le 30 juillet 1612, et c. le 26 novembre 1596; du 12e vol., fol. 190; finance donnez, a payé suplement, à la charge de payer 24 l. de rente raquitable au denier 20.

228. Mre Louis de la Follye, demeurant paroisse de St Pierre de la Follye, vicomté de Bayeux, a obtenu lettres d'an. le..., ver. ch. le 20 novembre 1597, en consequence de l'edit de 20 nobles du mois de janvier 1594, ver. le premier d'avril aud. an.

229. L. d'an. de Jean Belot ou Bellot, sieur de Questerville, don. a Lion en septembre 1595, ver. ch. le 6 octobre 1614, en c. le 26 novembre 1596; du 12e vol., fol. 193, finance 600 l.

230. L. d'an. de Robert Desniau, sieur de la Betanniere, president en l'election de Gizors, don. a Collambry (Folembray), en janvier 1596, ver. ch. le 10 decembre aud. an, et c. le 17 dud. mois et an; au 12e vol., fol. 206; finance donnez.

231. L. d'an. de Mre Gervais Thomas, sieur du Lerie et d'Estainville, demeurant a Gisors, don. a Traversy (Travezy), en octobre 1595, ver. ch. le 13 febvrier 1597, et c. le 19 decembre 1596; au 12e vol., fol. 131; finance donnez, d'indemnite 100 l. sol, constituez au denier 20 en cinq l. de rente.

232. L. d'an. de Gilles le Febvre, sieur de Marpalus, de Carenten, cy devant greffier aud. lieu, donnez en octobre 1596, ver. ch. le 30 avril 1610, et c. le 19 decembre 1596, a payé suplement en decembre 1595 en consequence de l'edit des douze nobles en juillet 1595; du 12e vol., fol. 210; finance 1,000 l., d'indemnite 15 l. de rente.

233. L. d'an. de Mre Pierre Quesnon, sieur de Montelegle, thresorier des gardes du corps, demeurant a Gisors, don. à Bleville (Abbeville) en juin 1596, ver. ch. le 27 dud. mois et an, et c. le 20 decembre en suivant ; au 12e vol., fol. 243, a la charge d'indemnité.

---

229 Questerville nous parait être le Quettreville de la Manche
231 Il faut probablement lire Laffainville au lieu d'Estainville

234. L. d'an. de Jean de la Croix, sieur de Nuissemont, demeurant parroisse de Bretouville, bailliage de Caux, don. a Paris en mars 1595, ver. ch. le 12 dud. mois et an, et c. le 19 janvier 1596; au 12e vol., fol. 233; a la charge d'indemnité.

235. L. d'an. de Jean Martin, sieur de la Piaudiere, parroisse de Nostre Dame de Fresne, election de Lizieux, don. a Monceaux en septembre 1596, ver. ch. le..., et c. le 19 janvier 1597; du 13e vol., fol. premier; sans finance,

236. L. d'an. de Mre Pierre Thirel, sieur de Jouvance ou Jouvenal, receveur au magazin a sel ou conseiller au Ponte-Audemer, y demeurant, don. en septembre 1595, ver. ch. le 11 mars 1596, et c. le 11 janvier 1597, vertu de l'edit du mois d'octobre 1594; au 13e vol., fol 4; finance 600 l.

237. L. d'an. de Jacques James, sieur de St Jorean, paroisse de St Pierre sur Dyves, vicomte de Falaize, don. a Rouen en novembre 1595, ver. ch. le 10 decembre 1614, et c. le...; au 13e vol., fol. 10; finance donnez, pour services.

238. L. d'an. de Pierre Pinson, sieur de la Briere, esleu a Fallaize, don. a Rouen en novembre 1596; ver. ch. en 1604, a payé suplement; led. Pinson demeurant parroisse de la Ferte Massy (Ferté-Macé), de lad. eslection, registrées le 17 dud. mois et an, au 13e vol., fol. 13; finance donnez; a la charge de 15 l. de rente d'indemnité aux habitans de la Ferte Massy.

239. L. d'an. de Guillaume Jollis, sieur du Joncquay, archer des ordonnances du roy a la suite du sieur comte de Torigny, paroisse de Bracheville (Brucheville), vicomte de Carenten, don. a Paris en janvier 1595, ver. ch. le 28 may 1596, et c. le 27 janvier 1597; au 13e vol., fol. 27; sans finance.

240. L. d'an. de Mre Pierre Rioult, procureur du roy en la vicomté d'Argenten, paroisse de St Ouen le Nouet, vicomté dud. lieu, don. a Rouen en decembre 1596, ver. ch. le dernier

---

234 Il faut lire le Nuissemont à Berthauville.
237 B. St Jorre au lieu de St Jorean.

juin 1610, et c. le 17 febvrier 1597; et porte pour ses armes un double aigle de sable, en champ d'argent cottelé de sable.

241. L. d'an. de Robert le Chevallier, esleu en l'eslection de Lions, parroisse de Neufve Granche, en lad. eslection, don. a Paris en mars 1595, ver. ch. le dernier avril 1596; au 13e vol., fol. 54.

242. L. d'an. de Jacques Barrey, sieur du Buisson et des Authieux, don. a Mantes le 22 mars 1590, ver. ch. le 25 mars 1593, parroisse de Campigny, vicomté du Ponte Audemer, et c. le premier mars 1695. Nota qu'il ne fust fait aucunne lecture desd. lettres en la parroisse de Campigny pour estre lors lad. parroisse du party contraire au roy, ainsy que le declara le curé de lad. parroisse refugié pour estre du party du roy; au 13e vol., fol. 57; sans finance, a la charge d'indemnité, la finance donnez par autres lettres, ver. c. le 6 dud. mois; elle avoit esté taxée a 600 l.

243. L. d'an. d'Olivier Frestel, sieur de la Butonniere, parroisse de Tessey (Tessy), vicomté de Coutance, don. a Paris en janvier 1596, ver. ch. le 3 avril aud. an, et c. le 3 decembre 1597; annoblissement en consequence de l'edit du mois de janvier 1594, ver. le premier avril aud. an; au 13e vol., fol. 74; finance 600 l., d'indemnité, 250 l. constituez en 25 l. de rente.

244. L. d'an. de Louis le Terrier, sieur d'Esquainville, le Plessis et la Fontaine, demeurant parroisse d'Esquainville, vicomté de Ponte Audemer; du 13 vol., fol. 80; a la nomination de Mre Lanfran Pillon, lieutenant general criminel au bailliage de Rouen et l'un des douze capitaines de lad. ville, suivant l'edit de Henry 3, du mois de juin.

245. L. d'an. d'André des Vandes, don. a Rouen en janvier 1597, ver. ch. le 4 mars aud. an, et c. le 28 juin 1597, pour en jouir par led. des Vandes et deux de ses enfans seulement en consideration de leurs services, lesd. lettres veriffiez purement et simplement le 16 juin 1597.

246. L. d'an. de Jacques Godard, de la ville de Gournay, et president en l'election de Lions, don. au champ devant Laon en juillet 1593, ver. ch. le 18 juin 1613, et c. le 28 juin 1597, a esté deschargé de suplement au conseil du 26 juin 1608; au 13e vol., fol. 128; sans finance.

247. L. d'an. de Mre Francois Bouchard, de l'an 1596, ver. ch. le...., et c. en 1598; porte pour ses armes de gueules au lion d'or rampant.

248. L. d'an. de Mre Jean des Hays, sieur de la Barberie, demeurant paroisse de Préaux, vicomté d'Orbec, don. a Rouen en decembre 1596, ver. ch. le 28 juin 1597, et c. le 7 juillet aud. an, en consequence de l'edit des 12 nobles au mois de juillet 1595; au 13e vol., fol. 134; finance 1,000 l., d'indemnité 133 l. en 13 l. de rente.

249. L. d'an. de Jean Tournevache ou Tournecache, monnoyeur de la garnison de Rouen, don. a Rouen en octobre 1596, ver. ch. le 10 febvrier 1597, et c. le 17 juillet aud. an; du 13e vol., fol. 139; finance donnez.

250. L. d'an. de Jacques Houart, sieur du Bois Poussin, vicomté d'Auge, demeurant parroisse de Villers, don. au camp devant Laon en juillet 1593, ver. ch. le 11 mars 1596, et c. le 28 juin 1597, en consequence de l'edit du mois de janvier 1594, ver. le premier avril aud. an; du 13e vol., fol. 146; finance 300 l., quoy qu'il ne l'ait payée, d'indemnité 200 l. et 20 l. de rente.

251. L. d'an. de Pierre Beaulard, sieur du Maisbourg, de Caen, don. en febvrier 1596, ver. ch. le 21 may 1597, et c. le 8 aoust aud. an; au 13e vol., fol. 151; sans finance.

252. L. d'an. de Denis Blanchard, sieur du Bois Hubert, paroisse de Tilliers (sic), bailliage d'Alencon, ou il demeure, don. a Meaux des Fossey en juin 1596; ver. ch. le dernier febvrier 1595, et c. le 6 juillet 1597; au 13e vol., sans finance, d'indemnité 500 l., constituez en 500 l. (sic) de rente.

253. L. d'an. d'Olivier Heulté, sieur de la Motte, demeurant a Bayeux, don. a Rouen en novembre 1596, ver. ch. le 13 decembre 1604, et c. le 22 aoust 1597; du 13e vol., fol. 185, en consideration tant de ses services que de Monsieur Leon Heulté, sieur de la Motte, conseiller en la cour des aydes, son fils. Porte de sable a la croix d'or accompagné du premier quartier au quatre, un lion rampant d'or au second, et trois a l'aigle deployé de mesme.

254. L. d'an. de Jean Pottier, sieur de Currot, demeurant paroisse d'Entreteville ou de Corteville, bailliage de Caux, don. a Rouen en novembre 1596, ver. ch. le 13 febvrier 1598, et c. le 22 aoust 1597; au 13e vol., fol. 187; sans finance.

255. L. d'an. de Pierre de Fry, conseiller en la cour des aydes de Rouen, don. a Meaux en septembre 1596, ver. ch. le 28 decembre 1597, et c. le 11 septembre 1598; au 13e vol., fol. 191 ; sans finance.

256. L. d'an. de Mre Roger le Roy, sieur du franc fief le Conte, demeurant a Bayeux, don. a Rouen en octobre 1596, ver. ch. le 15 juillet 1611, et c. en octobre 1597, en consequence de l'edit des 12 nobles du mois de juillet 1595, a payé suplement; au 14e vol., fol. 3; sans finance, d'indemnité 100 l. constituez en rente.

257. L. d'an. d'Alexis Beaudrap, demeurant parroisse de St Martin du Mesnil, election de Valognes, don. a Gaillon en octobre 1596, ver. ch. le 15 juillet 1597, et c. le 4 decembre aud. an, en consequence de l'edit des 12 nobles du mois de juillet 1595; du 4e vol., fol. 32; sans finance, d'indemnité 200 l. sol.

258. L. d'an. de Henry des Douetis, sieur du Rocher, lieutenant en l'admirauté et siege de Grainville (Granville), parroisse de St Nicolas dud. lieu, vicomté de Coutances, don. a Rouen

---

253 B. Heuste à la place de Heulté.
254 Les noms de lieu paraissent avoir été mal lus.

en novembre 1595, et c. le 8 decembre 1597; au 14ᵉ vol; fol. 37; sans finance; et porte pour ses armes 3 cœurs de gueulles en champ d'or.

259. L. d'an. de Henry Questin, sieur de Travailles, gendarme de la compagnie du sieur d'Alincourt, don. a Rouen en octobre 1596, ver. ch. le 30 octobre 1597, et c. le 8 decembre aud an; au 14ᵉ vol., fol. 38; sans finance.

260. L. d'an. de Mʳᵉ Nicolas Thomas, premier advocat general au parlement de Rouen, et Jean Thomas, sieur de Fontaine, son frere, procureur sindic des estats de Normandie, en 1594, ver. ch. le..., et c. le 12 janvier 1598, lesd. lettres en forme de relevement de desrogeance, sur ce que lesd. Thomas ont maintenu que Jean Thomas, leur bisayeul, s'est absenté de son pays, et s'estoit laissé imposer aux tailles; en suitte desquelles lettres il y en a d'autres qui portent que cette desrogence n'a pas esté de la part dud. Jean Thomas, leur bisayeul, mais de Jean Thomas, leur ayeul, lesd. lettres de l'année 1595; du 14ᵉ vol., fol. 64.

261. L. d'an. de Mʳᵉ Guillaume le Fauconnier, demeurant parroisse de Sᵗ Estienne de Caen, don. a Paris en janvier 1595, ver. ch. le 14 juillet aud. an, et c. le 21 janvier 1598; au 14ᵉ vol., fol. 73; sans finance et indemnité.

262. L. d'an. de Mʳᵉ Jacques le Clerc, conseiller au presidial de Caen, don. a Rouen en novembre 1595, ver. ch. le 11 mars 1597, et c. le 26 janvier 1598; au 14ᵉ vol., fol. 82; sans finance.

263. L. d'an. de Mʳᵉ Isaac le Porcher, conseiller au presidial de Caen, demeurant a Paris, en janvier 1595, ver. ch. le 14 aoust aud. an, et c. le 26 janvier 1598; du 14ᵉ vol., fol. 84; sans finance.

264. L. d'an. d'Abraham Dumont, demeurant a Rouen, don.

---

259 Dans des copies de la recherche de 1666, on trouve Guestres et Guestrus au lieu de Questin. Chevillard donne aussi Guestrus.

a Rouen en novembre 1596, ver. ch. le 10 febvrier 1597, et c. le 21 febvrier 1598; au 14e vol., fol. 94; sans finance.

265. L. d'an. de Mre Jean Loir, sieur de Martinville et de Vironvay et du Loir, commissaire et capitaine de la marine du Ponent, don. a Paris en novembre 1597, ver. ch. le 26 febvrier 1603, demeurant parroisse de la Lande, vicomté du Ponte Audemer; au 14e vol., fol 110, pour services tant de luy que de Mre Jean du Loir, advocat general en la chambre des comptes, son fils, annobly de nouveau et en tant que besoing.

266. L. d'an. de Barthellemy Gourron, sieur de Nolles, demeurant a Gaillon, demeurant a Vernon, en decembre 1593, ver. ch. le 27 juillet 1594, et c. le 13 mars 1598; du 14e vol., fol. 112; sans finance.

267. L. d'an. de Mre Pierre Palgade (Pagalde), thresorier de France, don. à Rouen en juillet 1588, ver. en la ch. le..., et en la c. le 8 avril 1598; au 14e vol., fol. 120.

268. L. d'an. de Mre Simon Marconnet, lieutenant general en l'election de Bayeux, nottaire et secretaire du roy, natif de la ville de Bagnola en Languedoc, don. en septembre 1595, ver. ch. le 27 octobre 1611, et c. le 16 avril 1598, au 14e vol., fol. 120 ; sans finance, a payé suplement.

269. L. d'an. de Mre Philippe Marescot, enquesteur en la vicomté d'Orbec, fils de deffunt Francois et de damoiselle Francoise Vincent, ses pere et mere, don. a Mantes en may 1593, ver. ch. le 27 febvrier 1597, et c. le 16 avril 1598; au 14e vol., fol. 122; finance 600 l., vertu de l'edit du 23 octobre 1592, d'indemnité 66 l. 2 tiers, constituez en 3 l. un tiers de rente.

270. L. d'an. de........, le Picquard, sieur de St Philbert, lieutenant en l'admirauté de St Vallery, Veulles et des environs, fils puisné de feu Mre Nicolas le Picquard, demeurant a Veulles, don. a Rouen en octobre 1596, ver. ch. le 2 juillet 1597; du 14e vol., fol. 125 ; sans finance, pour services.

266 Au lieu des Nolles, il faut lire des Noes à St Aubin-sur-Gaillon.

271. L. d'an. de Nicolas Fortin, sieur des Champs, et Gilles Fortin, son frère, sieur de Beaupré et de la Pinterie, led. Nicolas, lieutenant general civil et criminel au bailliage et comté de Mortaing de la paroisse de St Denis de Cuipue ou Caipues, (St Denis de Cuves), don. au camp de Lovitot le 15 may 1592, ver. ch. le 20 aoust 1596, et c. le 23 may 1598; au 14e vol., fol. 137, d'indemnite pour led. Gilles 33 l. un tiers, constitué en trois escus un tiers de rente.

272. L. d'an. de Charles Morel, sieur de la Ruelle, demeurant a St Agnan de Cramesnil, election de Caen, don. a Rouen en janvier 1597, et c. le 6 juin aud. 1598; au 14e vol., fol. 137; sans finance, ver. ch. le 17 janvier 1598.

273. L. d'an. de Giles Pilon, parroisse du Desert, vicomté de St Lo, don. a Monceaux en aoust 1596, ver. ch. le dernier de juin 1598, et c. le 10 juillet aud. an; au 14e vol., fol. 171; finance 1,000 l., en consequence de l'edit des 12 nobles du mois de juillet 1595.

274. L. d'an. de Guillaume Billard, sieur de Raveton, paroisse de Sentilly, vicomté d'Argenten, don. a Mantes en may 1593, ver. ch. le 20 decembre 1604, et c. le 7 juillet 1598; au 14e vol., fol. 174; sans finance, a la charge d'indemnité.

275. L. d'an. de Jacques et Philippes Buisson, sieurs des Trois-Minettes et de Longpray, parroisse de Ste Trinité de Falaise, don. a Paris en mars 1597, ver. ch. le 8 juillet 1598, et c. le 24 dud. mois et an; au 14e vol., fol. 136, d'indemnité pour led. Philippe 3 l. un tiers de rente constituée pour estre racquittée en 66 l. 2 tiers.

276. L. d'an. de Jean Heusard, sieur du Mesnil de Lacey, demeurant a Argenten, fils de deffunct Robert, don. a Paris en febvrier 1595, ver. ch. le 20 de septembre 1610, et c. le 29 octobre 1598; au 14e vol., fol. 213; sans finance.

277. L. d'an. de Philippes Clerye, sieur de Beauval et de

---

277 B. Cherie au lieu de Clerye.

Geouville, demeurant a St Pierre d'Aumale, vicomté du Neufchastel, don. a Rouen en novembre 1596, ver. ch. le 22 juin aud. an, et c. le 13 novembre 1598; au 14e vol., fol. 238; sans finance; d'indemnite 333 l. un tiers constituez en 33 l. de rente.

278. L. d'an de Mre Marc le Barlée, medecin, parroisse de St Martin de Bayeux, don. a St Germain en Laye en 1594, ver. a la diligence de Jean et Helye Barlée, ses enfants, en la ch. le 21 juin 1614, et c. le 3 decembre 1598; au 14e vol., fol. 238; sans finance; a payé suplement, d'indemnité 16 l. de rente.

279. L. d'an. d'Anthoine Lozieres, sieur dud. lieu, demeurant a Grainville (Granville), vicomté de Coustances, don. au camp devant Amiens en 1597, ver. ch. le 13 juillet 1618, et c. le 12 decembre 1598; au 14e vol., fol. 254, sans finance.

280. L. d'an. de Jean le Cauchois, advocat du roy a Vernon et l'un des capitaines dud. lieu, don. a Mantes en 1593, ver. ch. le dernier de febvrier 1594, et c. le 7 febvrier 1599; au 14e vol., fol. 254 ; sans finance.

281. L. d'an. de Jean Lhoyer, sieur de la Giffardiere et de Verbuisson, paroisse de Montabot, election de Coutances, don. a Rennes le 15 may 1598, ver. a la diligence de Jean et Paul de Lhoyer, ses enfants, en la ch. le 12 octobre 1598, et c. le 16 febvrier 1599; au 14e vol., fol. 254 ; sans finance, d'indemnité 5 l. sol de rente racquittable par 100 l.

282. L. d'an. de Jacques Jambon, fils de Roger et de Jeanne Moullins, paroisse de St Cyr, vicomté d'Orbec, don. en decembre 1596, ver. ch. le 15 febvrier 1599, et c. le 8 dud. mois et an; finance 1,000 l., en consequence de l'edit des 12 nobles du mois de juillet 1595.

283. L. d'an. de Jean de la Nos, sieur de la Bastille, bourgeois du Pontorchon (Pontorson), don. au camp de Dijon en juin

---

278 B. Barbey au lieu de Barlée.

1595, ver. ch. le 24 juillet 1596, et c. le 20 febvrier 1599; au 14e vol., fol. 281.

284. L. d'an. de Nicolas Auvray, sieur des Monts, parroisse de St André de Masseye (Messay), vicomté d'Argenten, don. au camp de Pas en Artois, le dernier septembre 1597, ver. ch. le 10 decembre 1594, et c. le 17 fevrier 1599; au 14e vol., fol. 281; finance 1,000 l., a payé suplement le dernier decembre 1594, d'indemnité par les enfants 30 l. par chacun an racquittables au denier 15, en consequence de l'edit des 12 nobles du mois de juillet 1595.

285. L. d'an. de Mre Pierre des Champs, procureur du roy a Montiviller, don. a St Denis en juillet 1593, ver. ch. le dernier.... 1598, et c. le 20 mars 1599; au 14e vol., fol. 200; sans finance.

286. L. d'an. de Jean et Charles Boudier, freres, enfants de Pierre, sieurs de la Godefrairie et d'Outrelau, led. Jean conseiller au siege presidial de Coustance, et led. Charles esleu aud. lieu, don. a Paris en octobre 1585, ver. ch. le 21 novembre 1588, en payant pour la taille de St Nicolas de Coustance 150 escus sol pour une fois payer, qui est a chacun d'eux 75 escus pour l'indemnité des contribuables a lad. taille, constituée en 15 escus de rente; du 14e vol. de la cour, fol. 294; sans finance.

287. L. d'an. de Pierre Hue, sieur de Vermanoir, conseiller et eschevin a St Lo, le...., ver. ch. le premier juin 1623. Nota que c'est monsieur de la Roque Hue, sieur de la Troverie, advocat general, etc....; au 14e vol., fol. 297; sans finance, du depuis led. sieur a este conseiller en la cour, et Thomas et Pierre, fils dud. sieur de Vermanoir, obtindrent lettres de validation de la coppie, par l'extrait des premieres lettres sur le registrement de la cour; porte pour armes d'argent a trois hures de sanglier de sable, deux en chef et une en pointe.

288. L. d'an. de Robert Marseul, sieur du Pont Marin, de-

---

288 B. Cherie au lieu de Clerye.

meurant paroisse St Aubin de Bois, vicomté de Virres, don. a Mantes en may 1593, ver. ch. le 14 febvrier 1594; au 10e vol., fol. 310; sans finance, d'indemnité 250 l., constituez en 25 l. de rente pour les habitans de lad. paroisse.

289. L. d'an. de Pierre Clerie, sieur de Fontenel, advocat au parlement de Rouen, fils de Mre Nicolas Clerye, receveur du domaine de Neufchastel, don. a Rouen en decembre 1596, ver. ch. le 8 mars 1599, et c. le 28 juillet 1598; au 14e vol., fol. 319; sans finance, en consequence de l'edit des 12 nobles en juillet 1595.

290. L. d'an. de Mre Jean le Boucher, sieur de St Aubin, grenetier au grenier a sel de Caen, don. au camp de Pas en Artois le dernier septembre 1597, ver. ch. le 28 juillet 1598, et c. dud. jour; au 14e vol., fol. 313; finance 1,000 l., en consequence de l'edit des 12 nobles en juillet 1595.

291. L. d'an. de Thomas de Meurdrac, sieur de Meugdinez, don. a Mantes en may 1593, ver. ch. le...., et c. le premier avril aud. an; au 15e vol., fol. 1; sans finance.

292. L. d'an. de Gaston Hue, de St Gilles de Caen, don. a Amiens en juillet 1596, ver. ch. le 8 aoust 1597, et c. le 14 may 1599, en consequence de l'edit des 10 nobles du mois d'octobre 1594, ver. ch. le 13 decembre 1595; au 15e vol., fol. 2; finance 600 l.

293. L. d'an. de Michel et Robert Troussey, enfants de Jacques Troussey, sieur et patron de St Joires, don. a Blois en decembre 1596, et autres lettres du 23 mars 1599, ver. ch. le 11 janvier 1597; au 15e vol., fol. 7; finance 1,000 l., les lettres de Jacques en 1576 et celles des enfants en 1599.

294. L. d'an. de Bernard et Robert de Laste, capitaine, natif de la ville de Morlons (Morlanne) en pays de Bearn, don. a Paris le 13 mars 1597, ver. ch. le 24 novembre aud. an 1597, demeurant paroisse de St Vast Dieppe dalle, vicomté de Caudebec, et registrées en la cour le 28 may 1559; au 15e vol., fol. 11, confirmation de noblesse comme estant descendu

d'ancienne noblesse et des maisons d'Abbadie, de Castel, de Coudat messo et Vignossers, aud. pays de Bearn, suivant l'estat estans en bonne forme par luy produittes.

295. L. d'an. d'Helie le Prevost, sieur de Lenclos, paroisse de Beuzeval pres Dyves, fils de feu Richard et de Marie Faucon, ses pere et mere, don. a Poictiers le 4 octobre 1577, ver. ch. le dernier juin 1578, et c. le 16 juin 1599; du 15 vol., fol. 35; finance 1,000 l.

296. L. d'an. de Pierre Fourel, escuyer sieur des Monts Jorel, greffier heredital en la vicomté de Fallaise, fils de Thomas et d'Isabeau la Fleche, don. a Paris en janvier 1596, ver. ch. le 21 de janvier 1598, et c. en 1599, et est des 11 crééz en 1584; du 15e vol., fol. 46; finance donnez ; et porte pour ses armes 3 testes de maure bandées sur une bande d'or et deux dards d'argent posez en sautoir, le tout en champ d'azur.

297. Lettres d'an. de Mre Richard de Camproger, advocat du roy en l'election de Fallaise, don. a Collembry (Folambry) en janvier 1596, ver. ch. le..., et c. le 8 juillet 1599; au 15e vol., fol. 47; finance donnez.

298. L. d'an. de Mre Jean Soret, esleu en l'election de Caudebec, demeurant a Ricarville, vicomté dud. lieu, donnez au camp devant Amiens en septembre 1597, ver. ch. le 12 juillet 1599, et c. le 17 juillet aud. an; du 15e vol., fol. 47; sans finance.

299. L. d'an. de Pierre Guerard, sieur de Manneville et de Soliers, vicomté de Caen, don. a Paris en mars 1586, ver. ch. le 21 janvier 1588, et registrées c. le 23 juillet 1599; au 15e vol., fol. 26 ; sans finance et du nombre des 20 nobles, ver. le 21 janvier 1587.

300. Lettres patentes du roy portant pouvoir a Robert de Hamuel, sieur de la Chevalerie et de St Estienne de Rouvray, demeurant a Rouen, un des cent gentilhommes de la chambre du roy, de jouir de semblables privileges dont jouissent les officiers domestiques de la maison du roy et les officiers des cours souveraines, du 21 may 1599.

301. Cyprien Auvray, l'un des gouverneurs eschevins de la ville de Caen, annobly par lettres du mois d'octobre 1584, ver. ch. le 13 decembre 1610. Nota qu'il n y a rien de transcrit au memorial, et que l'arrest est seulement en liasse.

302. L. d'an. de Guillaume Hue, sieur de Tarnetot et de Fresney, enfants de Pierre, demeurant parroisse de Carpicquet, bailliage de Caen, donnez a Paris en mars 1586, ver. ch. le 19 aoust 1588, et c. le 19 aoust 1599; au 15e vol., fol. 60; sans finance, lesd. lettres portoient permission aud. impetrant de changer le nom de Hue en celuy de Carpiquet, ce qui leur a esté deffendu par l'arest de la veriffication de la chambre sur l'oposition formée par les dames de Ste Trinité de Caen, dames de Carpiquet.

303. L. d'an. de Jean Canu, sieur de la Froiderue, don. a Rouen en juillet 1588, ver. ch. le 10 decembre aud. an, et c. le 13 aoust 1599; du 15e vol., fol. 62; sans finance.

304. L. d'an de Jean Mauger, sieur de la Roziere et de Montgatier en partie, don. a Rouen en novembre 1596, ver. ch. le..., et c. le 13 decembre 1599; au 15e vol., fol. 66; sans finance.

305. L. d'an. de Pierre le Forestier, sieur de la Cheminette et de Millay, et Jacques et Laurens Forestier, ses enfants, don. a Paris en febvrier 1578, ver. ch., vertu des lettres de suremanation obtenues par led. Jacques le 18 juin 1599, et c. le 13 decembre aud an; au 15^e vol., fol. 97; sans finance.

306. L. d'an. de Pierre le Fevre, sieur de Quainville (Quettreville), don. a Paris en octobre 1576, ver. ch. le 12 novembre aud. an, et c. le 18 decembre 1599; au 15^e vol., fol. 102; finance 1,000 l.

307. L. d'an. de Mre Robert des Champs, sieur de Hardouville, advocat au parlement de Rouen, don. a Paris en sep-

---

302 B. Tournetot au lieu de Tarnetot.

tembre 1594, ver. ch. le 17 mars 1599, et c. le 8 janvier 1600 ; au 15e vol., fol. 12 ; sans finance.

308. L. d'an. d'Adrien Poulain, demeurant parroisse de Mause (la Noe), vicomté du Ponte Audemer, don. a Paris en juillet 1599, ver. ch. le 28 novembre 1611, led. Poulain fils de Thomas, led. Thomas fils de Jean ; du 15e vol., fol. 114, pour merittes [que] les lettres enoncent.

309. L. d'an. de Robert le Cousturier, demeurant a Gisors, don. a Rouen en decembre 1596, ver. ch. le dernier de septembre 1599, et c. le 6 fevrier 1600 ; du 15e vol., fol. 116 ; sans finance.

310. L. d'an. de Gilles Brossard, sieur de Breveau, demeurant a Condé sur Noireau, vicomté de Virres, don. a Fontainebleau le 27 febvrier 1598, ver. ch. le 4 aoust 1610, et de confirmation en tant que besoing, et en la cour le 14 febvrier 1600 ; au 5e vol., fol. 124 ; sans finance ; et porte pour ses armes deux plottes d'argent, avec un chevron rompu d'or, le tout en champ de sable.

311. L. d'an. de Nicolas Marond, sieur de la Marevel, don. a Monceaux en novembre 1597, ver. ch. le...., et c. le 23 decembre 1599 ; du 15e vol., fol. 119 ; finance donnez.

312. L. d'an de Josias des Prevel, sieur dud. lieu et de Belleorcherie et de Fonteville, demeurant a Alencon, don. au camp devant Amiens en juillet 1597, ver. ch. le......, et c. le 10 mars 1600 ; au 15e vol., fol. 139 ; sans finance.

313. L. d'an. de Jacques Ricard, sieur de Bellozenne, parroisse de Messy, vicomté du Neufchastel, don. a Follembrey en janvier 1595, ver. ch. le 8 febvrier 1600, et c. le 16 juin aud. an ; du 15e vol., fol. 188, ces lettres portoient mutation de nom en celuy de Bellozenne, ce qui a esté modifié par la verif-

---

311 B. le Marne ou Marmie au lieu de Marond, et Marneval au lieu de Marevel. — Voyez le n° 868.
312 B. Esprevel, Bellevacherie et Fontenelle.

fication, et a esté chargé de payer indemnité 33 l. un tiers constitué en 3 l. un tiers de rente.

314. L. d'an. de Pierre Cardonnay, sieur dud. lieu, capitaine des gens de guerre au chateau de Crevecœur en Auge, et depuis au chateau de Fallaize, don. au camp d'Amiens en aoust 1599, ver. ch. le...., et c. le 6 aoust 1600 ; au 15ᵉ vol., fol. 194 ; sans finance.

315. Lettres concedées a Michel le Boullenger, l'un des chevaliers du roy, de jouir des mesmes privilleges des officiers commenceaux de la maison du roy.

316. Francisque del Campo, natif de la ville de Naples, pays d'Italie, l'un des officiers de l'ecurie de sa majesté, de l'academie partielle constituée au pays de Normandie, a esté naturalizé et maintenu en la qualité de noble, par lettres ver. ch. le 10 decembre 1599.

317. L. d'an. de Jacques Varin, demeurant a St Paix (St Pair) du Mont, vicomté d'Auge, don. a Bleville (Abbeville) en janvier 1586, ver. ch. le 29 mars 1599, et c. le 20 novembre aud. an 1600 ; au 15ᵉ vol., fol. 213, pour services.

318. L. d'an. et de legitimation de Pierre Bouquetot, sieur de la Croix, fils naturel de feu Robert de Bouquetot, escuyer, sieur de Rabut, et de Guillemette Douin, don. a Paris le 24 mars 1600, ver. ch. le..., et c. le 11 decembre aud. an ; au 15ᵉ vol., fol. 220, et mandé par lesd. lettres faire jouir des privilleges de noblesse.

319. L. d'an. de Guillaume Mannoury, sieur de Perdeville, esleu a Argenten et Eismes, don. a Paris en janvier 1595, ver. ch. le 4 novembre 1610, et c. le 16 novembre 1600 ; au 15ᵉ vol., fol. 220, a payé suplement le dernier decembre 1608. Il demeure parroisse de Heurtement (Heurtevent), vicomté d'Argenten ; les lettres sont de confirmation et entant que be-

---

315 B. l'un des haubois ordinaires au lieu de l'un des chevaliers.

soing ; et porte pour ses armes trois hermines de sable en champ d'argent.

320. L. d'an. de Michel Pigney, de la ville de Dieppe, don. a Dieppe en novembre 1593, ver. ch. le 28 juin 1594, et c. le 13 mars 1600 ; au 15e vol., fol. 220. Il estoit homme d'armes de la compagnie du commandeur de la Chaste, gouverneur de Dieppe.

321. L. d'an. de Nicolas des Hays, advocat a Orbec, don. a Rouen en novembre 1596, ver. ch. le 17 may 1601, et c. le 16 dud. mois et an, fol. 1.

322. L. d'an. de Louis Hastingue, sieur de l'Isle, controlleur en l'election de Carenten, don. en Rouen en novembre 1596, ver. ch. le 18 mars 1601, et c. le 9 avril aud. an ; au 16° vol., fol. 6 ; sans finance.

323. Lettres de maintenue de noblesse de Philippes, Estienne et Denis d'Ujon, demeurant paroisse de Landes et hameau d'Ujon, don. a Paris le 8 febvrier 1600, ver. ch. le..., et c. led. jour, et a costé led. d'Ujon debouté de l'interinement desd. lettres par arrest du 6 may 1600; au 16e vol., fol. 6.

324. L. d'an. de Louis Carnier, sieur de St Martin et de Muchedast (Muchedent), don. a Amiens en septembre 1597, ver. ch. le...., et c. le 3 decembre 1599.

325. L. d'an. de Mre Alexandre le Rouge, enquesteur en la vicomté de Montiviller, don. au camp devant Laon en juin 1594, ver. ch. le 8 juin 1595, et c. le 20 decembre 1601 ; du 16e vol., fol. 46 ; sans finance.

326. L. d'an. de Louis le Barrois, lieutenant du sieur de Cusson, capitaine de cent arquebuziers a cheval en la ville de Dieppe, don. au camp devant Dieppe en septembre 1589, ver. ch. le dernier mars 1594, et c. le 22 octobre 1601 ; du 16e vol., fol. 35 ; sans finance.

---

323 B. Ajon au lieu d'Ujon. On trouve en effet un hameau d'Ajon à Landes, canton d'Evrecy.

327. L. d'an. de Mre Michel Susanne, receveur des tailles en l'election d'Arques, don. a Dieppe en novembre 1593, ver. ch. le 27 juillet 1594, et c. le dernier febvrier 1604; du 16e vol., fol. 59; sans finance.

328. L. d'an. de Mre Mathieu Lamperiere, medecin ordinaire de Monsieur le prince de Conty, demeurant a Vernon, don. a Rouen en janvier 1597, ver. ch. le 21 novembre 1598; du 16e vol., fol. 73; sans finance. Porte d'azur au lion passant a 2 lampes d'or en chef enflammées.

329. L. d'an. de Mre Jean Dancelles ou Daniel, sieur de Quineville ou Quinerville, lieutenant general au bailliage et siege presidial de Costentin, don. au bois de Vinciennes en avril 1574, ver. ch. le 15 decembre 1595, et c. le 28 decembre 1601.

330. L. d'an. et legitimation de David le Sec, fils de Mre Thomas, sieur de Crestonniere, Anglois sur Rille (Cressonnière et Glos-sur-Rille) et Douveris, don. a St Germain en mars 1601, ver. ch. le...., et c. le 28 may 1602; au 16e vol., fol. 97; sans finance.

331. Lettres de déclaration du roy en faveur d'Anthoine Heuldes ou Aulde, sieur d'Hermanville, pour la confirmation des lettres d'an. par luy obtenues, lad. declaration de l'an 1600, et en la cour le 3 janvier 1603; du 16e vol., fol. 143.

332. L. d'an. de Mre Isaac Charlot, don. a Paris en decembre 1594, ver. ch. le...., et c. le 3 juin 1603; au 16e vol., fol. 181; sans finance.

333. L. d'an. de Francois le Sueur, sieur de la Ferriere, lieutenant du bailly de Moyon, demeurant parroisse de Tessey (Tessy), vicomté de Coustance, don. a St Denis en mars 1594; ver. ch. le 4 decembre 1595, en consequence de l'edit des 8 nobles du mois de may 1593, ver. le premier febvrier 1594; au

---

331 B. Eude ou Aude. Il faut probablement lire Hue.

16ᵉ vol., fol. 229 ; finance 800 l., d'indemnité 33 l. un tiers constitué en rente.

334. L. d'an. de Francois le Turquier, sieur du Buisson, demeurant à Rouen, don. a Paris en janvier 1603, ver. ch. le 11 juin 1604, et c. le 11 decembre 1603; au 17ᵉ vol., fol. 16 ; sans finance, en considération tant de ses services que de ceux de Jean et Thiery le Turquier, sieurs du Buisson, ses pere et grand-pere.

335. Lettres patentes de l'an 1603 portant exemption de tailles pour Pierre Huré, sieur de la Valiege, et registrez en la cour le 23 febvrier 1604.

336. Pareille exemption pour Guillaume Guerre, sieur du Parc, dud. jour.

337. L. d'an. de Jacques du Buisson, sieur d'Amfreville, don. a Paris en may 1597, ver. ch. le 15 decembre 1598, et c. le 19 decembre 1599 ; du 10ᵉ vol., fol. 20 ; sans finance, annobly de nouveau en tant que besoing.

338. Lettres de relief de desrogeance de Guillaume l'Hermitte, demeurant paroisse de Fatouville au Bocage, don. a Paris le 21 avril 1603, et c. le 9 avril 1604; au 17ᵉ vol., fol. 44.

339. Lettres de maintenue de noblesse pour Francois Hue, sieur de Lamgrune, et ses heritiers, issus de Michel premier annobly, le 8 avril 1604, a la suitte desquelles lettres sont d'autres obtenues par Jaspar et Pierre dits Hue, don. a Fontainebleau le 16 may 1555, et c. le 1ᵉʳ avril 1604; du 17ᵉ vol., fol. 45.

340. Lettres d'exemption de tailles pour Laurens du Mareq, aagé de 70 [ans], du bailliage et vicomté de Neufchastel, du 7 janvier 1594, et en la cour le 8 avril 1604.

341. L. d'an. de Jean Soyer, sieur de St Supplix, parroisse St Aubin le Cauf, vicomté d'Arques, don. a Paris en janvier 1604, ver. ch. le 12 mars aud. an, et c. le dernier avril en suivant; du 7ᵉ (*sic*) vol., fol. 12; sans finance, pour services.

342. L. d'an. de Michel le Terrier, lieutenant civil et crimi-

nel au bailliage de Caux, election de Montiviller, don. a Fontainebleau en novembre 1603, ver. ch. le 19 febvrier 1604, et c. le 18 avril aud. an; du 17ᵉ vol., fol. 80; sans finance, d'indemnite 100 l. es mains des echevins de lad. ville pour estre employez en rente au proffit des habitants, en recompense tant de ses services, que de ceux de son fils mort au service du roy.

343. L. d'an. de Francois du Mesnil, homme d'armes de la compagnie de Cœsar de Vendosme, fils naturel de sa majesté, sieur du fief des Clé (Clais?) et demeurant en lad. paroisse, vicomté de Neufchastel, petit-fils de Renault, son ayeul, iceluy Renault fils de Jean, don. a Paris en febvrier 1604, ver. ch. le 20 may 1604, et c. le 23 de decembre 1604; du 17ᵉ vol., fol. 126.

344. L. d'an. de Jean le Diacre, sieur des Essarts, don. a Rouen en decembre 1596, ver. ch. le 26 janvier 1597, et c. le 19 aoust 1604; du 17ᵉ vol., fol 130; sans finance; lesd. lettres sont aussi pour Guillaume et Jacques le Diacre, fils de Jean, en consideration de leurs services et ceux de leur pere.

345. L. d'an. de Pierre Cavelet, sieur de Limare, bourgeois et echevin du Havre de Grace, pere du president au presidial de Caudebec, don. a Paris en juillet 1604, ver. ch. le 9 mars 1605, et c. le 22 dud. mois et an; au 17ᵉ vol., fol. 142; sans finance; autres lettres de l'an 1608, ver. le 17 juillet aud. an, led. Cavelet est dechargé de touttes taxes a prendre sur les nouveaux annoblis, lesquelles sont aussy registrées en la cour le 18 dud. mois et an; du 14ᵉ vol., fol. 228. Porte pour ses armes : d'azur a 3 chevrons d'or.

346. L. d'an. de Guillaume Boissard (Boistard), sieur des Portes dit le capitaine Plumetot, demeurant a Caen, don. a Mantes en mars 1590, ver. ch. le 26 octobre 1594; du 17ᵉ vol., fol. 161.

347. Lettres de maintenue de noblesse de Martin et Robert Grandin freres, advocat au bailliage de Gisors de l'an 1605, et en la cour le 23 mars aud. an; du 17ᵉ vol., fol. 164.

348. L. d'an. de Francois Talvande en qualité de noble et relevé de derogeance en noblesse, demeurant paroisse de Courcelles, don. a Paris, le 27 novembre 1604, ver. ch. le....., et c. le 22 decembre 1605; du 18ᵉ vol., fol. 4.

349. Lettres de relief de desrogeance de Francois Quentin, sieur de Moigny, du 19 avril 1599, avec autres lettres du 16 octobre 1604; du 18ᵉ vol., fol. 56.

350. Lettres d'exemption de tailles pour Guillaume Bouvetard ou Bonnetard, fils Jacques, et pour les enfants mineurs de Pierre Bouvetard, demeurant paroisse de Barneville, bailliage de Costentin, eslection de Valognes, don. a Amboize, le 11 novembre 1590, avec autres lettres du mois de novembre 1595, du 10 may 1606 et 7 janvier 1607, et en la cour aud. an, registrez avec autres lettres; du 18ᵉ vol., fol. 106.

351. Pareilles lettres d'exemption de tailles pour Paul Guerrier de Gennetay, sieur de la Palleziere, dud. an, et en la cour le 20 febvrier 1607.

352. Lettres de relief de desrogeance de Pierre de Bellemarre, sieur de la Pelletiere, et du Val Hebert, don. a Paris le dernier novembre 1605 et en la cour le 20 fevrier 1607.

353. Lettres de legitimation d'Ambroize du Bourg, fils naturel de Gabriel le Veneur, sieur et comte de Tillers, Carouge et sieur du Bourguet, et de Benoiste de Mainneville et lors seuls et non mariez, don. a Paris en febvrier 1608, ver. ch. le..., et c. le 5 aoust aud. an; au 18ᵉ vol., fol. 19.

354. Lettres de relief de derogeance pour Charles le Cauchois, sieur de Sᵗ Quentin, de la ville de Dieppe, don. a Paris le premier juillet 1605, et en la cour le 4 aoust; au 8ᵉ vol., fol. 239.

355. Lettres de maintenue, en la qualité de escuyer ordinaire de la grande ecurie du roy, pour Philippes Desprez, sieur du

349 B. Morigny au lieu de Moigny.

Gland, de l'an 1608, et en la cour le 20 novembre aud. an.

356. L. d'an. d'André Voisné, sieur de la Riviere, advocat et procureur fiscal au conté et haute justice de S¹ Pierre sur Dyves, et aussy advocat a Fallaize, en 1597, ver. ch. le 19 juin 1608, et c. le 29 novembre 1608.

357. L. d'an. de Thomas de Troisemonts, conseiller au presidial de Caen, a cause de Charlotte Riboult descendue de la pucelle d'Orleans, de l'an 1603, et en la cour le 15 decembre aud. an. Porte pour ses armes de gueulles au lion rampant d'or.

358. Lettres de maintenue de noblesse de Guillaume et Pierre Messent, vivants sieur de la Callengiere, don. a Paris le 15 novembre 1608, et en la cour le 15 decembre aud. an.

359. Decharge de tailles de Mathieu le Barbier, sieur de Vaucelles, de l'an 1608, et en la cour le 14 decembre aud. an.

360. Item pour le capitaine de la Sablonniere Tibault, aud. an, et en la cour le 5 febvrier 1609.

361. Lettres de confirmation de noblesse de Pierre le Paumier l'aisné, sieur de la Paumiere (Pariniere), de la ville de Seez, don. a Paris en may 1608, ver. ch. le 7 aoust aud. an, et c. le 5 febvrier 1609; au 18ᵉ vol., fol. 264; d'indemnité 700 l. constituez en rente pour la parroisse de S¹ Pierre de Seez et pour la ville d'Alencon, a scavoir que led. Pierre Paumier payera 445 ˡ 6 ˢ 8 ᵈ pour lad. parroisse de Seez et 224 ˡ 13 ˢ 4 ᵈ de par Mʳᵉ Robert le Paumier, son fils aisné, pour la ville d'Alencon.

362. Lettres de relief de desrogeance pour Mʳᵉ Guillaume Faucon, medecin a Rouen, don. a Paris le 20 decembre 1606, et c. le 5 febvrier 1609; au 18ᵉ vol., fol. 271.

363. L. d'an. de Mʳᵉ Nicolas d'Espinay, sieur de Campigny, demeurant parroisse d'Erville (Orville), election de Li-

---

356. Voyez le n° 866.

sieux, don. a Paris en janvier 1608, ver. ch. le 20 juin aud. an, et c. le dernier.....1609; au 18ᵉ vol., fol. 278, en consequence [de l'edit] des 12 nobles de l'an 1595.

364. Lettres de continuation de privilleges d'exemption des tailles pour Marin de Lespy, sieur de Balemourt, eslection de Chaumont et Magny, parroisse de Bailleru (Laillery) pres Chaumont, conseiller commissaire et maistre d'hostel de Monsieur le comte de Sᵗ Paul le 13 mars 1609, et en la cour le 3 avril aud. an.

365. L. d'an. de Jean le Miere, sieur de Crasmenil, demeurant lors a Caen, don. a Paris en janvier 1608, ver. ch. le 6 juin aud. an, et c. le 3 avril 1609; au 19ᵉ vol., fol. 1.

366. L. d'an. de Francois Lachon ou Cochon, don. a Sᵗ Denys en juillet 1593, ver. ch. le 2 janvier 1594 avec autres lettres obtenues par Jacques et Francois Cochon, ses enfants, don. a Paris en may 1609, et c. le 4 novembre aud. an; au 9ᵉ vol., fol. 44.

367. L. d'an. de Jean Bellenger, sieur de la Grivagere, archer des gardes du corps du roy, demeurant a Briouze, vicomté de Fallaise, don. a Rouen en octobre 1596, ver. ch. le 1 decembre 1610; registrées au 19ᵉ vol., fol. 46.

368. L. d'an. de Charles et Francois du Four, esleu, et led. Charles, grenetier a Argenten, oncle et neveu, don. a Rouen en janvier 1597, ver. ch. le 15 decembre 1608, avec autres lettres obtenues par Francois du Four, sieur de Vergueron esleu a Argenten, et Francois du Four, sieur du Saussay, lieutenant general civil et criminel aud. lieu, ver. le premier janvier 1609, et c. le 10 decembre 1609; au 19ᵉ vol., fol. 47; a la charge de payer par led. du Four neveu 300 l. d'indemnité mise en rente a la decharge des habitans d'Argenten.

369. L. d'an. de Francois et Pierre Martel, chirurgien ordinaire du roy, demeurant a Alencon, don. a Monceaux en

---

368 Il faut peut-être lire Courgeron au lieu de Vergueron.

may 1609, ver. ch. le 15 decembre aud. an, et c. le 13 dud. mois; au 9e vol., fol. 47; et porte pour ses armes trois maillets d'argent avec une estoille d'or en cœur, le tout en champ de sable.

370. L. d'exemption de tailles donnez en faveur de Pierre Goulé, sieur dud. lieu, pour avoir servy 26 ans dans les trouppes, en l'an 1609, ver. en la cour le 22 janvier 1610.

371. Lettres patentes du roy de decharge de l'indemnité en faveur de Francois du Mesnil, sieur du fief de Lepte, sieur dud. lieu, demeurant en lad. parroisse, donnez a Paris le 18 janvier 1609, en consequence de son annoblissement, en febvrier 1604; gendarme de la compagnie de Monsieur de Vendosme, don. a Paris le 18 janvier 1609,..... et c. le 16 janvier 1610; au 19e vol. de la cour, fol. 63.

372. Lettres de relevement de desrogeance de dam^{lle} Marie du Pont, fille de Thomas, pour le mariage par elle contracté avec Pierre Bouffard, sieur de Bellestre, bourgeois de Rouen, lesd. lettres du 12 febvrier 1610, registrées en la cour le 27 dud. mois et an.

373. L. d'an. de Mre Romain Quesnel, advocat du roy en l'election de Montiviller, sieur de Douay et du Trop, don. a Paris en juin 1609, ver. ch. le 23 mars 1610, a la suitte desqeulles lettres il y a quittence de finance par led. Quesnel, registré en la cour le 23 febvrier 1610; au 19e vol., fol.. ., le tout a la nomination de Richard des Arpens, suivant l'edit du roy fait en faveur des 12 cappitaines de Rouen par le feu roy Henry 3, au mois de juin 1588.

374. L. d'an. et de legitimation de Robert Cuvobin (de Courcy), sieur de Coursy, fils naturel de Guillaume de Coursy, sieur des Roys et de Ste Melleigne, don. a Paris en febvrier 1609, ver. ch. le....

375. Lettres patentes d'exemption de tailles et autres charges

---

371 Fief-de-Lepte est probablement une mauvaise lecture.

populaires en faveur de Claude de la Costille pour avoir servy dans les troupes, du 26 janvier 1610.

376. L. d'an. de M⁓ Jean le Boucher, sieur de la Cousture, demeurant a Caen, don. en febvrier 1610, ver. ch. le 12 may aud. an, et c. le 5 juillet 1610, a la suite desquelles lettres est la quittence de finance dud. le Boucher, et est du nombre des 10 nobles créez par l'edit du mois de decembre 1609.

377. L. d'an. de Pierre Blouet, sieur du Thain (Thaon), le Fresne et Camilly, controlleur des tailles et aides en l'election de Caen, don. a Paris en avril 1610, ver. ch. le 15 juin aud. an, et c. le 27 dud. mois et an, en consequence dud. edit; a la suite est lad. quittance de finance. Porte pour ses armes d'argent au lion de sable rampant, au chef d'azur, au cœur d'or, accompagné de deux croissant d'argent.

378. L. d'an. de Nicolas Allain, sieur de Cricqueville, controlleur ordinaire et provincial des guerres en Normandie, demeurant a Caen, don. a Paris en mars 1609, ver. ch. le 15 juin aud. an, et c. le 27 dud. mois 1610, en consequence dud. edit.

379. L. d'an. de Thomas Lesdo, sieur du Requn (Durescu) et de la Riviere, demeurant a Cherbourg, election de Valognes, don. a Paris en mars 1609, ver. ch. le 14 novembre aud. an, et c. le 10 juillet 1610.

380. Lettres d'exemption de tailles en faveur de Jacques Glabot, sieur de Maclouis, pour avoir servy dans les trouppes, le 13 mars 1610, ver. et registrées le 10 juillet 1610.

381. L. d'an. de Pierre Freard, receveur des tailles au Pont l'Evesque, don. a Rouen en janvier 1597, ver. ch. le 14 decembre 1610, et c. le 18 juillet aud. an.

382. L. d'an. de Thomas le Chartier, archer des gardes du corps du roy et monnoyeur a St Lo, don. a Paris en janvier 1587, ver. ch. le 21 janvier 1588 a l'instance de Philippe le Chartier, fils dud. Thomas. Nota que led. le Chartier avoit

---

379 Le n° 864 écrit Durescu.

obtenu lettres par lesquelles est mandé a lad. chambre que sans s'arrester a son arrest, que led. le Chartier jouiroit de la qualite de noble sa vie durante seullement.

383. L. d'an. de Jean Hue, sieur de Langrune, esleu a Caen, fils d'Anthoine, don. a Paris 1610 en avril, ver. ch. le 30 juillet aud. an, et c. le 2 aoust 1610, en consequence dud. edit de creation de 10 nobles au mois de decembre 1609, ensuitte sa quittence de finance.

384. L. d'an. de Mre Guillaume Pinchon ou Pachon, advocat fiscal au bailliage de Dieppe, don. a Dieppe en octobre 1589, ver. ch. le...

385. L. d'an. de Noel Baudoin, demeurant a Rouen, de la religion pretendue reformée, don. a Paris en febvrier 1598, ver. ch. le 14 juin aud. an, et c. le dernier juillet 1610 ; a payé suplement.

386. L. d'an. de Jean Nepveu, vicomte du Ponte Audemer et sieur de Vautroul (Vaulion), don. a Paris en janvier 1610, ver. ch. le 3 avril 1615, et c. le 14 aoust 1610.

387. L. d'an. de Nicolas Vassel, sieur de Neuilly, paroisse de Neuilly le Malherbe, vicomté de Caen, pour le fief du Boussain, don. en janvier 1593, ver. ch. le 15 juin 1610; ensuite est la quittence de finance du 5 aoust 1610, ver. ch. le 15 juin aud. an, et registrez en la cour led. jour et an, et a payé suplement par acquit du 11 febvrier 1610.

388. L. d'an. de Thomas de Sallen, sieur de Cantepies, demeurant paroisse de Cerizi, vicomté de Bayeux, don. a Chartres en mars 1594, ver. ch. le 15 octobre de l'an 1610.

389. L. d'an. de Noel de Vallebosc, sieur de la Riviere, demeurant parroisse d'Offranville, vicomté d'Arques, don. a Paris en may 1610, ver. ch. le 21 octobre aud. an, en consequence de l'edit des 10 nobles du mois de decembre 1609.

387 Le n° 865 donne 1598 au lieu de 1593.
389 B. Vattebosc.

390. Lettres patentes du roy portant exemption de tailles et autres charges, subsides populaires, donnez en faveur de Guillaume Toustain, sieur de St Jean Daussieres, pour avoir servy 25 ans dans les trouppes, lesd. lettres du 8 novembre 1610.

391. L. d'an. de Jacques Baumer, sieur de Chantelou et de la Coudraye, receveur des amendes de la cour du parlement, demeurant a Rouen, don. a Poictiers en may 1602, ver. ch. le dernier aoust 1610, et a payé suplement. Porte pour ses armes: d'azur a la bande d'argent chargée d'une branche d'olivier de sinople, accompagnée de deux molettes d'esperon de l'un a l'autre d'argent.

392. L. d'an. de Toussainct Lebas, sieur de la Merie, du Ponte Audemer, don. a St Germain en Laye en decembre 1587, ver. ch. le 11 decembre 1610; a payé suplement du 10 avril 1610 et d'indemnité 100 livres a la decharge des habitans du Ponte Audemer; et porte pour ses armes : trois roses avec leurs queues vertes et un croissant, le tout d'azur en champ d'argent.

393. L. d'an. de Richard Beuzelin, sieur du Mesnil Cordellier, esleu au Ponte Audemer, don. a Paris en juillet 1610, ver. ch. le 2 septembre aud. an, en consequence de l'edit des 10 nobles du mois de decembre 1609, et c. le 9 decembre 1610 ; et porte pour ses armes : d'azur a 3 roses d'argent et une trefle d'or au milieu.

394. L. d'an. de Jean le Fauconnier, de Caen, don. au camp devant Dreux en l'an 1590, ver. ch. le 8 mars 1610, et c. le 9 decembre 1610.

395. L. d'an. de Jacques Belin, sieur de la Familliere, de la ville de Coustance, don. a Paris en febvrier 1610, ver. ch. le 10 septembre aud. an, et c. le 11 decembre en suivant, a la charge de payer d'indemnité 500 livres constituez en rente.

---

390 Daussieres est probablement une mauvaise lecture.
395 B. Faveliere au lieu de Familliere.

396. L. d'an. de Charles et Richard le Cage (Sage), freres, demeurant a Ste Honorine pres Fallaize, et l'autre au chateau d'Annebault pour le sieur de Griesures Balcancourt, don. a Paris en 1598, ver. ch. le 8 octobre 1610, et c le 11 dud. mois et an.

397. Lettres d'exemption de tailles et charges donnez en faveur de Philles dit le cappitaine de la Coudre pour avoir servy dans les trouppes 15 ans, du dernier may 1610.

398. L. d'an. de Mre Jean Thomas, receveur du taillon en la generalité de Caen, don. à Monceaux en septembre 1596, ver. ch. de Normandie le 4 mars...., registrez c. dud. mois et an.

EDIT DE DIX NOBLES. — Le 26 mars 1610 fut veriffié en la chambre un edit de 10 nobles en Normandie qui seront de personnes non taillables.

399. L. d'an de Nicolas Dandasne, sieur de Neufvillette, demeurant paroisse d'Estrehan (Etran), vicomté d'Arques, esleu dud. lieu, don. en l'an 1610, ver. ch. le 19 decembre 1616, et c. le 20 dud. mois 1610. Porte pour ses armes : d'azur a 3 lions affrontés d'argent agrifant un baston d'or.

400. L. d'an. de Guillaume Lepost, sieur d'Epaville, demeurant a Ste Croix de Montiviller, gendarme des ordonnances de Monseigneur le Dauphin, don. a Paris en febvrier 1607, ver. ch. le 27 juin 1609, et c. le 18 decembre 1610.

401. L. d'an. de Charles de St Martin, lieutenant de la marine en l'admirauté de Dieppe, don. au camp devant Montfort l'Amaury le dernier.... 1591, ver. ch. le...., et c. le 10 janvier 1611.

402. L. d'an. de Francois Pocon (Paon), esleu en l'election de Caudebec, demeurant paroisse d'Estalleville, vicomté dud. lieu, don. en septembre 1595, ver. ch. le 10 juin 1610 ; et

396 Griesures Balcancourt paraît une mauvaise lecture. Voy. le n° 1003.

porte pour ses armes un paon en champ d'azur; et a payé suplement le 20 avril aud. an.

403. L. d'an. de Jacques Piperey, conseiller du roy et general des monnoyes en Normandie, don. a Paris en febvrier 1598, ver. ch. le 19 juin 1610, a payé suplement le dernier decembre 1610, registrez c. le 23 decembre aud. an.

404. Lettres d'exemption de tailles pour avoir servy 25 ans dans les trouppes, en faveur de Thomas Richard, capitaine de la marine, don. le dernier janvier 1610, registrez en la cour le 23 decembre dud. an.

405. Lettres de relevement de desrogeance pour dam^{lle} Susanne le Roux, vefve de feu Jacques Flavot, de Caudebec, du 3 juillet 1610, et c. le dernier janvier 1611.

406. L. d'an. de Mre Julien le Paumier, sieur de Vandrimare (Vendeuvre) et Grattemesnil (Grand-Mesnil), vicomté de Fallaize, don. a Paris en decembre 1595, ver. ch. 4 mars 1596, et c. le 14 febvrier 1611.

407. L. d'an. de Pierre Hue, bailly vicomtal a Lisieux, don. a Paris en janvier 1598, ver. ch. le 22 juin 1610, et c. le 14 febvrier 1611, entant que besoing.

408. L. d'an. de Mre Nicolas Gremare, conseiller en l'admirauté de Rouen, frere de Mre Robert Gremare, demeurant a Caen, don. au camp de Laon en juillet 1594, ver. ch. le 27 mars 1604, en consequence de l'edit des 20 nobles du mois de janvier 1594, ver. le premier avril aud. an, et c. le 15 mars 1610.

409. L. d'an. de Robert Mecqueflet, sieur d'Asseville, demeurant a Caen, don. a Paris en avril 1594, ver. ch. le 21 juin 1605, et c. le 19 mars 1611, et en consequence de l'edit de 8 nobles du mois de may 1593, ver. le premier febvrier 1594.

410. L. d'an. de Mre André Guillerme, cy devant receveur des tailles de Fallaize, a present maitre des eaux et forest en lad. vicomté, paroisse de la Ferté Massé, don. a St Germain en Laye en decembre 1597, ver. ch. le 8 octobre 1610, et c.

le 19 mars 1611 ; a payé suplement en 1609, d'indemnité 500 livres, constituez en rente.

411. L. d'an. de Mre André le Jovin, controlleur des finances a Rouen, don. a Paris en juin 1598, ver. ch. le 19 aoust 1610, et c. le 19 mars 1611 ; a payé suplement, et ligne extainte.

412. L. d'an. de Robert Costentin ou Constantin, sieur du Val Martin, don. a Fontainebleau en juin 1609, ver. ch. le.., et c. le 17 may 1611. Porte de gueules au bras droit armé soutenant une espée posée en pal et un casque posé en pal, le tout d'argent.

413. L. d'an. de Jean de la Rue, sieur de Grez, de Lozier, demeurant a Lisieux, vicomté d'Orbec, don. a Rouen en novembre 1596, ver. ch. le 27 aoust 1597, et c. le 18 juin 1611.

414. L. d'an. d'Abel Coiguain ou Coignain, sieur de Radiolle, don. a Paris en janvier 1611, ver. ch. le 18. may aud. an, et c. le 23 juin en suivant, demeurant parroisse de Lanecay (Lunerey) en Caux, medecin ordinaire du roy; pour services.

415. L. d'an. de Nicolas Anquetil, sieur des Burlins, demeurant a Rouen, don. a Paris en may 1610, ver. ch. le premier de juin 1611, et c. le 23 dud. mois et an (ligne extainte), en consequence de l'edit des 10 nobles en decembre 1609.

416. L. d'an. de Mre Robert le Maigne, sieur du Chemin, vicomte d'Oneville (Ourville), don. a Paris en mars 1587, ver. ch. le 12 mars 1611, et c. le 16 juin aud. an; famille tombée en fille.

417. L. d'an. de Pierre Guichard, sieur et patron de Villers et du Moulins, demeurant au Pontorchon, don. a Paris en aoust 1610, ver. ch. le 16 juin 1611, et c. le 12 juillet aud. an, en consequence [de l'edit] des 10 nobles en decembre 1609.

---

414 B. Conain.
416 B. le Maigre, sieur du Chesnay, vicomte d'Ourville. —Voyez aussi les n°s 661 et 871.

418 L. d'an. de Louis Quesnon, sieur de Mellinieres, parroisse de Montuchon (Monthuchon) pres Coustance, don. a Nantes en 1593, ver. ch. le..., et c. le 11 juillet 1611.

419. L. d'an. de Charles Boutren, sieur des Essarts, pere du conseiller en la cour des aydes, vicomté de Caudebec, parroisse de Gruchet, de lad. vicomté, don. a Nantes en janvier 1594, ver. ch. le 21 juin 1611, et c. le 11 juillet aud. an; a payé suplement le 20 septembre 1608.

420. Lettres de relevement de desrogeance du sieur Surtainville du 3 mars 1610, et en juillet a la cour 1611.

421 L. d'an. de Pierre Avice, sieur de la Perruque, parroisse [de] Surtauville (Sortosville) pres Valognes, donnez a Paris en mars 1597, ver., ch. le 14 juin 1611, et c. le 22 novembre aud. an; a payé suplement le 28 mars 1608; et porte pour ses armes trois pommes de pin d'or avec une epée droitte au milieu, les gardes doréez en champ d'azur.

422. L. d'an. de Nicolas Frosland ou Fresland, sieur de Grouestel, demeurant a Valognes, don. a Paris en janvier 1598, ver. ch. le 6 juin 1610, et c. le 21 novembre 1611; a payé suplement le dernier septembre 1609; et porte pour ses armes deux roses avec un croissant d'argent, et un chevron d'or, le tout en champ d'azur.

423. L. d'an. de Jacques Jullien, sieur d'Arpentigny, parroisse d'Alleaume, vicomté de Vallognes, don. a Paris en janvier 1597, ver. ch. le 14 juillet 1611, et c. led. jour et an; a payé suplement, d'indemnite 50 l. sol; et porte pour armes deux lions rampants amont un epée, le tout d'or en champ d'azur.

424. L. d'an. de René le Din, sieur de la Caslerie, de l'an 1611, ver. ch. le..., et c. le 10 decembre 1611.

425. L. d'an. de Richard Fremin, sieur de la Merviel (Mer-

---

420 B. Anthoine de Surtainville.
422 B. Geneté. On trouve Genestel dans Chevillard.
424 La Chaslerie à Haute-Chapelle près Domfront. — Voyez le nᵒ 880.

val), du Mesnil Godefroy et de Poissy, conseiller et echevin de la ville de Rouen, don. a Paris en may 1610, ver. ch. le 14 juin 1611, et c. le 10 decembre aud. an, en consequence de l'edit des 10 nobles en 1609.

426. Lettres de relevement de desrogeance de damoiselle Perrette du Bosc, vefve de feu Jean Roger, sieur du Carré, du 24 janvier 1610.

427. L. d'an. de Denis Mailloc, sieur des Esteux, procureur du roy en la vicomté d'Orbec, don. a Paris en septembre 1612, ver. ch. le 18 decembre aud. an, et c. le 22 juin 1613.

428. L. d'an. de nouveau de Nicolas le Forestier, fils d'Estienne, sieur de Saptel, et de damoiselle Guillemine le Bailleur, led. Estienne fils de Gilles le Forestier, led. Gilles fils de Guillaume et de Lasielle (damoiselle?) de la Haye, led. Guillaume fils de Robert et de dam^{elle} Jeanne de Moullicourt, led. Robert fils de Jean, led. Jean fils d'Eustache, led. Nicolas, sieur de la Jarriere (Jaunière) et verdier et chatellain de Breteuil, lesd. lettres donnez en mars 1613. Nota que led. Jean le Forestier estoit noble, et que par lesd. lettres led. Nicolas expose le tiltre de sa maison avoir esté perdu du temps de l'Anglois, ver. ch. le 22 juin 1624, et c. le 23 juillet 1613.

429. Lettres de promotion de gentilhomme de la venerie obtenues par Laurens du Rocher en 1613, veriffiez et registrez en la cour le dernier juillet 1613.

430. Pareilles lettres obtenues par René le Neuf, sieur de Chefdeville, en 1613.

431. Lettres de Francois Herbelinne ou Herbelin, sieur de Longuefosse et de Mainneville, don. a Paris en febvrier 1611, ver. ch. en 1613.

432. Lettres d'exemption de tailles pour Martin Maussavoir, archer des gardes du corps du roy, du 13 aoust 1610.

433. L. d'an. de Louis Mainteterne, sieur et vicomte here-

---

427 B. et le n° 1005 disent Yves au lieu de Denis.

dita de Maineval, don. a Paris en janvier 1610, ver. ch. le 14 mars 1612, a payé suplement le dernier decembre 1609, registrez en la cour le 11 decembre 1613; finance 600 l.; led. sieur demeurant aud. lieu de Maineval, election de Bernay.

434. Lettres de relief de desrogeance de Charlotte Adam, fille de Charlot Adam, vefve de Guillaume du Parc, du 6 juin 1605 pour le reg. et receut de la cour le 9 decembre 1613.

435. L. d'an. de Leon Juilliotte, sieur de Belliere, don. a Rouen en janvier 1597, ver. ch. le 11 febvrier 1626, et c. le 9 juillet 1613.

436. Lettres de relief de desrogeance pour Bertrand de Beaumont, sieur de Pontcorden, natif de Virres, don. a Paris le 9 juin 1608, ver. le 5 decembre 1613.

437. L. d'an. de Jacques Cavelet, bourgeois du Havre, sieur de Limarre, du 15 octobre 1614, ver. ch. le...., et c. le 15 janvier 1615; permis d'avoir des vaisseaux sur mer sans desroger a la qualité de noblesse.

438. L. d'an. de Louis Baudoin, sieur de la Nonie, dit le capitaine Lamour, commandant pour le roy en l'absence du sieur de Supigne dans le chateau de Dieppe, don. en may 1610, ver. ch. le 4 juin 1611, pour services, et registré en la cour le 14 aoust 1612.

439. Lettres de legitimation et an. de Jean de Gouberville, sieur de la Thilaudiere, fils de Michel, ledit Michel fils de Thiery, don. a Paris en decembre 1610, ver ch. le.... entant que besoing nouveau annoblissement.

440. L. d'an. de Georges de la Haye, sieur des Sondres, don. a Follembry en janvier 1596, ver. ch. le...., et c. le 11 mars 1615; tombez en filles.

---

436 B. Pontardon.
438 Plusieurs noms de cet article paraissent mal lus.
439 B. Chilandiere.
440 B. Coudres au lieu de Sondres.

441. Lettres de maintenue de noblesse portant rehabilition d'icelles pour Jacques Sonning, demeurant a Rouen, don. a Paris en novembre 1614, ver. ch. le..., et c. le 14 avril 1615.

442. L. d'an. de M⁻ᵉ Pierre Breard, esleu au Pont-l'Evesque y demeurant, don. en 1593, ver. ch. en 1595 le 9 juin, et c. le 15 may 1615.

443. L. d'an. de François Lieuvet ou Lieurré (Livrée), sieur de la Fontaine, don. a Mantes en janvier 1594, ver. ch. le..., et c. le 5 decembre 1615.

444. L. d'an. d'Hypolite Barris ou Barrier, demeurant a Fallen (Fallaise), don. en 1595, avec lettres de confirmation dud. privillege don. a Paris en avril 1614, ver. ch. le...., et c. le 21 janvier 1610.

445. L. d'an. de Mᵣᵉ Claude le Doux, sieur de Melleville, president, lieutenant general civil et criminel du bailliage et siege presidial d'Evreux, a present maistre des requetes, demeurant aud. lieu, don. a Paris en avril 1615, ver. ch. le 7 decembre 1624, et c. dud. jour.

446. L. d'an. de Jean Duval, sieur de Berneville, vicomte de Montiviller, don. a Paris en septembre 1594, ver. ch. le 15 mars 1596, et c. le 5 decembre 1616, et a payé 100 livres sol d'indemnité, a la decharge des habitans de lad. parroisse constituez en 10 livres sol de rente.

447. Lettres de veterance pour Charles Drouet, sieur en partie de la Vallée, du Goullet, donnez en 1615, veriffiez et registrez en la cour le 23 decembre 1616.

448. L. d'an. de Jean Baptiste Joues, escuyer ordinaire de la grande escurie du roy, demeurant parroisse de Beaufay, vicomté d'Orbec, natif de la grande Canarie, issu de la maison et famille des Joues, regidor de l'isle de la grande Canarie, main-

---

443 Voyez le n° 882.
446 Berneville est probablement une mauvaise lecture.

tenu en sa noblesse, don. a Paris en febvrier 1615, ver. ch. le 14 decembre aud. an, et c. led. jour et an.

449. Lettres de relevement de desrogeance de Jean Godet, don. a Paris le 17 octobre 1616, ver. le 27 juillet 1617, parroisse de Champoy (Champeaux?).

450. Lettres de relevement de desrogeance de Catherine Lucas, fille de Jean Lucas et vefve d'Ollivier Valsene, rotturier, du 9 aoust 1617.

451. Lettres de relevement de desrogeance par dam^{elle} Catherine Voisin, fille de noble homme Olivier Voisin, veuve de Gilles Petit, roturier, du 24 septembre 1616, registrées en la cour le 5 aoust 1617.

452. Lettres de veteran pour Mathurin Charlot, sieur du Mesnil, en 1615, registrez le 16 decembre 1617.

453. Lettres de relevement de desrogeance pour dam^{elle} Marie le Normand, fille de feu noble homme Jacques le Normand, sieur du Tertre, et vefve de feu honorable homme Thomas, du 18 novembre 1617.

454. Lettres de relevement de desrogeance de David le Chenu, sieur de Merecgueville, gentilhomme de la chambre du roy et lieutenant general des gardes et charges des forest de la vicomté de Rouen, lad. terre erigée en fief le 19 septembre 1551, don. a Rouen en decembre 1611, registrez en la cour led. jour et an.

455. Lettres de relevement de desrogeance d'Artus Scelles, sieur d'Espinay, fils de Raphael, du 5 janvier 1617, et registrées en la cour le 9 mars 1618.

456. Lettres de relief de desrogeance de Jeanne Coeurret, fille de Pierre, et vefve de Raulin du Bey, du 24 juin 1618, et en la cour le 17 juillet aud. an.

---

454 B. Mezerville. Chevillard Merccville. B ajoute: descendu par bâtardise d'un prince d'Yvetot.

457. Lettres de veterance pour Jean le Seure, sieur de Lemignere, du 18 mars 1618, et en la cour le 20 decembre aud. an.

458. Lettres de relief de desrogeance de Francoise Vivefoy, dam^{elle}, vefve de Francois Geharel, fils de Jacques, du 7 septembre 1618, et ver. le 18 avril 1619.

459. L. d'an. de Charles le Chevallier, sieur de la Bretonniere, capitaine d'une compagnie de chevaux-legers, demeurant a Montiviller en Caux, don. a St Germain en Laye du mois de novembre 1594, ver. ch. 1596.

460. Lettres de relevement de Francois et de derogeance de Nicolas de Contremoulins, fils d'Adrien, du 13 decembre 1618, don. a Paris, et ver. le 17 may 1619.

461. L. d'an. de Jacques Compoints, controlleur des aydes et tailles en l'election de Caudebec, demeurant parroisse de Beuzeville le Grenier, vicomté dud. lieu de Caudebec, du mois de juillet 1618, ver. ch. le 14 decembre aud. an, et c. le 20 aoust 1619.

462. Lettres de relevement de derogeance par dam^{elle} Jeanne de St Martin, vefve de Guillaume Minier, roturier, du 20 may 1619, ver. le 19 decembre aud. an.

463. Lettres de relief et de desrogeance de dam^{elle} Marie Buffreuil, fille de Martin, escuyer, vefve de Jean le Berquier, roturier, du 13 febvrier 1620.

464. Lettres de relief de desrogeance de dam^{elle} Jeanne Quesnel, vefve de feu Vincent Rocquigny, du 19 aoust 1619, ver. en la chambre le 7 mars 1620.

465. Lettres de véterance de Nicolas du Bosc, sieur du Fief Charles, archer des gardes du corps du roy, du 10 novembre 1611, registrées le 6 may 1620.

466. L. d'an. de Claude Baudouin, demeurant a Rouen, au lieu de Jacques le Vasseur, son beau pere, eschevin, demeurant a Rouen, don. a Paris en juillet 1618, ver. ch. le 16 aoust 1619, led. le Vasseur ne s'estoit voulu esjouir de la grace du

roy Louis 13ᵉ faitte a tous les autres eschevins desd. villes en charge lors de sa premiere venue en lad. ville 1617.

467. Lettres de relevement de derogeance pour dam^{elle} Marie le Large, fille de Robert, sieur de Grainteville, vefve de feu Pierre Cauvin, roturier, du 9 mars 1613, ver. le 24 febvrier 1619.

468. L. d'an. de Mre Claude le Painteur, lieutenant general du vicomte de Haucourt (Harcourt), pour et au lieu du sieur Gueroult du Mannoir, don. a Paris en juillet 1618, ver. ch. le 18 septembre 1619, demeurant parroisse de Crestainville (Chretienville), election de Conches, led. Gueroult conseiller echevin [de Rouen] en charge, annobly en....

469. L. d'an. d'Esmond le Portier, sieur de la Fresnée et de Magny, demeurant parroisse de Bellou, vicomté de Fallaize, don. a Paris en mai 1620, ver. ch. le 17 juillet 1621, et c. le premier juin 1620, en consequence de l'edit du mois de decembre 1609 de la creation de 10 nobles.

470. Lettres de veterance de Jacques Cambet, sieur du Parc, homme d'armes de la compagnie de monsieur le mareschal de Besleau, du 3 mars 1618, et en la c. le 14 juillet 1620.

471. Lettres de relevement de derogeance de dam^{elle} Charlotte Collardin, demeurant a Virres, fille de Charlot Collardin, vefve de Mre Charles Cauvet, advocat aud. lieu, du 13 juin 1620, ver. le 23 juillet aud. an. Porte pour ses armes : de sable a la face d'or, chargée de tourtreaux de gueulles, a la fleur de lys d'or, au coin de l'ecu.

472. L. d'an. de Mre Isaac du Prey, sieur de la Porte et de la Fermiere, demeurant a St Lo, vicomté de Carenten, don. a Paris en juillet 1620, ver. ch. le 6 febvrier 1621, et c. le 7 mars aud. an.

473. L. d'an. d'Estienne Torcapel, demeurant a Caen, don.

---

472 B. Feraudiere au lieu de Fermiere.

a Paris en juillet 1620, ver. ch. le dernier mars 1621, et c. le premier avril aud. an.

474. Lettres de veterance pour Nicolas Massé, archer des gardes du corps du roy, du 17 juin 1620, ver. en la chambre le 17 mars 1621.

475. Lettres patentes portant pouvoir a George Sallet, sieur de Quilly et chastellain de Colleville sur Laize, maistre des requestes de l'hostel de la reine mere, et a Robert Arondel, sieur de Serville, aussy maistre de requestes de lad. dame, de jouir des privilleges et exemptions dont jouissent les officiers commenceaux de la maison du roy, du 23 decembre 1620, et ver. le 19 may 1621.

476. Lettres de veterance pour Gaspard de Belhomme, sieur de Grandeley, homme d'armes de la compagnie de monsieur de Montbazon, du 9 febvrier 1619, ver. en la chambre le 22 juin 1621 ; obtinrent autres lettres d'an. du mois de juin 1624, ver. en la chambre le 13 juin 1625.

477. Lettres de relevement de Louise Callenge, vefve de feu maistre Philippes Jumel, vivant chirurgien, demeurant parroisse de Ste Colombe du Pont de l'Arche, du 6 decembre 1620, ver. en la chambre le... novembre 1621.

478. Lettres de veterance pour Nicolas du Siget, sieur de la Forge, archer des gardes du corps du roy, du 6 febvrier 1622.

479. Lettres de relevement de derogeance pour dam^{elle} Anne de Hericy, femme en premieres nopces de Noel Auber et en deuxiemes de Jacques Maillard, du 24 mars 1621, ver. en la chambre le premier febvrier 1622.

480. L. d'an. de Mre Jacques Danot, sieur de Montville, esleu a Fallaize, et de Nicolas Danot, sieur du Quesné, son frere, enfants de Thomas, don. en l'an 1622, ver. ch. le 2 may aud. an.

---

475 B. Bierville au lieu de Serville.
480 Il faut lire, d'après le n° 894, du Not, sieur d'Armonville (Harmonville à St.-Pierre-sur-Dyves).

481. Lettres de relevement de desrogeance pour dam**elle** Olive l'Hermitte, vefve de feu Guillaume l'Alloué, vivant sieur du Roy, parroisse de Billevast (Brillevast), esleu de Vallognes, du 19 may 1621, ver. en la chambre le 17 octobre 1624; dechargé de suplement par arrest du conseil.

482. L. d'an. de Jean Larrey, sieur de Vaufouquet, demeurant aud. lieu, vicomté de Montiviller, don. au camp de Follembrey en janvier 1596, ver. le 17 octobre 1624, dechargé de suplement par arrest du conseil, registré en febvrier 1625.

483. Lettres de relevement de desrogeance pour dam**elle** Marthe Toussage, vefve en premieres nopces de Raullin de la Briere, bourgeois de Honfleur, et en secondes nopces de Georges du Moullin, parroisse de Quietteville (Quetteville), du 18 febvrier 1622, ver. le 28 janvier 1624.

484. L. d'an. de Jean de Mauduit, sieur de la Roziere, maistre des comptes a Rouen, et de Nicolas de Mauduit, son frere, demeurant a Lisieux, don. au camp de Ste Foy en may 1622, ver. ch. le 13 juillet aud. an, et c. le 22 janvier 1623.

485. L. d'an. d'Adam de la Frie ou de la Faye, sieur des Aulnez et du Hay, dit le capitaine de Quevilly, don. en l'an 1610, ver. ch. le 2 decembre aud. an, et c. le 18 may 1623, en considération de ses services et a la recommandation du sieur mareschal de Fervaques.

486. Lettres de veterance pour Francois Sourdet, du 7 febvrier 1620, veriffiez en la chambre le 24 mars 1630.

487. L. d'an. de M**re** Gilles Freret, sieur de Croisel, de Coustance, et advocat du roy a Vallognes, don. a Paris en mars 1597, ver. ch. le 11 decembre 1622, et c. le 19 avril 1623; a payé suplement.

488. L. d'an. de Vaudreuil (Vandrille) du Hamel, sieur du lieu et de Lastreaumont, demeurant a Rouen, don. a Paris en

488 B. La Treaumont.

janvier 1598, ver. ch. le 2 juillet 1614; a payé suplement, registré en la cour le 5 may 1623.

489. Lettres de veterance pour Charles du Tel, archer des gardes du corps du roy, du 7 juillet 1620, et en la cour le 23 may 1623.

490. Lettres de veterance pour Jean Durand, sieur de la Fontaine, du dernier septembre 1619, ver. en la chambre le 11 juin 1623.

491. L. d'an. de Gilles Vigam, sieur de Prunellay, demeurant parroisse de Beaufay sur Rille, vicomté d'Argenten, don. en decembre 1609, ver. ch. le 22 may 1610, et c. le 17 novembre 1623.

492. Lettres d'exemption de tailles pour Richard le Clerc, comme les officiers commenceaux de la maison du roy, du 16 mars 1645, ver. en la cour le 13 janvier 1624.

493. L. d'an. de Guillaume le Maistre, [sieur] de Noblerie, de la parroisse de Percy, vicomté de Coustance, et du Val le Seure, don. a St Denis en mars 1594, ver. ch. le 14 mars 1595. Nota que led. le Maistre est en consequence de l'edit du mois de may 1593, ver. le premier febvrier 1594, declaration des 8 nobles, a la charge de payer aux habitans 200 l. d'indemnité constituez en 20 l. de rente.

494. L. d'an. et de legitimation d'Alexandre de Mauvieu, sieur du lieu, fils naturel de Richard de Mauvieu, sieur des Arques Laignel, don. a Paris en mars 1609, ver. ch. le 19 mars 1610, et c. le 8 mars 1624.

495. L. d'an. de Joseph Tiremois, sieur d'Abbeville, en la province de Normandie, demeurant a Argenten, don. a Paris en janvier 1595, ver. ch. le 27 mars 1601, et c. le 14 mars 1624, a la charge de payer 200 l. en 20 l. de rente d'indemnité aux habitans de lad. paroisse d'Abbeville.

494 B. et d'Agnes Lagnet, au lieu de sieur des Arques Laignel.

496. Lettres de relevement de derogeance pour dam^{elle} Marie Maunoury, fille de Guillaume, sieur de Heurtement (Heurtevent), esleu a Argenten, vefve de feu Jacques Thieulin, sieur des Chateaux, parroisse de Vimoutier, du 24 novembre 1624, registrées en la cour le 3 mars aud. an.

497. Lettres de relevement de derogeance pour dam^{elle} Jacqueline le Vaillant, vefve de feu Eustache Nepveu, paroisse de Mochion (*sic*), du 23 septembre 1623, ver. en la cour le 24 mars 1624.

498. L. d'an. de Michel le Myrrhe, sieur de Launay, demeurant a Lisieux, maistre des grosses forges de Normandie, don. a Paris en aoust 1612, ver. ch. le 17 decembre aud. an, et c. le 23 avril 1624.

499. Lettres de desrogeance pour dam^{elle} Magdeleine le Doyen, fille de Louis, sieur de Laguerie, vefve de Mathieu Duval, demeurant a Honfleur, du 17 septembre 1622, et enregistrées en la cour le 2 may 1624.

500. Lettres de veterance pour Raullin le Marchand, sieur du Parc, du 9 septembre 1623, et en la cour le 6 juillet 1624.

501. L. d'an. de Thomas le Febvre et Paul le Fevre, sieur du Mouchel et du Faucq, seul fils et héritier de Gabriel le Fevre, sieur du Grand Hamel, don. a Paris en may 1625, ver. ch. le...., et c. le 13 janvier 1626; lettres de confirmation entant que besoing.

502. Lettres de veterance pour Berthelemy du Hameau, sieur des Hantuais Poussinniere, archer du corps du roy, du 16 mars 1624, ver. ch. le 17 febvrier 1626.

503. Lettres de relief de desrogeance de Hugues Hazé, du 23 octobre 1577 ou 1567, registrées en la cour des aydes le 19 febvrier 1626.

504. Lettres de relief de desrogeance de dam^{elle} Jeanne Mathieu, vefve de feu Robert Delangle, sieur de Taillepied, de lad. parroisse, du 11 juillet 1620.

505. Lettres de relevement de desrogeance pour dam^{elle}

Barbe Adam, vefve de Denis Laurens, parroisse de Riville (sic), election d'Argenten, du 10 janvier 1620, ver. le 20 febvrier aud. an.

506. L. d'an. de Robert Gaudin, sieur du Plessis, Francois et Barnabé Gaudin, son nepveu, parroisse de Godefroy, vicomté d'Avranches, don. a Paris en janvier 1587, ver. ch. le 9 juillet 1588, et c. le 9 mars 1626.

507. Lettres de relevement de desrogeance pour Jean et Simon Davi, du 4 febvrier 1626, registrées en la cour en mars aud. an.

508. Lettres de relevement de dam^{elle} Jacqueline Benoist, fille de Jean, sieur du Val, demeurant parroisse de Monceaux, vicomté de Bayeux, annobly en 1588, vefve de Jean Foucques, conseiller assesseur en la vicomté de Bayeux, le 24 febvrier 1626, et registrées en la cour le 18 juillet aud. an.

509. Lettres de relevement de derogeance pour Mad^{elle} Marie Gosse, vefve de feu Jacques Avenel, sieur de Vaneville, demeurant parroisse de St Gilles de Livet, du 18 mars 1623.

510. L. d'an. de Mr Pierre du Prey, sieur de la Guerreye, president en l'election de Coustance, don. a Chartres en mars 1594, ver. ch. le 22 novembre 1596, et c. le 17 decembre 1616, a la charge de payer d'indemnité 200 l. aux habitans de la parroisse de Montuchon (Monthuchon), constituez en 20 l. de rente.

511. Lettres de relevement pour dam^{elle} Blanche Agie, vefve de Noel de Pelley, du 17 octobre 1626, registrées en la cour le 30 janvier 1627.

512. Lettres de legitimation et an. obtenues par Anthoine Simon, sieur de Grosparmy, etrangez, don. en mars 1670, confirmez par autres lettres de Nicollas Simon, sieur de la Coustellerie, fils de Thomas, don. a Bergerac en juillet 1621 et registrées c. le 16 febvrier 1627.

513. Lettres de veterance pour Jacques de Rives, archer des

gardes du corps du roy, du 13 aoust 1626, registrées en la cour le 20 may aud. an.

514. Lettres de relevement de derogeance pour dam^{elle} Claude Rigoult, fille de Nicolas, sieur de Vertemare, vefve de maistre Charles le Chastellier, vivant advocat au siege presidial de Febcamp, du 23 janvier 1627, ver. en la chambre le 7 janvier aud. an.

515. Lettres de relief de desrogeance de dam^{elle} Antoinette des Champs, vefve de Jean du Chastellier, sieur de St Germain, parroisse de St Jean d'Appetot (d'Abbetot), du 17 decembre 1627, registrées en la cour le 20 dud. mois et an.

516. L. [d'an.] d'Estienne Renaze, sieur de la Huberdiere, don. a Paris en 1615, ver. ch. le 15 decembre 1620, et c. le 22 decembre 1627.

517. Lettres de relief de desrogeance pour dam^{elle} Marie de Fry de la Sauvagerie, vefve de Guillaume Bellenger, de la parroisse de Messey, en 1627, du 22 septembre, et registrées en la cour le 23 decembre aud. an.

518. Lettres de relief de desrogeance pour Pierre le Chevallier, fils de Girard, de la vicomté de Bayeux, du 17 may 1627, et en la cour des aydes le 16 juillet 1628, ver. en la chambre le 27 janvier aud. an.

519. Lettres de relief de desrogeance de dam^{elle} Jeanne le Bunet, fille de Jacques le Bunet, vefve de Robert de la Lande, parroisse de Nicorps, election de Coustance, du 14 febvrier 1628.

520. Lettres de veterance pour Nicolas de Malmaison, sieur du Mesnil Godefroy, archer des gardes du corps du roy, du 27 janvier 1624, ver. ch...., et c. le 15 juillet aud. an.

521. Lettres de relief de derogeance pour dam^{elle} Elisabeth de Meillebusc, vefve de feu Jean Avenel dit Flocquet, du 16 janvier 1624, ver. le 20 juin aud. an.

522. Lettres de relief de derogeance pour dam^{elle} Jeanne la

Follye, vefve de feu Charles le Patouf, fauconnier du roy, du 7 juin 1640.

523. Lettres de veterance de Jean Theroult, sieur de Beriage, du 8 mars 1624, ver. en la chambre le 30 juillet aud. an.

524. L. d'an. de Germain et Thomas Bunel, freres, demeurant a Bayeux, led. Germain lieutenant criminel aud. lieu, y demeurant, don. a Rouen en novembre 1596, ver. ch. le 4 juillet 1612, et ont payé suplement, registré c. le 6 aoust 1624.

525. Lettres de relief de derogeance pour dam^{elle} Marie Hue. fille de Pierre Hue, et de Jeanne du Prey, vefve de Mre René Gautier, du 14 juin 1624, ver. le 6 aoust aud. an.

526. Lettres de relief de derogeance pour dam^{elle} Ester Hue, vefve de feu Elie Pocquot, du 25 febvrier 1617, ver. le 6 aoust 1624.

527. Lettres de relief de desrogeance pour dam^{elle} Anne Guesnon, fille de feu Francois Guesnon, sieur de la Saussonniere, et de dam^{elle} Magdelaine Duval, ses pere et mere, vefve de feu Me Jean Lair, sieur du Mesnil Rousselin, lieutenant general en la vicomté de S^t Lo, du 17 juillet 1624, et ver. en la chambre le 17 dud. mois et an.

528. L. d'an. de Jean Alexandre, greffier en l'election de Carenten, don. a Paris en novembre 1676 (1576 ?), ver. ch. le 21 febvrier 1697 (1597 ?), et c. le 13 aoust 1624.

529. Lettres de relevement de derogeance pour dam^{elle} Rachel de Frebourg, fille de Joseph, sieur du lieu, vefve de Leonard, sieur de la Mesliere, du 17 may 1624, ver. en la chambre le 18 may aud. an.

530. Lettres de relief de desrogeance pour damoiselle Francoise Bourdier, fille de Jean Bourdier, sieur de la Godefroyere, vefve de Mre Gilles Mucy, y demeurant, au presidial conseiller de Coustance, du 2 janvier 1624, verifiées le 17 juillet aud. an.

531. L. d'an. de Michel Samson, demeurant parroisse de St Patrice, fauxbourg de Bayeux, don. a Paris en febvrier

1624, ver. ch. le 16 mars 1629, et c. le 28 novembre aud. an 1624; confirmation de nouveau en tant que besoing.

532. L. [d'an.] de Louis Phillippe, sieur de la Chesnaye, parroisse de Tortisambert, parroisse (election) d'Argenten, et natif de la parroisse de Montpinchon (Montpinçon), don. a Amiens en septembre 1597, ver. ch. le 10 decembre 1599, et c. le 19 janvier 1625.

533. L. d'an. de Jean la Mache, sieur de Fontenay, procureur du roy en l'admirauté au siege de Burfleur (Barfleur), demeurant parroisse de Clinchants, don. a Blois en decembre 1576, ver. ch. le 11 janvier 1597, et c. le 19 decembre 1624.

534. L. d'an. d'Eustache le Roy, sieur de Lisores, demeurant a Lisores, vicomté d'Argenten, don. en septembre 1612, ver. ch. le 5 novembre 1613, et c. le 5 juillet 1624.

535. L. d'an. de Guillaume la Sauvagere, sieur du Val de Launay et de la Fontaine, demeurant a la Fresnais, vicomté de Carenten (l. Argenten) et Exmes, gendarme de la compagnie des ordonnances du roy, don. en l'an 1612, ver. ch. le 25 septembre 1613, et c. le 17 decembre 1624.

536. Lettres de relief de desrogeance pour dam^{elle} Magdeleine le Roux, vefve de Mre Michel Costard, advocat, demeurant parroisse de Barfleur, eslection de Vallognes, du 24 juillet 1620, ver. en la chambre le 21 janvier 1625.

537. Lettres de relief de derogeance de dam^{elle} Marthe le Roux, fille de Guillaume, vefve de Jean de Hericy, parroisse de...., eslection de Valognes, le 23 novembre 1624, et en la cour le 20 juin 1625.

538. Lettres de relief de derogeance pour dam^{elle} Charlotte de Contgourheden, fille de Francois, sieur de Merville, et de

---

533 B. Clizoup (l. Clitourps), au lieu de Clinchants.

538 Le Merville dont il est question est situé à la Madeleine de Nonancourt, où je retrouve le même nom écrit dans divers titres: Concordain, Concordan et Concordan. Cette famille m'est inconnue.

damoiselle Marie de Neufville, ses pere et mere, vefve de Jean le Gris, sieur de la Groissiere, du 4 febvrier 1615, et en la cour le 27 avril 1624.

539. L. d'an. de Francois du Busc, sieur de Parquerel, lieutenant des gardes de Monsieur d'Elbeuf, de l'an 1623, ver. ch. le...., et c. le 6 febvrier 1625.

540. Lettres de relief de desrogeance pour damoiselle Bonne le Charestier, vefve de Jacques Lecar, sieur de Planches, du 23 decembre 1623, ver. ch. le...., et c. le 10 febvrier 1625.

541. Lettres de relief de derogeance pour Jean du Mesnil, sieur d'Haubosc, demeurant parroisse de St Agnan de Crasmesnil, election de Caen, du 19 janvier 1625.

542. Lettres de relief de derogeance pour damoiselle Catherine Alexandre, vefve de Mre Martin Rault, sieur de la Guerre, vivant lieutenant du grand prevost au bailliage de Caen, du 29 juin 1624, ver. ch. le...., et c. le 20 juin 1625.

543. Lettres de relief de derogeance de dam^{elle} Marie Compoint, fille de Jacques Compoint, esleu en l'election de Caudebec, vefve de Nicolas le Roux, parroisse d'Estainchus (Etainhus), election de Montiviller, du 14 mars 1625, et en la cour le 21 avril aud. an.

544. L. de Jacob Bourdon, sieur de la Coudraye, et Jacques Bourdon, son frère, demeurant parroisse de la Vacquerie, vicomté de Bayeux, don. au camp.... 1597. ver. ch. le 17 janvier 1600, et c le 13 may 1625 ; pour services.

545. Lettres de relief de desrogeance de dam^{elle} Elisabeth Morel, vefve de Mre Estienne Buze, de la parroisse de Juviceaux (sic), election de Bayeux, du 5 novembre 1624, et c. le dernier may 1625.

546. Lettres de relief de derogeance pour Thomas Vaillant, commise par son pere, sieur et patron de Barbeville et de Vaucelles, vicomté de Bayeux, don. a St Germain en Laye le 4 aoust 1624, et c. le dernier may 1625.

547. Michel le Meche, sieur de Launay, maistre des forges en cette province de Normandie, demeurant a Lisieux, a esté annobly par lettres ver. ch. le 17 decembre 1612, et c. led. jour et an.

548. *Répétition du n° 534.*

549. Lettres de relief de desrogeance pour dam^{elle} Marie Mathieu, vefve de feu Francois Lebucquet, sieur de Verge, parroisse de Ste Opportune, election de Carenten, du 13 decembre 1612, et c. le 9 dud. mois 1624.

550. L. d'an. de Jean le Vavasseur, sieur de Callenge, capitaine des villes et chateau d'Evreux, don. a St Germain en Laye en octobre 1595, ver. ch. le 21 mars 1596, et c. le 7 aoust 1625.

551. Lettres de veterance pour Francois le Vallois, sieur de Launay, archer des gardes du corps du roy, du 8 febvrier 1615.

552. Lettres de relief de derogeance pour dam^{elle} Isabeau Baudier, vefve de feu Robert Bazire, paroisse de Litteau, du 11 de decembre 1611, et c. le 7 juillet 1625.

553. L. d'an. de Gaspard Belhomme, sieur de Grandloy et du Mesnil, parroisse de la Place de Se... (Sées), vicomté d'Allencon, don. a Compiegne en juin 1624, ver. ch. le 13 juin 1625, et c. le 7 novembre aud. an.

554. Lettres de relief de derogeance pour dam^{elle} Catherine le Cerf, vefve en premieres nopces de Jean Miard et en secondes de Paul Piard, du 20 novembre 1610, et en la cour le 8 febvrier 1625.

555. L. d'an. de Jean Vaumelle, sieur de Suline, demeurant paroisse de Vimoutier, election d'Argenten, don. a Paris en avril 1625, ver. ch. le dernier juillet aud. an, et c. le 29 novembre 1625.

556. Lettres de relief de desrogeance pour Gilles Canivet, sieur du Val Misset, du 14 octobre 1625, et en la cour le 9 decembre aud. an.

557. Lettres de relief de derogeance de dam^elle Marie le Grand, vefve de feu Francois Morin, parroisse de Tilly, eslection de Lions, du 23 septembre 1623, et en la cour le 11 janvier 1625.

558. L. d'an. de Michel Mithon, don. a Orleans en avril 1620, ver. ch. le 28 septembre aud. an, et c. le vingt troisieme de may 1622.

559. Lettres de relief de derogeance de damoiselle Jacquelinne le Febvre, fille de Pierre, sieur de Granteville, vefve de feu Robert le Hartel, vivant sieur du Coudray, contribuable a la taille de la parroisse d'Alleaume, election de Valognes, du 16 febvrier 1622, et en la cour le 6 avril 1623.

560. Lettres de veterance pour Adrian Maquerel, sieur de l'Espinay, election d'Arques, du 25 febvrier 1619, et en la cour le 6 avril 1623.

561. L. d'an. de Mre Gilles Hallot, sieur de Martigny, advocat du roy au siege presidial de Caen, a cause de Madame de Bourden, sa femme, comme descendue de la pucelle d'Orléans, du 20 mars 1622, et en la cour le 20 juillet 1623.

562. Lettres de veterance pour Jacques de la Fosse, archer des gardes du corps du roy, du 11 janvier 1623.

563. Lettres de veterance pour Jean Vionnet, sieur de Visinille (Viseneuil), demeurant audit lieu, parroisse de Bezu la Forest, du 24 decembre 1624, et en la cour aud. an.

564. Lettres de relief de desrogeance pour dam^elle Jeanne Eustache, vefve de Mre Jean Crevon, sieur du Bosc, demeurant parroisse de Bremville (Branville), en l'an 1678 (1627?), et en la cour le 14 decembre 1627.

565. Lettres de relief de desrogeance pour dam^elle Marie Quesnel, demeurant parroisse de St Martin aux Arbres, election de Rouen, vefve de Martin Vaultier, aud. an 1628, et en la cour le premier avril aud. an.

566. L. d'an. de Mre Rault du Parc, advocat au parlement

de Rouen, don. a Rouen en juillet 1588, ver. ch. le 6 mars 1589, et c. le 23 aoust 1588 (1628?).

567. L. d'an. de Jacques Cheron don. a Follembry en aoust 1552, ver. ch. de Paris le 14 mars 1553, et en celle de Rouen le premier juillet 1628, bailliage d'Evreux.

568. Lettres de relief de derogeance pour damoiselle Gabrielle Messent, vefve de Pierre Fleury, parroisse de Couville, du 11 juin 1613, et en la cour le 22 decembre 1628.

569. Lettres de relief de derogeance pour dam^{elle} Anne du Mesnil, vefve de Jean de la Mare, du 13 decembre 1627, et en la cour le 17 decembre 1628.

570. L. d'an. de Claude d'Arandel, demeurant parroisse de la Feuillie, vicomté de Lyons, de Normandie, fils de feu Antoine et de dam^{elle} Marguerite du Boujou, don. a Paris en janvier 1608, ver. ch. le 28 juin 1624, et c. le 13 janvier 1629, pour en jouir par Nicolas et Mathias d'Arandel, enfants dud. Claude deffunct, demeurant parroisse de Guémicourt, en lad. vicomté.

571. Lettres de relief de desrogeance de dam^{elle} Jacques du Quesne, fille de Francois, sieur de Rominois (Rommois), et de dam^{elle} Radegonde de Bougade, ses pere et mere, vefve de Mre Estienne Perdrix, bailly de Routot, du 4 aoust 1628.

572. Lettres de relief de desrogeance pour damoiselle Ipolite de la Berquerie, fille d'Adrian, sieur de Janville, vefve de Jacques Tiercelin, de la parroisse du Rosay, eslection de Caudebec, du 17 juillet 1626, et en la cour le 27 febvrier 1629.

573. Lettres de relief de desrogeance pour damoiselle Renée Petan, fille de Francois Petan, conseiller au parlement de Bretagne, vefve de Valentin Bricault, de la paroisse de Manitercul, du 6 mars 1629.

574. Lettres de relief de desrogeance pour dam^{elle} Fran-

573 Manitercul n'existe pas et doit être une mauvaise lecture.

çoise Baret, vefve d'Yves Mesnard, parroisse de la Rocque Baignard, du 15 decembre 1627.

575. Lettres de relief de derogeance pour dam^elle Marie Jean, vefve de feu Francois Delepinne, de Lisieux, du 4 febvrier 1628, et en la cour le 14 may 1629.

576. Lettres de veterance de Robert Bullet dit la Bulletterie, archer des gardes du corps du roy, du 13 decembre 1628, et en la cour le 26 juin 1629.

577. Lettres de relief de desrogeance pour damoiselle Catherinne Boudet, vefve d'Anthoine Gournier, parroisse de Lettry (Littry?), du 15 febvrier 1629, et en la cour le 19 aoust aud an.

578. Jean Maignard, annobly par la chartre des francs fiefs, a esté maintenu en la dite qualité le 7 mars 1525, et par arest a esté declaré noble contre les habitans de Vernon le 10 febvrier 1530.

579. Lettres de relief de desrogeance pour damoiselle Claude Caudonnez, vefve d'Abel Varin, parroisse de St Paix (St Pair) du Mont, du 13 juin 1629.

580. Lettres de veterance de Charles Lastel, sieur du Bosc-Chervay, homme d'armes de Monsieur le frere du roy, du 15 novembre 1629, et en la cour le 4 mars 1630.

581. Lettres de relief de derogeance pour dam^elle Perrette Caillou, vefve de Nicolas Duprey, sieur du Bosc, parroisse de Montuchon (Monthuchon), du 11 aoust 1629.

582. Lettres de veterance pour Savatel (*sic*) Auber, sieur de la Moissonniere, de la compagnie des chevaux legers du roy, du 14 juillet 1624, et en la cour le 15 juin 1630.

583. L. d'an. de Nicolas le Bailleur, de la ville de Dieppe, en septembre 1589, ver. ch. le.., et en la cour 16 juillet 1630.

---

578 Cet alinéa, qui paraît interrompre la suite chronologique, est ajouté après coup et d'une autre main.
579 Au lieu de Caudonnez il faut probablement lire Cardonné.

584. Lettres de relief de derogeance de dam^{elle} Marguerite Barbeuf, vefve de Gilles Vaussy, parroisse de Vidouville, du 22 decembre 1628, et en la cour le 13 aoust 1630.

585. Lettres de relief de desrogeance pour damoiselle Marguerite Gaillon, vefve de Jean Fortin, parroisse de Boulleville, election du Ponte Audemer, du premier... 1630, et en la cour en decembre le 3 aud. an.

586. Lettres de relief de derogeance pour dam^{elle} Francoise Mithon dite Geneviefve, vefve de Jean Lamy, de la ville d'Eu, du 13 septembre 1630.

587. Lettres de relief de derogeance pour dam^{elle} Jacqueline le Comte, vefve de Jean Bicheue, parroisse de St Louis sur Loze (sic), du mois de may 1630, et c. le 19 decembre 1630.

588. Lettres de relief de derogeance pour de^{lle} Jacques Dormest ou Donnest, parroisse de Martigny, election de Mortaing, vefve de Pierre le Longeur, du 12 juillet 1630, et en la cour le 7 febvrier 1631.

589. Lettres de relief de desrogeance pour damoiselle Jacqueline le Prevost ou Françoise, vefve de Gabriel Picot la Valée parroisse de la Chaise, election d'Avranches, le 23 decembre 1628, et en la cour le 18 febvrier 1631.

590. Lettres de relief de derogeance pour damoiselle Catherine Maignard, vefve de Mre Nicolas Duval, sieur de Beauvais, lieutenant general au bailliage d'Evreux, du 15 juin 1630, et en la cour le 24 febvrier 1631.

591. Lettres de relief de desrogeance pour damoiselle Magdelaine Bardouil, vefve de Nicolas de Bermen, laboureur, parroisse de Boisnormand (Bosnormand), eslection du Ponte Audemer, du 16 novembre 1630, et en la cour le 26 may 1631.

---

584 Le nom de Barbeuf nous est inconnu. C'est peut-être une mauvaise lecture.

592. Lettres de relief de desrogeance pour dam^elle Roberde de la Griviere, vefve de Mre Jean de Toullon, sieur de Martot, parroisse d'Airel, du 12 mars 1630, et en la cour en septembre 1631.

593. Lettres de veterance pour Guillaume Trevet, archer des gardes du corps du roy, du 14 janvier 1612, et en la cour le 18 septembre 1625.

594. Lettres de relief de derogeance pour damoiselle Susanne Rigoult, vefve de Jacques Lepelletier, parroisse de Bretteville, eslection de Montiviller, du 9 avril 1632, et en la cour le 13 mars aud. an.

595. L. d'an. de François de Montfort, sieur de Fermantel, fils de Jean, led. Jean fils de Nicolas, led. François lieutenant du bailly de Longueville, demeurant aud. lieu, don. a Paris 1614, ver. ch. le 7 may 1615; de nouveau quoyque les lettres portassent que c'estoit rehabilitation; registré c. le 29 avril 1632, confirmation et entant que besoing.

596. Lettres de relief de derogeance pour damoiselle Claude Baudier, vefve de Jean Pingeon, sieur de la Noblerie, parroisse de Bouillon, eslection d'Avranches, du 23 juin aud. an, et en la cour le 30 juillet 1632.

597. Lettres de relief de desrogeance pour dam^elle Anne Auber, vefve de Philipes Legal, paroisse Daubeuf le Sec, du 28 novembre 1631.

598. Lettres de relief de derogeance pour damoiselle Jeanne Filleul, vefve de Richard Denis, parroisse de Beuzeville, election du Ponte Audemer, du 25 juin 1626, et en la cour le 26 novembre 1632.

599. Lettres de relief de derogeance pour damoiselle Heleine de Buffay, vefve de Jean le Januel, parroisse de Cordebugle, du 14 decembre 1631, et en la cour le 15 novembre 1632.

600. Lettres de relief de desrogeance pour damoiselle Magdeleine Patey, vefve de Francois Gueroult, bourgeois de S^t

Sauveur de Bayeux, du 19 may 1632, et en la cour le 4 decembre aud. an.

601. Lettres de relief de desrogeance pour damoiselle Marie Maillet, vefve de Nicolas le Comte, sieur de la Saussaye, parroisse du Sap, eslection de Lisieux, du 20 febvrier 1630, et en la cour le 17 de septembre 1632.

602. Lettres de relief de desrogeance pour damoiselle Genefieve Bouvet, vefve de Mre Jacques du Hamel, advocat, demeurant en la ville d'Eu, du 4 febvrier 1633, et en la cour le 14 mars aud. an.

603. Lettres de relief de desrogeance pour damoiselle Peronnelle de Vollant, vefve de Michel Berthel, parroisse d'Argouges, eslection d'Avranches, du 11 janvier 1631, et en la cour le 30 aoust 1633.

604. L. d'an. et de legitimation d'Hector du Fresne, fils naturel de Noel Picot, sieur du Fresne, parroisse de Millet, don. a Paris le 19 febvrier 1613, ver. ch. le..., et c. le 16 juin 1633; maintenu en tant que besoing.

605. Lettres de relief de derogeance pour dam^{elle} Anne Titere, vefve d'Alexandre le Chevalier, parroisse de St Paix (St Paer), eslection de Caudebec, du 23 avril 1633, et en la cour le 14 aoust aud. an.

606. Lettres de relief de derogeance pour damoiselle Françoise Heudebert, vefve de Mre Anthoine Baxeve dit Germaniere, parroisse de Neufville sur Toucques, du 19 novembre 1626.

607. Lettres de desrogeance de damoiselle Dianne Clairet, vefve de Mre Jacques Bonhomme, procureur du roy en l'admirauté, au siege de Barfleur, election de Valogne, du huictieme de juin 1633, et en la cour le 20 decembre aud. an.

604 B Molle, au lieu de Millet. Le Fresne est paroisse de Russy, près de Mosles.

608. L. d'an. de Pierre de Fontanie, sieur de Neuilly, l'un des officiers pour l'etablissement d'une colonie en la nouvelle France dite Canadas, don. a Paris en janvier 1629, ver. ch. le 10 febvrier 1634, et c. le 27 dud. mois et an, en consequence de l'edit des 12 associez en la nouvelle France dite Canadas, ver. le 14 decembre 1630.

609. Lettres de relief de desrogeance pour dam[elle] Catherine du Mesnil, vefve de Pierre de Rocampourt, sieur des Closets, du 18 aoust 1633.

610. L. d'an. de George et Charles de Brunet ou Droncet, sieur du Hamel et de Fresne, de l'an 1632, et en la cour le 3 avril 1634.

611. Lettres de relief de derogeance pour damoiselle Jeanne de Pertout, vefve de Jean Lair, sieur d'Ane...., du 23 avril 1633, et en la cour le 27 avril 1634.

612. L. d'an. (l. de derogeance?) de dam[elle] Jeanne Simon, vefve de M[re] Thomas du Pin, sieur d'Amecourt Claville, de la parroisse de Lithaye (Lithaire) election de Carenten, du 16 mars 1634.

613. L. d'an. de M[re] Pierre le Boullenger, esleu a Montiviller, l'un des douze associez de lad. colonie de Canadas, don. a Paris en janvier 1629, ver. ch. le 11 mars 1634, et c. le 20 juin aud. an.

614. L. d'an. de M[re] Charles Brasdefer, medecin a Rouen, don. a Fontainebleau le 11 avril 1611, ver. ch. le..., et c. le 12 decembre aud. an; continuation de noblesse en tant que besoing.

615. Lettres de relevement de derogeance de Nicolas Auber, sieur de Chatellais, demeurant parroisse de Durgeville (Tiergeville), bailliage de Caux, du 19 juillet 1610, et en la cour le 11 janvier 1611.

---

608 B Fontaine au lieu de Fontanie.
610 B Routet au lieu de Brunet.
615 B Tiergeville au lieu de Durgeville qui n'existe pas.

616. Adam de la Foye, sieur des Aunéz et du Hay, dit capitaine Quevilly, demeurant en la ville de Lisieux, a obtenu pareilles lettres du mois d'aoust 1610, ver. ch. le 2 decembre aud. an.

617. L. d'an. de Robert du Quesnay, sieur du Thuit, Sahurs et Septimanville, don. a Paris en aoust 1611, ver. ch. le..., et c. le 12 decembre 1611; confirmation et en tant que besoing.

618. L. d'an. de Jean le Bouloux, demeurant a Caen, cornette de la compagnie des gendarmes du sieur de la Veronne, gouverneur de Caen, don. a Paris en mars 1597, ver. ch. le 7 mars 1599, et c. le 13 decembre 1611.

619. L. d'an. et confirmation obtenue de la chartre par Francois le Prevost, sieur de Grantmont, don. a Paris en decembre 1610, ver. ch. le..., et en la cour le 17 decembre 1611.

620. L. d'an. de Benoist Ragot, sieur du Bois de la Ville, demeurant en la parroisse du Glos la Ferriere, election de Bernay, don. a Paris en janvier 1611, ver. ch. le..., et c. le 4 febvrier 1612.

621. L. d'an. de Jacques Mahault, sieur de Bedasn, d'Andely, don. a Paris en may 1600, ver. ch. le 23 mars 1601, et c. le 22... 1612, du petit Andely; pour recompense de service.

622. L. d'an. de Jean Noel, sieur des Bascourtiles, demeurant parroisse d'Emanville (Osmanville), election de Bayeux, don. a Paris en decembre 1610, ver. ch. le 13 decembre, et c. le 8 febvrier 1612; et en tant que besoing.

623. L. d'an. et de legitimation d'Anthoine Russy, fils naturel de Jean Picot, sieur de Russy, et de Margueritte le Berger, ses pere et mere, don. a Paris en febvrier 1606, ver. ch. le.., et c. le 21 febvrier 1612.

---

616 Voyez le numéro 485, où on cite des lettres d'annoblissement de la même année.

624. L. d'an. de Mre Jean Plongeon, bailly du duché d'Estoutteville, demeurant parroisse de Bieville, election de Montiviller, don. a Paris en janvier 1598, ver. ch. le 22 mars 1611, et c. le 12 may 1612.

625. L. d'an. de Mre Jean Gaultier, sieur de Barberie, licentié aux loix, don. a Paris en juillet 1611, ver. ch. le 30 janvier 1612, et c. le 24 may aud. an, a la charge de payer d'indemnité la somme de 200 l. aux habitants de la parroisse de Touffeville, election de Mortaing, y demeurant.

626. L. d'an. de Nicolas Selain (l. Velain), sieur de Rouvray, don. a Paris en janvier 1610, ver. ch. le 21 avril 1611, et c. le 15 may aud. an, par 600 l. de finance; a payé suplement en 1606 par 770 l. et demeuroit parroisse St Aubin le Vertueux; vertu de l'edit des 40 nobles du mois de novembre 1596.

627. L. d'an. de Jullien du Fay, bourgeois de Fallaize, don. a St Germain en Laye en 1594, ver. ch. le 16 novembre aud. an, et c. le 4 juin 1612; a payé 100 l. d'indemnité a la parroisse de la Trinité de Fallaize, constituez en 10 l. de rente.

628. L. d'an. de Benoist des Forges, sommelier d'eschansonneries des feux roys François premier, Henry et Francois second, Charles 9, Henry 3 et 4, don. a Melun en aoust 1593, ver. ch. le 20 novembre ; et porte pour ses armes une grosse tour d'argent, deux lions rampants contre icelle, le tout d'or en champ d'azur ; pour services.

629. L. d'an. de Jean Bernier, sieur de St André, demeurant parroisse de Tournay, eslection d'Argenten, don. a Follembry en decembre 1595, ver. ch. le 14 octobre 1597, de la

---

625 Touffeville n'existe pas. On trouve la Barberie à Martigny, élection de Mortain. Peut-être au lieu de Touffeville faut-il lire Refuveille qu'on trouve écrit Refuville. Les Gautier, qui changèrent leur nom en celui de Barberie, étaient seigneurs de Refuveille en 1789. Voyez le numéro 676.

626 B. le Velain, sieur de Ronceray, au lieu de Rouvray. Il faut lire sieur du Haseray.

ville de Fallaize, et c. le 14 juillet 1612, en consequence d'un edit fait par le roy Charles 9ᵉ en l'année 1578, veriffiez ou besoing a esté, portant creation des 30 nobles en la province de Normandie, et moyennant 1,000 escus de finance.

630. Lettres de relevement pour Estienne Milliere, de la parroisse d'Appeville, du 9 juillet 1608, fol. 15, du 19ᵉ vol., et en la chambre le 9 juillet 1609.

631. Lettres patentes de decharge de francs fiefs, en consequence de l'an. obtenu par Mʳᵉ Robert le Page, sieur de la Vallée, advocat a Gisors, au mois de mars 1597, led. le Page, pere de Mʳᵉ Gabriel le Page, procureur general en la cour des aydes, lesd. lettres du 10 mars 1609, et en la cour le 7 septembre 1609; ses lettres de noblesse donnez en mars 1586 a Paris.

632. Lettres de relevement de desrogeance de Louis Philippes, sieur de Ronceray, du 13 juillet 1610, et en la cour le,... janvier 1611.

633. L. d'an. de Jean Collombel, cy devant procureur sindic de la ville de Rouen, don. a Paris en janvier 1598, ver. ch. le 22 juin 1611; a payé suplement le 4 novembre 1610; et c. le 12 juillet 1611.

634. L. d'an. de Jacques le Vavasseur, sieur de Cristot et d'Anisy, vice baillif de Caen, don. a Paris en juillet 1610, ver. ch. le 18 mars 1612, et c. le 24 juillet aud. an.

635. L. d'an. de Jean Croisy, sieur du Theil et de Vaslisles (Valailles), lieutenant en l'election de Bernay, don. a Paris en janvier 1610, ver. ch. le 21 avril 1611, en consequence de l'edit du mois d'octobre 1594, ver. le 13 decembre 1595, c. le 10 avril 1612.

636. L. d'an. de Jean le Conte, sieur de Chamonteux, don. a Rouen en janvier 1597, ver. ch. le 15 juillet 1604, et c. le 26 juillet 1612; demeurant a Carenten.

637. L. d'an de Mʳᵉ Jean Desson, controlleur des aydes et tailles du Pont Autou et Ponte Audemer, demeurant aud. lieu,

don. au bois de Vinciennes en may 1594, ver. ch. le 18 dud. mois et an, et c. le 9 aoust 1612.

638. L. d'an. de Charles de la Rue, docteur et advocat, demeurant a Lisieux, don. a Paris en janvier 1611, ver. ch. le 19 septembre aud. an, et c. le 6 novembre 1612; payé d'indemnité 100 l. en rente; et confirmation de noblesse entant que besoing.

639. L. d'an. de Charles Bourdon, sieur de Rocquerel, homme d'armes de la compagnie du sieur de Beuvron, don. au camp de Songeon en janvier 1592, ver. ch. le 20 mars 1593; demeurant a St Jean de Caen.

640. L. d'an. de Louis de Raulté, don. a Poictiers en may 1602, ver. ch. le 9 juin 1610, et c. le 15 janvier 1613; demeurant a St Germain de Montiviller.

641. L. d'an. de Mre Jacques le Beday, sieur de la Fosse, vicomte et maire de la ville de Bayeux, don. a Paris en janvier 1590, ver. en la chambre le 21 dud. mois et an, et c. le 23 janvier aud. an.

642. L. d'an. de Jean du Thon, sieur du Quesnay, capitaine des arquebusiers de la ville de Caen, du precedent eschevin de lad. ville et receveur des deniers de l'université dud. lieu, don. a St Germain en Laye le 22 avril 1597, ver. ch. le 11 mars 1612, et c. le 4 febvrier 1613 ; a payé suplement.

643. Lettres de relief de desrogeance obtenues par Charlotte le Maistre, fille de Guillaume, sieur de Noblerie, demeurant parroisse de Percy, election de Coustance, led. Guillaume le Maistre annobly, lad. Charlotte ayant epouzé en premieres nopces Mre Jean le Bastard et en secondes nopces Guyen le Maistre, advocat, a present deffunt, tous deux de Coudron (Courson) et rotturiers, lesd. lettres de relief en l'an 1611, et en la chambre le 6 febvrier 1613, et en la cour le 16 dud. mois et an.

641 Le n° 878 dit Bede an. en juillet 1594, ver. ch. 24 janvier 1613.

644. L. d'an. de Mre Charles Denis, controlleur ordinaire des guerres, sieur de Jonchets en Normandie, et provincial extraordinaire des guerres, demeurant a Caen, don. a Rouen en octobre 1596, ver. ch. le 13 juillet 1610, et c. le 18 febvrier 1613, vertu de l'edit de creation de 10 nobles du mois d'octobre 1594, ver. le 13 decembre 1615 ; finance 700 l.; cy demeurant parroisse St Pierre de Caen.

645. L. d'an de Gilles Quezet, demeurant parroisse de Montbray, vicomté de Virres, don. a Chartres en mars 1594, ver. ch. le 17 may 1597, et c. le 30 juillet 1612.

646. L. d'an. et de continuation de nom de Guillaume Jaunez, sieur de Bazoche et de Chevreville, don. en l'an 1593, registrées ch. le 11 mars 1594, et c. le 23 mars 1613, a la charge de payer d'indemnité 133 l. a la descharge des habitants de Bazoche, election de Mortaing, constituez en 13 l. et 20 s. de rente.

647. Le 14 aoust 1634 ont esté registrées en la chambre des comptes de Normandie les lettres d'an. de Jean le Palu, sieur de la Volerie, du 15 avril 1595, led. registrement fait sur la requeste de Pierre la Palu, sieur de la Vollerie, pour y avoir recours et en ouir par luy du contenu en icelle, ainsy qu'il en est bien et deubment jouy et uzé, lesd. lettres registrées aussy en la ch. de Paris, et c. le 20 juin et le 20 juillet 1597.

648. Lettres de relief de desrogeance pour damoiselle Marie Sochon, vefve de Nicolas Heron, demeurant parroisse d'Etheville pres Longueville, du 17 decembre 1631, et en la cour le 16 juin 1634.

649. Lettres de veterance pour Nicolas Laisnel, sieur de

---

645 Le n° 846 ajoute : en considération de ses services.
646 B. dit Samets, au lieu de Jaunez. A. ajoute en marge : Jaunez a present Bazoche.
647 B. la Violerie. C'est peut-être la Vieillerie à Orgères.
648 Etheville est une mauvaise lecture.
649 B. Lainct, sieur de Maizonnette.

Maisoncelles, du 8 febvrier 1634, et en la cour le 18 juillet aud. an.

650. Lettres de relevement de desrogeance pour damoiselle Susanne de Cuverville, vefve de Mre Roger Durant, advocat au parlement de Rouen et commis au greffe de lad. cour, du 20 juin 1634, et en la cour le 13 juillet aud. an.

651. Lettres de veterance pour Pierre Voisin, sieur de la Luzette, election d'Andely, du 7 juin aud. an, et en la cour le 21 octobre 1634.

652. Lettres de relevement de desrogeance pour damoiselle Jacqueline Marqueret, fille de Jacques, vivant escuyer, sieur de St Ouen, vefve de Jean le Gallois, du 13 juillet 1634, et en la cour le 17 novembre aud. an.

653. Lettres de relevement de desrogeance pour damoiselle Marie Mithon, fille de Richard, escuyer, sieur de Fredeville, et vefve de Pierre Mallet, docteur en medecine, du 19 aoust 1634, et en la cour le 17 novembre aud. an.

654. L. d'an. de Thomas Tiebout ou Tibout, sieur de Marechaux, demeurant a St Lo, l'un des 12 associez du traitté de Canada, don. a Paris en janvier 1620, ver. ch. le 17 may 1634, et c. le 18 decembre aud. an.

655. L. d'an. de Michel de St Martin, sieur de Cavigny, de la Mare et des Haies, demeurant a St Lo, l'un des 12 associez en le traité de Canadas, don. a Paris en janvier 1629, ver. ch. le 17 may 1634, et c. le 18 decembre aud. an.

656. L. d'an. de Gabriel Caruier, sieur de Launay, de la vicomté d'Arques, demeurant parroisse de St Aubin en Caux, don. a Paris en septembre 1594, ver. ch. le 19 mars 1596, et c. le 22 decembre 1634.

657. L. d'an. de Theodore Bodinet, sieur du Fresnay le Buffard, du Prey, l'un des valets de chambre du roy et commissaire des guerres, don. a Paris en avril 1634, ver. ch. le 9 decembre aud. an, et c. le 30 janvier 1635.

658. L. de relevement de derogeance pour Jacques Martin, sieur du Bouillon, fils d'Anthoine, led. Anthoine fils de Guillaume, tous sieurs de Bouillon, led. Guillaume fils de Pierre sieur de la Menardiere, donnez au petit sceau a Paris le 12 febvrier 1628, et en la cour le 22 decembre 1631.

659. Lettres de relevement de desrogeance pour Charlotte de Buffey (Bouffey), fille de Pierre, escuyer sieur de la Coubugle (Cordebugle) et des Granches, vefve de Jacques Bellothe, du 23 janvier 1635.

660. Lettres de relief de desrogeance pour dam^{elle} Catherine Agie...., et de Marguerite le Pellerou, ses pere et mere, vefve de feu Jean Mignard, sieur de la Montaigne, parroisse de St Denis des Grez, du 17 juin 1634, et en la cour le 28 mars aud. an.

661. Lettres de relevement de derogeance de dam^{elle} Adrienne le Maigre, fille de Mre Robert le Maigre, sieur du Chesnay, et vefve de Mre Marin Capelet, advocat a Caudebec, du 3 janvier 1635, et en la cour le 28 mars aud. an.

662. Lettres de relief de desrogeance de dam^{elle} Michelle Baudu, vefve de Mre Pierre le Neveu, vivant advocat, substitué aux eaux et forest de la vicomté de Bayeux, le 29 may 1634, et en la cour le 29 mars 1635.

663. Lettres de desrogeance pour dam^{elle} Francoise de Gouberville, fille de Michel et vefve de Guillaume Bouyer, eslection de Vallognes, du 5 decembre 16.., et en la cour le 14 may 1634.

664. Lettres de veterance pour Jean de Gallet, sieur de Pommeruel, donnez en aoust 1634, et en la cour le 22 may 1635.

665. Lettres de veterance pour Jacques le Blanc, sieur de Bois Berenger, election du Ponte Audemer, du 12 avril 1634, et en la cour le 24 may aud. an.

---

660 St Denis des Grez n'existe pas. Peut-être faut-il lire St Denis d'Augerons où habitait une famille Agis.

662 Ce nom de Baudu nous est inconnu; il faut peut-être lire Baudry.

666. Lettres de relevement de derogeance pour dam^elle Anne Bugard, fille de Pierre, vefve de Guillaume du Noyer, advocat a Caudebec, du 15 decembre 1634, et en la cour le 16 septembre aud. an.

667. Lettres de relief de desrogeance pour dam^elle Hilaire de Beauvais, vefve d'Alexis Hauguelle, sieur du Plessis, parroisse St Remy sur Havre, election de Verneuil, du 13 septembre 1634, et en la cour le 5 may 1635.

668. Lettres de relevement de desrogeance pour dam^elle Anne Michel, vefve de feu Jean Langlois, demeurant parroisse de Hyvetot (Yvetot), election de Vallognes, du 20 septembre 1634. et en la cour le 26 juin 1636.

669. Lettres de relevement de desrogeance pour dam^elle Perrette le Nantier, vefve de Fleury Louvel, sieur de la Courte Pierre, demeurant parroisse de Beaulieu, du 14 juin 1634, et en la cour registrées le 11 juillet 1635.

670. Pierre le Boullenger, conseiller du roy, esleu en l'election de Montiviller, l'un des douze associez du traitté de Canadas, annobly par lettres du 11 mars 1634. Nota que l'arest n'est transcrit au registre.

671. L. d'an. (l. de derogeance) pour damoiselle Judit de Brilly, fille de Jean, vefve de Pierre Languetuit, parroisse de Traville (Intraville), du 12 janvier 1634, et en la cour le 14 juillet 1635.

672. Lettres de relevement pour damoiselle Margueritte de Bully, vefve de Jean Gallepin, parroisse de St Eustache la Forest, election de Montiviller, du 10 janvier 1620, et en la cour le.... 1635.

673. L. d'an. d'Estienne Vaufleury, esleu a Mortaing, l'un des 12 associez de Canadas, don. a Paris en janvier 1639, et c. le 19 juillet 16....; estoit sieur de la Durandiere.

---

670 Cet article se trouve déjà n° 613 avec quelques différences de dates.

674. L. d'an. de Pierre Bouvier, lieutenant general civil et criminel au bailliage du Perche, election de Mortaing, don. a Versailles en juin 1634, et c. le 30 juillet 1635; maintenue en son privillege entant que besoing.

675. Lettres de relevement de desrogeance pour damoiselle Magdelaine de Bardouil, vefve de feu David Breard, lieutenant general civil et criminel du bailliage de Rouen, donnez au Pont de l'Arche du 7 octobre 1634, et en la cour le 4 aoust 1635.

676. Lettres de mutation de nom, obtenues par Julien et Gabriel Gaultier, sieur de la Barberie, du Bourg, de Camp, fils Jean, annobly, pour changer le nom de Gaultier en celuy de la Barberie en 1617, et en la cour le 15 decembre 1635.

677. Lettres de relief de desrogeance pour dam^{elle} Jeanne de la Barberie, fille de Jean, annobli en l'an 1611, vefve de Jean le Seigneur, sieur de la Marche parroisse de Mortaing, election dud. lieu, du 19 septembre 1635, et en la cour led. jour.

678. Lettres de relief de desrogeance pour Guillaume le Lièvre, sieur de la Cousture, du 28 juillet 1634, et en la cour led. jour 7 janvier 1636, donnez a Chantilly.

679. Lettres de veterance pour Hanibal Adam, escuyer, sieur de la Fontaine, archer des gardes du corps du roy, du 13 octobre 1634, et en la cour le 13 janvier 1636.

680. Lettres de relief de desrogeance pour damoiselle Jeanne du Houssey, vefve de Jean Blanchet, parroisse de Carentilly, du 18 aoust 1635, et en la cour le dernier janvier 1636.

681. L. d'an. de Mre Abraham le Hayer, procureur du roy au bailliage et vicomté d'Alencon, don. a Paris en febvrier 1635, ver. ch. le 29 mars aud. an, et c. le 17 janvier 1636, relevement de desrogeance.

676 Voyez le n° suivant et le n° 625. B. dit: et du Gay, au lieu de Camp.
680 Il faut probablement lire Houssu, au lieu de Houssey.

682. Lettres de relevement de desrogeance pour damoiselle Jeanne Greslard, vefve de Jean Dujardin, de St Nicolas de Coustance, du 18 aoust 1635, et en la cour le 28 febvrier 1636.

683. Lettres de relief de desrogeance pour dam{elle} Catherine le Cornu, parroisse de St Martin de Laigle, du dernier may 1636.

684. L. d'an. de Jean de Pallu, sieur de la Volliere, du 13 may 1595, ver. ch. de Paris le 20 juin 1597; et ch. Rouen le 14 aoust 1634, don. a Paris le 3 octobre aud. an, et c. le 11 juillet 1636.

685. L. d'an. de Mre Hyremie le Metel, sieur d'Ouville, advocat au parlement de Rouen, parroisse de Boisrobert, don. a Fontainebleau en juin 1636, ver. ch. le 22 aoust aud. an, et c. le 27 juillet 1636.

686. Lettres de relief de desrogeance pour dam{elle} Jeanne du Castel, veuve de Pierre de Boyvien, parroisse de Beautot sur Clere, eslection de Rouen, du 5 decembre 1636(1635?), et en la cour le 4 aoust 1636.

687. L. de legitimation et an. de Francois ou Nicolas de Salsede, fils naturel de feu Francois de Salsede, chevalier, baron de Montville, vicomte de Basqueville, et de Jeanne Cavelier, ses pere et mere, lors seuls et non mariez, don. a Paris en juin 1620, ver. ch. le 26 juin 1624, et c. le 3 aoust 1636.

688. Lettres de relief de desrogeance pour dam{elle} Jeanne des Hayes, veuve de Gabriel le Marchand, archer du prevost de Normandie, du 13 septembre 1631, et en la cour le premier septembre 1636.

689. L. d'an. de Nicolas Viel, sieur des Parquets, un des 12 associez a la flotte de Canadas, commissaire ordinaire de

---

682 Il faut probablement lire Goeslard, au lieu de Greslard.
684 Voyez le n° 647.
689 B. Lucas, au lieu de Nicolas.

l'artillerie, demeurant parroisse de St Germain en Laye, estant de Carenten, don. a Paris en janvier 1629, ver. ch. le 17 juillet 1634, et c. le 6 febvrier 1636.

690. L. d'an. de Marguerin le Charestier, sieur de Loraille, don. a Paris en aoust 1636, et ver c..... et ch. le 7 febvrier 1637.

691. Lettres de relevement de derogeance pour dam^{elle} Elisabeth Jullien, veuve de feu Mre Charles Poislon, sieur de Fonteine, du 10 decembre 1636, et en la cour le 17 febvrier 1637.

692. L. d'an. de Pierre Corneille, maitre des eaux et forest de la vicomté de Rouen, demeurant aud. lieu, don. a Paris en janvier 1637, ver. ch. le 27 mars aud. an, et c. le 24 dud. mois et an.

693. Lettres de relief de derogeance pour dam^{elle} Renée le Petit, fille de Jean, sieur du Vivier, l'un des conseillers de la ville de Caen, annobly a Chartres au mois d'octobre 1589, et en la cour en novembre 1590, vefve de Jacques du Chemin, sieur des Parquets, bourgeois de Caen, du 2 may 1637.

694. L. d'an. de Guillaume Morant, bourgeois de Rouen, don. a Paris en decembre 1637, ver. ch. aud. an, et c. le 24 avril 1637, en consequence de l'edit de creation des 12 annoblis au mois de mars 1636.

695. L. d'an. de Paul Poisson escuyer, sieur du Tot, don. a St Germain le 11 mars 1634, et c. le 24 avril 1637.

696. Lettres de relief de desrogeance pour dam^{elle} Charlotte de la Croix, vefve de Mre Guillaume Germain, vivant sieur de la Contex, advocat au parlement de Rouen, de la parroisse de St Jean Daye (St Jean de Daye), du 14 septembre 1631, et en la cour le 18 mars 1637.

697. L. d'an. de Mre Jacques Frontin, conseiller auditeur des comptes a Rouen, don. a Paris le 8 decembre 1633, ver. ch. le 1er febvrier 1634, et c. le 11 juillet 1637 ; et porte pour ses armes d'argent a trois seulies (feuilles) de chaine de sinople, deux en chef et une en pointe.

698. L. d'an. de Mre Jean Alphonse de Quintanadoine, sieur de Bretigny, d'Espagne, demeurant en la ville de Rouen, don. a Paris en decembre 1637, ver. ch. et en la cour aud. an, en consequence de l'edit du mois de mars 1636 ; et porte pour ses armes escartelé au premier et 4 d'argent, a une croix fleurde-lyzée de sable, les second et trois de gueulles d'une fleur de lys d'or.

699. Lettres de veterance de Charles Maussavoir, archer des gardes du corps du roy, en l'an 1637, au mois d'avril, et en la cour le 11 aoust aud. an.

700. Lettres de desrogeance pour Jean de Brucan, sieur de Fontaine, parroisse d'Ingouville (Digoville?), election de Valognes, du 8 novembre 1635, et en la cour le... decembre 1637.

701. L. d'an. de Jacques Godefroy, sieur de la Commune, esleu en l'election de Carenten et demeurant parroisse de Brunault (Brevant), l'un des 12 associez en le traitté de Canadas, don. a Paris en janvier 1629, ver. ch. le 22 juin 1634, et c. le 10 decembre 1637.

702. Jean le Charestier, sieur de Cormelles, demeurant parroisse de Beuzeville, eslection du Pont l'Evesque, par lettres veriffiées le 13 aoust 1637.

703. Lettres de desrogeance pour damoiselle Magdelaine Fattouville, vefve de Nicolas de Freulle, de la parroisse de Tentainville (Toutainville), election de Ponte Audemer, du 28 septembre 1633, et en la cour le 19 decembre 1637. Porte pour ses armes de sinople au mouton d'argent.

704. Lettres de relief de desrogeance pour dam^elle Jacqueline de Bienvenu, fille de Guillaume, sieur de Martirocq (Montcrocq), vefve de feu Nicolas Auvray, du 13 novembre 1637, et en la cour le 10 decembre aud. an.

705. L. d'an. d'Estienne Guiot, sieur de Fonteine, don. a St Germain en Laye en novembre 1635, demeurant parroisse

---

700 A. ajouto en marge : Et Jacques de Brucan annobly en 1634.

de Carneville, vicomté de Vallognes, led. Guiot, advocat, ver. ch. le 20 aoust 1636, et c. le 20 janvier 1636. Porte pour ses armes d'azur au chevron d'argent a trois champignons d'or.

706. Lettres [d'an.] de Morin, sieur de Bocantou (Boscautru), conseiller a Orbec et advocat du roy a Lisieux, don. a St Germain en Laye en decembre 1636, ver ch. le 10... 1637, et c. le 10 novembre 1638.

707. L. d'an. d'André Pontault, sieur de la Motte Vesleue, demeurant parroisse de St Mare d'Egraine, vicomté de Donfrond, l'un des associez au traité de Canadas, en consequence de l'edit veriffié le 14 decembre 1630.

708. Lettres de relief de desrogeance pour damoiselle Catherine le Febvre, vefve de Nicolas le Febvre, lieutenant en l'admirauté de Fébcamp, du 11 juillet 1636, et en la cour le 4 aoust 1637.

709. L. d'an. d'Isac Pouyer, don. a Paris en janvier 1638, ver. ch. le 15 mars aud. an, et c. le 27 avril 1638.

710. L. d'an. de Nicolas Briere, commissaire de l'artillerie, don. a St Germain en Laye en janvier 1638, ver. ch. le 27 avril aud. an, et c. le 6 juin aud. an; demeurant au Havre de Grace, a present a Goderville.

711. L. d'an. de Pierre des Marest, sieur de Nerfville, maistre des requestes et advocat de la reine, et nagueres advocat du roy au siege eaux et forest en la table de marbre du palais a Rouen, don. a St Germain en decembre 1637, ver. ch. le 18 may aud. an 1638, et c. le 10 juillet aud. an.

712. L. d'an. Delluot de Bazanu ou Bazan, sieur de la Carpenterie, don. a Chentilly le 16 aoust 1631, ver. ch. le..., et c. le 12 juillet 1638 ; maintenu en sa noblesse.

---

706 B. Luc Morin.
707 B. et Vilaines, au lieu de Vesleue.
709 B. Poyer.
712 B. Vincent de Bazans. Il faut, dans cet article et dans le suivant, lire Bazan.

713. Lettres de legitimation de Rault de Bazanne, fils de Francois, escuyer, sieur du Saussay, en juillet 1593, ver. ch. le 5 may 1594, et c. le 12 juillet 1638.

714. Lettres de derogeance pour damoiselle Marguerite le Foullon, vefve de feu Louis Jourdain, advocat, sieur du Bois de l'Ange, du 14 avril 1638, et en la cour le 15 juillet aud. an.

715. L. d'an. de Pierre d'Allencon, sieur de Mirreville, don. a St Germain en Laye en janvier 1638, ver. ch. le 8 avril aud. an, et c. le 9 juillet 1638, en consequence de l'edit de creation des 6 nobles.

716. Jean le Tellier, sieur de la Haute Rocque, l'un des 12 associez en la nouvelle France ditte Canadas, de la parroisse de Cirfontaine, eslection de Lizieux, a obtenu lettres d'an. en decembre 1629, ver. ch. le 16 janvier 1637.

717. Lettres de desrogeance de damoiselle Guillemette David, vefve de Nicolas Duval, sieur de Montreuil, de la parroisse de Berneville, du 10 juin 1638.

718. L. d'an. de Pierre Fermanel, sieur du Mesnil Godefroy, don. a St Germain en Laye en janvier 1638, ver. ch. le 17 avril aud. an, et c. en aoust 1638.

719. L. d'an. de Pierre le Barbier, esleu a Allencon, don. a Paris en juillet 1637, ver. ch. le 11 mars 1638, et c. le 6 aoust aud. an, est un des 6 nobles de l'edit de febvrier 1638.

720. Lettres de desrogeance pour damoislle Marie Collas, fille de Guillaume, sieur de Leurts, et vefve de Mre Anthoine Guerard, bourgeois de Rouen, du 27 novembre 1637, et en la cour led. jour et an.

721. Lettres de relief de desrogeance pour damoiselle Jacquelinne d'Avoye, fille de Francois, sieur de Capot, vefve de

---

717 Berneville n'existe pas, il faut peut-être lire Barneville.
721 La famille d'Avoye nous est inconnue. Peut-être faut-il lire Avoine.

feu Baptiste Advenel, sieur de la Motte, du 18 febvrier 1638, et en la cour le mois aoust aud. an.

722. Lettres de relief de desrogeance pour damoiselle Magdelaine de Mouvanville, fille de Durand, sieur de Gebert, vefve d'Adrien de Maillon, vivant sieur de Cappeau, bourgeois de Rouen, du 2 aoust 1638, et en la cour le 14 dud. mois et an.

723. L. d'an. de Jacques Dallibert, natif d'Orleans, president en l'election d'Avranches, parroisse de Nostre Dame de Tritefon (Tirepied), don. a Paris en decembre 1637, ver. ch. le 15 juin 1638, en consequence de l'edit du mois de mars, des 11 nobles, 1636.

724. Lettres de relief de desrogeance pour damoiselle Anne Caioux, vefve de Jacques de Fuy, vivant lieutenant general au bailliage de Caux, au siege de Neufchastel, du 20 octobre 1638, et en la cour le 4 decembre aud. an.

725. L. d'an. de Pierre de la Mare, natif de.... pays de Caux, don. a St Germain en Laye en avril 1638, ver. ch. le 9 juin aud. an, et c. le 11 decembre 1638.

726. L. d'an. de Jean Jourdain, sieur de Launay et du Mesnil, natif d'Estienneville, bailliage de Costentin, lieutenant civil et criminel au bailliage de St Sauveur le Vicomte, don. a Paris en decembre 1638, ver. ch. le 2 juin aud. an, et c. le 2 octobre 1638, en consequence dud. edit en mars 1636.

727. Lettres de relief de derogeance pour dam^{elle} Frumieres vefve de Nicolas le Boursier, du 20 juin 1637, et en la cour le 4 decembre 1638.

728. L. d'an. de Henry de Jumilly, sieur du lieu, lieutenant

---

722 Mouvanville est évidemment une mauvaise lecture. Peut-être faut-il lire Morainville.

724 Caioux est encore probablement une mauvaise lecture.

726 B. Jourdan, au lieu de Jourdain.

727 Nous ne connaissons point de famille du nom de Frumieres. Peut-être y avait-il Francieres dans l'original.

general civil et criminel a Donfrond, don. a Paris en avril 1638, ver. ch. le 16 juin aud. an, et c. en febvrier 1639.

729. Mre Michel Morin, sieur de Ressencourt, demeurant a Orbec, a esté annobly par lettres, ver. ch. le 13 decembre 1638, obtenues en septembre aud. an a Paris, registrées en la c. le 15 febvrier 1634. Nota qu'il y a arest en la cour par lequel led. Morin n'est prejudicié en sa qualité d'ancien noble nonobstant la veriffication.

730. Lettres de relief de desrogeance pour damoiselle Francoise de Grainville, vefve de feu Martin Rigault, de la parroisse de Signy (Sigy?) vicomté de Rouen, sur la taille de St Ouen du Bosc, election de Caudebec, du 10 mars 1638, et en la cour du 11 decembre aud. an.

731. Lettres de relief de desrogeance pour dam^elle Francoise du Heron, vefve de feu Charles Langlois, de la paroisse de Clere, du 4 novembre 1638, et en la cour du dernier mars 1639.

732. L. d'an. de Jean Santerre, sieur de Grand Hamel, natif de Cocquainville (Cosqueville), eschevin de Cherbourg, don. a Paris en decembre 1636, ver. ch. le 9 juillet 1639, et c. le 14 avril 1639, en consequence de l'edit du mois de mars 1636.

733. Lettres de relief de desrogeance pour dam^elle Marthe Soyer, vefve en premieres nopces de Guillaume Moysant, marchand a Caen, et en secondes nopces de Pierre Poulain, sieur de Caillix, du 6 mars 1639, et en la cour le 18 mars aud. an.

734. L. d'an. de Samuel le Mercier, sieur de Basly [esleu] a Caen, don. en septembre 1637, ver. ch. le 5 juin 1638, et c. le 20 may 1639, en consequence de l'edit du mois de mars 1636 de 11 nobles.

735. L. d'an de Thobie Barberie, sieur de St Contex (Contest), natif de Rouen et habitant de Caen, don. a St Germain en Laye en avril 1638, ver. ch. le 3 juin aud. an, et c. le 20 may 1639.

734 A. met en marge le Mercier ou le Miere, B. le Miere, esleu à Caen.

736. L. d'an. de Mre Jean des Perriers sieur du Plessis et Desesprez (d'Esprit) des Perriers sieur de Montguley, don. a St Germain en Laye en avril 1638, ver. ch. le...., et c. le 24 may 1639.

737. Lettres de relief de derogeance pour dam^elle Jeanne Bardouil, vefve de Mre Gabriel Poignard, sieur des Croix, de la parroisse de Massandre (Nassandres), election de Bernay, du 18 septembre 1638, et en la cour le 24 may 1639.

738. Lettres de relief de derogeance pour dam^elle Marie Couillard, vefve de Nicolas Humelin, du 29 may..... et en la cour le 17 mars 1639.

739. L. d'an. obtenues par Sylvestre de Billes, capitaine de la marine du Havre de Grace, demeurant parroisse de Beauville, vicomté d'Auge, don. en juillet 1635 ; y avoit autres lettres donnez a Compiegne en juillet 1624 pour Anthoine de Billes, sieur du Foyer, fils Jacques, et led. Jacques fils de Sylvestre le 15 novembre 1624, et c. le 24 avril 1635, pour led. Anthoine fils de Jacques, et Jacques fils de Sylvestre.

740. *Répétition du n° 726.*

741. Autres lettres d'an. veriffiées en la chambre des comptes de Normandie, tant durant le temps spécifié cy devant que depuis. — Lettres du 17 juillet 1645 par Mre Roger le Vallois, sieur du Manoir, conseiller du roy et receveur general en la chambre des comptes de Normandie, originaire de la parroisse des Ifs pres Caen, veriffiées en la chambre le 20 octobre 1647. Porte pour ses armes d'azur au chevron accompagné d'un signe en pointe, le tout d'or.

742. L. d'an. de Louis Vassel, eschevin de Caen, du 8 octobre, ver. c. le 4 decembre 1590.

---

736 B. Jean Desperies, avocat, père de François, sieur du Plessis, et d'Esprit, sieur du Montgaillard.

741 Les armes sont écrites d'une autre main.

743. L. d'an. de Nicolas Paumier, sieur des Capelets, receveur des Aydes a Lisieux, don. a St Germain en Laye au mois de juillet 1639, ver. ch. de Normandie le 27 octobre aud. an, et c. le 22 octobre 1648.

744. Mre Jean des Landes, receveur des tailles de la ville de Domfrond, sieur de Josselin...., donnez en consequence [de la naissance] de Monseigneur le Dauphin, ver. ch. le 4 novembre 1639, et don. en novembre 1638.

745. Jean le Prevost, sieur du Fay, de Bernay, a obtenu l. d'an. en septembre 1637, ver. ch. le 29 decembre 1637.

746. Mre Jacques Ango, maistre particulier des eaux et forest de la ville d'Argenten, a obtenu l. d'an. en novembre 1639, ver. ch. le 20 janvier 1640; et porte pour ses armes de sable au chevron d'argent a 3 annelets d'argent.

747. Nicolas Jouenne, sieur de la Planche, de Vennes, a obtenu l. d'an. a St Germain en Laye en may 1639, ver. ch. le 20 may 1640.

748. Jean Pecquet, sieur de la Faverie, demeurant parroisse de Normanville, vicomté de Lisieux, a obtenu lettres don. en decembre 1638, et ver. ch. le 10 may 1640.

749. Thomas et Jacques du Val, freres, demeurant a Allencon, ont esté annoblis par lettres veriffiées le 29 novembre 1638, et obtenues en septembre aud. an.

750. L. d'an. de Mre Brice Coespel, demeurant parroisse de St Front, vicomté de Domfrond, ver. ch. de Normandie le 9 mars 1641, et obtenues en may 1639.

751. L. d'an. des sieurs Jean Baptiste de Chalons, sieurs de

---

743 B. Cattelets au lieu de Capelets.
744 B. Sieur du Boisjosselin.
748 Normanville n'existe pas dans la vicomté de Lisieux. Il faut probablement lire Morainville où ont habité les Pecqueult, sieur de la Faverie.
750 B. Coupel.

Negremont (Megremont), et de Fernande, Francois et Alphonse de Chalons, ses neveux, ver. c. le 5 decembre 1641. Nota que Marc de Chalons, espagnol, de la ville de Palensuelle, fils de Pierre de Chalons et d'Isabelle Rodriguez, a obtenu lettres de naturalité ver. ch. de Normandie le 13 juillet 1639. Nota que Marc de Chalons et Agnes de Palme, sa femme, et Pierre, Marie et Beatrice de Chalons, enfants, ont obtenu lettres de declaration sur lesd. lettres de naturalité, ver. ch. le 27 mars 1602; et porte pour ses armes: écartelé au premier de sinople a 2 tours d'or chargées de deux enseignes de mesme, au second, d'azur chargé d'estoilles sans nombre et de deux croissants contournés d'argent, au troisieme, au lion de gueulles, et le quatriesme d'argent a l'ours de sable apuyé contre un arbre de sinople, une croix d'or plaine sur le tout, avec une bordure d'argent semée de coquilles.

752. L. d'an. de Jacques Hermerel, conseiller du roy, esleu en l'election de Bayeux, demeurant parroisse St Malo dud. lieu, ver. ch. le dernier avril 1642, obtenues en novembre 1638 a St Germain en Laye, registrées c. le 19 novembre 1643.

753. *Répétition du n° 141.*

CREATION DES NOBLES EN 1577. — Par edit du roy Henry 3e du mois de juin 1577 ver. au besoing, a esté créé un certain nombre de nobles en ce royaume, ver. ch. de Normandie le 9 decembre 1583.

754. Marin Noel a obtenu lettres de rehabilitation don. a Paris 1583 le 16 avril par le roy Henry 3e, par lesquelles est mandé que s'il appert qu'il soit descendu destoc et en ligne directe de Jean Noel, escuyer, sieur de Feuguerolles, Plainville et Vallency, que ses successeurs et predecesseurs ayent toujours vescu noblement, suivi les armes et fait tous actes de noblesse sans y deroger..., lesd. lettres ont esté ver. ch. de Normandie le 4 febvrier 1584.

755. Jacques d'Argoulle, sieur de Landemare, fils et heritier de Francois d'Argoulle, vivant demeurant a Rouen, ayant obte-

nu lettres du roy François 1er, lequel des l'an 1536 luy avoit octroyé lettres de naturalité pour estre né des pays d'Espagne d'une ancienne maison noble et chevalliere du pays, ver. ch. de Paris; et d'autant que lesd. lettres de naturalité obtenues par led. defunt ne faisoient mention de lad. qualité de noblesse, depuis led. Jacques, pour estre demeuré en bas aage apres le deces de son pere, auroit obtenu lettres de maintenue du roy Henry 3 du 29 avril 1586, adressantes aux gens de la cour des aydes de Paris a Rouen, et par icelles mandé qu'apres qu'il leur seroit par information faitte auxd. pais d'Espagne au contenu desd. lettres, ils en fissent jouir; mais d'autant que par icelles il auroit obmis que son deffunct pere auroit fait quelque trafic de marchandise, doutoit qu'il ne fust procedé a la veriffication desd. lettres, aces causes mande et ordonne sad. majesté aux gens tenant la cour des aydes de Paris ou Rouen, qu'en executant lesd. lettres du 9 avril 1596, s'il leur apparoissoit de ce que dit est, mesmement que led. deffunct d'Argoulle fut natif du royaume d'Espagne, issu de parents, maison et lignage noble selon l'usage et etablissement de ce royaume sans y avoir aucunement desrogé ni contrevenu sinon en ce que dessus est dit, en ce cas sans s'arrester a lad. desrogeance par luy faitte dont sad. majesté l'auroict relevé et dispensé, ils eussent a maintenir led. Jacques d'Argoulle aud. estat de noblesse pour en jouir ainsy que les autres nobles de ce royaume, veriffication registrée desd. lettres et arest de la cour des aydes ont esté faittes en lad. chambre des comptes de Normandie le 11 juillet 1584.

756. Jean des Marets, procureur du roy a St Sauveur le Vicomte, a obtenu l'arest du conseil privé du 26 janvier 1574 par lequel le roy a maintenu et garde led. des Marets des privilleges et immunitez de noblesse, et ordonne que comme noble, il sera biffé des roolles de la taille de la parroisse de St Sauveur, plus une lettre patente du sieur roy donnez a Paris le dernier..... par lesquelles est mandé a la chambre des comptes de Normandie faire lire, publier et registrer led. arest ensemble au parlement ou il a esté leu et registré pour en jouir

par l'impetrant selon [sa forme] et teneur le 16 aoust 1584.

757. Mre Thomas Poerier, sieur du Teil, controlleur des tailles en l'election de Valognes, a obtenu arest donné au conseil privé par lequel Henry 3e declara led. sieur du Theil personne noble, et comme tel, la maintenu et gardé en estat de noblesse comme les autres nobles de ce royaume en vivant par led. impetrant noblement et sans y desroger, plus a obtenu lettres adressantes a la cour du parlement et chambre des comptes de faire lire, publier et registrer lesd. arest et lettres, de faire jouir led. sieur du Theil du contenu esd. arrets et lettres ver. ch. de Normandie le 16 aoust 1584.

758. Par arest du conseil privé au 27 janvier 1578, Guillaume Lambert, conseiller, bailly et cappitaine de St Sauveur le Vicomte, voyeur de Tour la Ville, a esté receu opposant a la commission et mandement des commissaires deputez par le roy sur le reglement des tailles et recherche de ceux qui usurpoient led. droit et tiltre de noblesse en Normandie, et en interinant les lettres, a obtenu led. Lambert le 23 novembre 1577 pour se faire jouir du privillege et titre de noblesse, nonobstant que Gratiam Lambert, son pere, eut contribué aux tailles, a maintenu led. Lambert, comme personne noble et extrait de noble lignée, aux droits, privilleges, exemptions et immunitez de noblesse pour en jouir et sa posterité a l'advenir, sans restitution toutes fois de ce que luy et ses descendus, si aucuns y en ont cy devant payé, ne que le tout puisse estre tiré en consequence [pour] ses parents collateraux du nom et lignage dud. Lambert qui se trouveront aussy avoir cy devant volontairement contribué auxd. tailles et subsides rotturieres et n'en ont esté relevez, lequel arest a esté registré au parlement de Normandie le dernier juillet 1684, et en la cour le 16 aoust aud. an.

759. Nicolas du Four, sieur de Longuerue et du Coudray, advocat au parlement de Rouen, conseiller pensionnaire de la maison commune de lad. ville, et Claude du Four, homme

---

759 Les armes sont écrites d'une autre main.

d'armes soubz la charge du sieur de la Milleraye, l'un des lieutenants generaux au pais de Normandie, a obtenu lettres patentes en forme de chartres du roy Henry 3ᵉ donnez a Sᵗ Germain en Laye par lesquelles en consideration des services y contenus, a confirmé et confirme le tiltre de noble cy devant concedé a leurs predecesseurs par lettres expediées, qui auroient esté, par l'injure du temps et guerres en ce royaume perdues et esgarées, et entant que besoing seroit, les a led. seigneur tout de nouveau decorez du titre et qualité de noblesse et qu'ils puissent porter comme les predecesseurs ont fait de tout temps et ancienneté en leurs armoiries 3 croissants avec une estoille d'or en champ d'azur, lesd. lettres ver. ch. de Normandie pour en jouir par les impetrans seulement sans qu'autres ou leurs successeurs s'en puissent esjouir, fait le 5 avril 1585; et du depuis, lesd. du Four presenterent autres lettres en forme de jussion du 6 may 1586, contenant expres mandement ou jussion de proceder a la veriffication desd. lettres d'an. pour en jouir par lesd du Four freres, les enfants nez et a naistre en legitime mariage. Non obstant lesd. arrest, la chambre veriffia lesd. lettres, pour en jouir par les impetrants, selon leur forme et teneur le 10 juin 1586, et en la cour des Aydes ver. le 8 may 1587. Porte trois croissants avec une etoile d'or en champ d'azur.

760. Jean de Quievremont, sieur du Chatellier et du Rouellay, ayant esté l'espace de 14 ans homme d'armes des compagnies des sieurs de Carrouge et de la Milleraye, a obtenu l. d'an. du roy Henry 3ᵉ don. a Sᵗ Maur des Fossez en avril 1584, sans pour ce payer aucunne finance, ver. ch. le 2 juillet 1585; et porte pour ses armes deux lions d'argent, et un chevron d'azur en champ de gueulle, et en la cour le 18 juin aud. an 1586.

761. Anthoine Ernault, sieur des Enaudieres, archer des mortes payes en la place et forteresse du Mont Sᵗ Michel, demeurant parroisse Sᵗ Quentin, election et vicomté d'Avranches, au bailliage de Costentin, a obtenu l. d'an. du roy Henry 3ᵉ,

don. a Paris en febvrier 1582, et ch. de Normandie le 24 octobre 1585, et en celle de..... mars 1582 ; et porte pour ses armes une croix escartelée par les bouts de sable avec 4 estoilles de gueulles aux 4 coings de lad. croix, en champ d'argent.

762. Mre Jean Vimont, conseiller nottaire et segrettaire du roy maison et couronne de France, a obtenu l. d'an. du roy Henry 3e, don. a St Germain en Laye en janvier 1584, ver. ch. de Normandie le 10 may 1586; et porte pour ses armes au chevron d'azur, dans lequel sont 3 gerbes d'or en champ d'argent. Nota que la veriffication se fist sur les autres lettres obtenues par Mre Charles de Vimont, nottaire et segrettaire du roy, ses enfants, attendu son deceds arrivé du precedent.

763. Jacques de Cauvigny, sieur de Bernieres et de Beaux Amis, de Caen, a obtenu l. d'an. du roy Henry 3e don. a Paris en novembre 1585, ver. ch. le 21 mars 1586, et c. le 18 juin aud. an. Nota qu'il y avoit autres lettres registrées au mesme temps, que led. de Cauvigny est du nombre des 12 nobles creez par edit de 1564 avec Francois le Petit, Francois de Boucutrain, Pierre Allain, Philippe et Jacques le Monnier auxquels le roy fist expedier pareilles lettres.

764. Jacques l'Esperon, sieur du lieu et d'Amfreville, election de Rouen, a obtenu l. d'an. de Henry 3° don. a St Maur des Fossez en avril 1584 pour recompense de services, ver. ch. le 24 mars 1586, et c. le 19 febvrier 1587; est du nombre des 12 annoblis.

765. Jacques le Monnier, sieur du Tessel et de Peignel, greffier heredital en l'election de Caen, a obtenu l. d'an. de Henry 3e du mois de febvrier 1586, ver. ch. le 17 may aud. an, et c. le 4 aoust en suivant; est du mesme nombre.

766. Francois le Petit, sieur de la Valée, procureur du roy en la vicomté de Caen, a obtenu l. d'an. de Henry 3e du mois

---

763 Au lieu de Boucutrain, il faut probablement lire Bougueran. — Voyez le n° 768.

de janvier 1586, ver. le 10 juin aud. an, et en la cour le 4 aoust en suivant.

767. Pierre Allain, fils de Jacques et de dam^{elle} Renée de Tioult, parroisse de Douvre, vicomté de Caen a obtenu l. d'an. de Henry 3e du mois de janvier 1586, ver. ch. le 18 juin aud. an, et c. le 24 juillet en suivant.

768. Francois Mignot prenant le nom de Bougueran, sieur de Nilly et de St Amador, fils de Thomas, a obtenu l. d'an. de Henry 3e don. a Paris en janvier 1586, avec permission de changer led. nom de Mignot et prendre celui de Bougueran, en faveur de Mre Jean Bougueran, oncle, a la charge qu'il [signera] dans les escrits Francois de Bougueran dit le Mignot, ver. ch. le 20 juin 1586 et c. le 17 janvier 1587.

769. Pierre Philippes, sieur du Val d'Agranville, a obtenu l. d'an. du roy Henry 3e don. a Paris en janvier 1586, ver. ch. le 20 juin aud. an, et c. le 17 janvier 1587.

770. Mre Robert le Paige, advocat au bailliage de Gisors, sieur des fiefs de la Valée et des Descouppieres (*sic*), a obtenu l. d'an. du roy Henry 3e donnez a Paris en mars 1586, en consideration des services rendus par Mre Gabriel le Page, procureur general en la cour des aydes de Normandie, ver. ch. le 25 juin 1586, a la charge de payer aux collecteurs de la paroisse de St Gervais la somme de 100 escus sol d'indemnité, constituez en 10 escus sol. de rente, attendu qu'il avoit esté trouvé aux rolles des tailles a la somme de 2 s. pour le corps principal encor qu'il a apparu qu'il n'a rien payé. Porte pour armes au lion de sable rampant.

771. Mre Marin Benoist, sieur de Monceaux et de Blary, conseiller au parlement de Rouen, a obtenu l. d'an. de Henry 3e don. a Paris en mars 1586, ver. ch. le 22 aoust 1586, led. Benoist descendu de la maison de Ragny pretendue noble, l'arrest porte sans approuver lad. qualité de noble a lad. maison

---

770 Les armes sont écrites d'une autre main.

de Ragny; et porte pour ses armes un aigle de sable, en champ d'argent, becqueté et onglé d'or ; registrées en la cour des aydes le 19 decembre aud. an.

772. Mre Roger, sieur du Lion et des fiefs de Trouard, conseiller du roy et receveur general des finances a Caen, a obtenu l. d'an. de Henry 3e don. a Paris en mars 1586, ver. ch. le 5 may aud. an, et c. le 20 juillet en suivant.

773. Mre Charles de Becdelievre, escuyer, sieur de Sasilly (Sazilly) et de Grand Quevilly de Rouen, a presenté requeste a la chambre des Comptes de Normandie tendantes a ce que les l. d'an. de feu Guillaume de Becdelievre, de la ville de Loheac, en l'evesché de St Malo, a luy concedées par le feu duc Jean de Bretaigne en Nantes le 12 juillet 1442, ver. a Rennes en sa chambre des Comptes le 18 dud. mois et registrées es registres d'icelle, d'autant que la demeure dud. sieur de Sasilly et de ses enfants estoit en Normandie, veu touttes les pieces attachées a lad. requeste, ensemble la descente et la genealogie dud. Becdelievre, la chambre ordonna que lesd. lettres seroient registrées es registres d'icelles pour y avoir recours et servir aud. supliant ainsy qu'il apartiendra, fait le 5 de juin 1587. Nota qu'il y a eu information. Porte pour ses armes de sable a 2 croix treflées et fichées en chef et une coquille oreillée en pointe, le tout d'argent.

774. Nicolas le Pelletier, sieur de la Fosse et de Couvrechef, demeurant a Caen, et ayant commandé comme cappitaine le chateau dud. lieu, a obtenu l. d'an. du roy Henry 3e don. a Paris en mars 1587, ver. ch. le 17 juin aud. an, et c. le 24 octobre en suivant.

775. Mre Guillaume Godefroy, advocat en la cour de parlement de Rouen et greffier commis en icelle, Thomas Godefroy, chanoine de Bayeux, Gilles Godefroy, sieur de Grampcamp, et Marin Godefroy, sieur de la Saussaye, freres, ont presenté requeste a la chambre tendant a fin de verification et registrement des lettres patentes du roy du 11 febvrier 1586, par les-

---

772 B. dit Pierre Roger.

quelles sa majesté a evoqué a soy et a son conseil privé l'instance de veriffication des lettres patentes octroyées auxd. Godefroy, tant par iceluy seigneur que par le roy Charles dernier decedé, et ce faisant led. seigneur a maintenu lesd. Godefroy et chacun d'eux es privilleges de noblesse, et entant que besoing est, a iceux declaré nobles et extraits de noble race pour jouir par eux et leur posterité nez et a naistre en loyal mariage, a la charge touttefois de vivre par eux noblement; lesd. lettres ver. ch. le 13 may 1587, et c. le 13 aoust 1588.

776. Mre Jean Godard, sieur de Belbœuf, conseiller du roy, maistre ordinaire en sa chambre des comptes de Normandie, a obtenu l. d'an. de Henry 3e don. a Paris en juin 1587, ver. ch. le 7 aoust 1587 ; et porte pour ses armes deux molettes d'esperon d'or, un chevron rompu d'argent et une rose aussy d'argent, le tout en champ d'azur ; veriffiéés en la cour le 4 septembre aud. an.

777. Me Jean de Bougueran, receveur du domaine en la vicomté de Bayeux, natif de Fallaise, a obtenu lettres d'an. du roy Henry 3e en consideration de ses services, don. a Paris en mars 1587, ver. ch. le 7 aoust 1587. Il y eut deux informations, l'une faitte par un maistre des comptes en la ville de Bayeux et l'autre par le lieutenant du bailly pour la vicomté de Fallaize ou led. Bougueran avoit demeuré du precedent.

778. Coppie des rolles et listes des noms et surnoms de 18 personnes du nombre de 20 auxquels le roy a accordé l. d'an. suivant les lettres et declarations que Sa Majesté pour cet effect a fait expedier au mois de mars 1586 portant annoblissement de 20 personnes en son pays et duché de Normandie, envoyé en la chambre des comptes dud. lieu pour satisfaire a l'arest par elle donné sur la veriffication de lad. declaration, de facon qu'il n'en reste plus que deux a remplir dont les noms seront envoyez a lad. chambre si tost qu'ils seront expediez......... Robert Roger, Pierre Guerard, Jean de la Lande, Jean Benoist, Guillaume de Trollay, Jacques du Tertre, Richard Maloisel, Thomas le Breton, Guillaume Hue, Louis Benoist, Adrian le

Doux, Jacques du Buisson, Mre Marin Benoist, Ursin Pottier, Gilles Vautier, Pierre Hue, Robert Lambert, Thomas Pottier furent registrez le 22 juin 1587, a la charge que Sa Majesté seroit supliée d'envoyer au greffe d'icelle les noms et surnoms de ceux qu'elle entend comprendre au nombre de vingt.

779. Jean de la Lande, de la ville de Caen, a obtenu l. d'an. de Henry 3e du mois de novembre 1587, ver. ch. le 18 juin 1588, est du nombre des 20 annoblis par la verification, ver. le 22 juin 1587.

780. Cristophe de Varignon, sieur du Putot, demeurant parroisse de St-Estienne de Caen, a obtenu l. d'an. du roy Henry 3e du 8 mars 1586, ver. ch. le 28 juin 1588. Il est du nombre des 20 annoblis en consequence de la declaration, ver. le 22 juin 1587, quoy qu'il ne fust compris dans le rolle envoyé a la chambre qui ne contenoit que 18, mais il y avoit certificat du sieur Brette, chargé de l'expedition d'iceux.

781. Francois du Four, sieur du Fossé-Verry (Eurry) et du Vievre, conseiller nottaire et secrettaire du roy, issu et descendu en ligne directe de feu Pierre du Four, qui auroit obtenu lettres d'an. du roy Charles 7e et qui ont toujours porté les anciennes armes de la maison des du Fours, qui sont trois croissants avec une estoille d'or en champ d'azur, qui sont celles mesme de feu Pierre du Four donnez par led. feu roy Charles, led. Francois ayant obtenu l. d'an. du roy Henry 3e don. a Fontainebleau en juin 1582, portant confirmation des lettres dud. feu roy Charles en lad. qualité de noblesse, ver. ch. le 29 juillet 1588.

CRÉATION DE 12 NOBLES capitaines de Rouen annoblis en 1588. — Lettres patentes en forme d'edit du roy Henry 3e donnez a Rouen au mois de juin 1588 portant an. des 12 cappitaines commandant pour son service aux bourgeois de la ville de Rouen, leurs enfants nez et a naistre en loyal mariage pour en jouir

---

781 Voir le n° 220.

par lesd. cappitaines et leurs enfants suivant les lettres qui a cet effet leur en seront particulierement expediez et d'autant que dans led. nombre des 12, il y en a de race noble et de cette qualité, et affin qu'ils se puissent resentir de la liberalité de sa d. Majesté, elle veut et leur permet, comme pareillement a ceux des autres non nobles qui ne voudroient accepter led. tiltre de noblesse, qu'ils puissent chacun d'eux nommer tels de leurs parents ou amis dud. pays et province de Normandie qu'ils adviseront, taillables et non taillables, ainsy que plus au long le contiennent lesd. lettres verifiées au parlement de Rouen le 25 juillet 1588, et en la chambre le 30 dud. mois et an.

782. Pierre Morel, bourgeois de Rouen, pere de M⁰ Pierre Morel, conseiller du roy et maistre ordinaire en sa chambre des comptes de Normandie, et led. Pierre Morel, l'un des 12 cappitaines de la ville de Rouen, a obtenu l. d'an. du roy Henry 3ᵉ don. a Rouen en juin aud. an en consequence dud. edit, et ont esté ver. ch. le 30 juillet 1588, et c. le 13 d'aoust en suivant; et porte pour ses armes 3 roses avec un chevron d'or en champ de gueulle.

783. Gilles de Bretteville, sieur de Francourt, demeurant parroisse Sᵗᵉ Croix Sᵗ Ouen de Rouen, a obtenu l. d'an. de Henry 3ᵉ don. a Rouen en juin 1588, ver. ch. le 5 aoust aud. an 1588; et porte pour ses armes trois testes de lion d'or a gueulle bec et langue tirée en champ d'azur.

784. Guillaume Colombel, l'un des 6 conseillers eschevins de la ville de Rouen, a obtenu l. d'an. du roy Henry 3ᵉ don. a Rouen en juin 1588, ver. ch. le 1ᵉʳ aout 1588.

785. Jacques le Seigneur, sieur de Maromme, l'un des anciens conseillers eschevins de la ville de Rouen, a obtenu l. d'an. du roy Henry 3ᵉ don. a Rouen en juin 1588, ver. ch. le 19 aoust aud. an. Nota qu'il avoit esté député par les messieurs de ville aux etats de Blois et en juillet envoyé par Sa Majesté vers le roy de Navarre pour se trouver aud. estats.

786. Mʳᵉ Thomas Morand, conseiller du roy et receveur ge-

neral des finances a Caen, a obtenu l. d'an. du roy Henry 4e don. au camp de Clermont en Beauvoisin en septembre 1590, ver. ch. le 13 ou 17 janvier 1599; depuis a esté tresorier de l'epargne ; et porte pour ses armes trois signes blancs, le bec d'or, en champ d'azur.

787. Mre Pierre de Lennerac, conseiller au siege presidial de Caen, a obtenu l. d'an. du roy Henry 3e don. a Paris en may 1586, et autres lettres confirmatives et de surannation de Henry 4e don. a St Denis en France le 21 aoust 1590, ver. ch. a Caen le 19 novembre 1591 ; et porte pour ses armes trois sigognes d'argent becquetées et onglées de sable avec un chevron d'or rompu, le tout en champ d'azur ; et est du nombre des 20 annoblis creez par la declaration du 3 mars 1586, ver. le 22.... 1587. Nota qu'il obtint lettres pour reprendre le surnom de Lennerac au lieu de celui de Boulon (Bouillon) duquel il avait uzé au precedent; la veriffication des lettres de noblesse est du 11 avril 1587.

788. Vincent le Vasseur, sieur de Vaugoust, parroisse d'Annebault, vicomté d'Auge, a obtenu l. d'an. du roy Henry 4e don. a Mantes en mars 1590, et ver. ch. le 3 juin 1592 ; et porte pour ses armes 3 mollettes d'esperon d'argent en champ de gueulle et 2 espieux croisez en champ d'azur.

789. David Gallye, natif de la ville de Dieppe, procureur sindic des habitans et l'un des cappitaines en chef d'icelle ville, a obtenu l. d'an. du roy Henry 4e don. au camp de Dieppe en septembre 1589, et ver. ch. le 10 aoust 1592.

790. Adrian le Seigneur, sieur de Rouville (Reuville), Amontot et Vicquemare, a obtenu l. d'an. du roy Henry 4e don. a Dieppe en mars 1592, et ver. ch. le 19 septembre aud. an ; et porte pour ses armes de gueulles a la bande d'argent chargée de 3 tourteaux d'azur, a 2 testes de lion arachées et lampasées de l'un a l'autre.

791. Mre Pierre Gosselin, receveur des tailles en l'eslection de Coustance et cappitaine de 50 arquebuziers a cheval de

lad. ville, a obtenu lettres du roy Henry 4ᵉ don. au camp de Gournay en janvier 1592, ver ch. aud. an.

792. Jean le Petit, eschevin de Caen, a obtenu l. d'an. du roy Henry 4ᵉ don. au camp de Dieppe le 8 octobre 1592, ver. ch. le premier janvier aud. an; et porte pour ses armes 3 roses d'or en champ d'azur et un lion demy rampant en champ de gueulles.

793. Louis Ernault, sieur de Chantore, de la vicomté d'Avranche, a obtenu arest de la ch. le 8 juin 1593 par lequel acte luy est accordé de la presentation a icelle des lettres de noblesse par luy obtenues, ver. ch. de Paris le 13 mars 1579, et c. de Rouen le 15 decembre 1581.

794. Guillaume Bourdon, controlleur general des finances a Caen, a obtenu l. d'an. du roy Henry 4ᵉ don. au camp de Sentes en juin 1592, ver. ch. le 23 janvier 1593; et porte pour ses armes deux lions rampant contre un bourdon, le tout d'or en champ d'azur.

795. Boulleran de Bonnefons, sergent de la compagnie du sieur de la Veronne, gouverneur a Caen, y demeurant, donnez au camp devant Epernay en juillet 1592, et en la cour le 9 febvrier 1593.

CREATION DE 20 NOBLES. — Edit du roy Henry 4ᵉ don. a St Denis le 23 octobre 1592 par lequel led. seigneur annoblit en cette province de Normandie 20 personnes tant taillables que non taillables, pour pouvoir jouir par eux et leur posterité de tous honneurs, privilleges, franchises dont jouissent les autres nobles de ce royaume, en payant et delaissant toutesfois par ceux qui sont contribuables aux tailles semblable somme a fonder au lieu de leur demeure au lieu de celle a laquelle ils estoient cottisez par chacun an pour leur cotte part de la taille pour eviter la surcharge du pauvre peuple, ver. ch. le 15 mars 1594.

795 B. Julien au lieu de Boulleran.

796. Jacques Brunet sieur de Pallieres, homme d'armes de la compagnie du sieur de Beuvron, a obtenu l. d'an. du roy Henry 4e don. au camp de Songeons en janvier 1592, ver. ch. le 18 may 1593, demeurant parroisse de Quilly, vicomté de Fallaize.

797. Mr Guillaume de la Barre, conseiller maistre en la chambre des comptes de Normandie, a obtenu l. d'an. de Henry 4e, don. a Dieppe en juin 1594, et ver. ch. le 21 dud. mois 1593.

798. Tassin Blouet, eschevin de la ville de Caen, a obtenu l. d'an. don. au camp a Dieppe le 8 octobre 1589, et ver. ch. le 24 ou 14.... 1593.

799 Mre Pierre Costé, sieur de St Supplice, conseiller maistre en la chambre des comptes, a obtenu l. d'an. du roy Henry 4e don. a St Denis en France en juillet 1593, ver. ch. le 30 aoust aud. an; et porte pour ses armes 3 coquilles d'or, un chevron d'argent rompu, le tout en champ d'azur.

800. Mre Pierre Morel, sieur de Garcalles (Garcelles), receveur des tailles en l'election de Caen, a obtenu l. d'an. du roy Henry 4e don. a Mantes en may 1593, ver ch. le 4 octobre aud. an.

801. David Mainet, l'un des eschevins et cappitaine chef de la ville de Dieppe, a obtenu l. d'an. du roy Henry 4e don. a Chartres le 23 decembre 1592, ver. ch. 1593. Nota qu'il y a eu autres lettres don. a St Germain en Laye le 28 may 1638 en faveur de Mre David Mainet, vicomte de Rouen, et Charles Mainet, escuyer, son frere.

802. Francois Cochon, bourgeois d'Exmes, a obtenu l. d'an. du roy Henry 4e don. a St Denis en juillet 1593, ver. ch. le 11 janvier 1594.

803. Mre Nicolas le Paumier, conseiller au presidial de Alencon et conseiller a l'eschiquier dud. lieu, a obtenu lettres d'an.

802 Voyez l'article 366 qui parait être le même.

du roy Henry 4ᵉ donnez a Mantes en juillet 1593, ver. ch. le 15 mars 1594 ; et porte pour ses armes 3 tourteaux de gueulles sur une bande d'argent et un lion rampant d'or en champ d'azur.

804. Mᵉ Jean Morand, l'un des cappitaines de la ville et fauxbourgs de Caen, a obtenu l. d'an. du roy Henry 4ᵉ don. a Mantes en janvier dernier, ver, ch. le 18 mars 1594.

805. Jean Villei, sieur de Montigny, demeurant a Caen, a obtenu l. d'an. du roy Henry 4ᵉ don. a Mantes en may 1593, ver. ch. le 15 avril 1594.

806. *Répétition du n° 194.*

807. Mᵉ Pierre Fortin, sieur du Mesnil, president en l'election de Fallaize, a obtenu l. d'an. du roy Henry 4ᵉ don. a St Denis en juillet 1593, ver ch. le 13 aoust 1594, a la charge de payer d'indemnité 50 l. constituez en 3 l. de rente pour les habitans de Fallaise.

808. *Répétition du n° 214.*

809. Jean Lhomme, sieur de Roullin, demeurant a Claville sur Cany, a obtenu l. d'an. du roy Henry 4ᵉ don. a Fontainebleau en octobre 1594, ver. ch. le 14 febvrier 1595, a la charge de payer d'indemnité la somme de 100 esculs sol. aux habitans de Claville, constituez en 10 escus de rente.

810. Mᵉ Eustache de St Yon, conseiller du roy, et maistre ordinaire en la chambre, a obtenu l. d'an. du roy Henry 4ᵉ don. a Paris en septembre 1594, ver. ch. le 15 mars 1595.

811. Guillaume le Febvre, sieur de la Chaussée, gendarme de la compagnie du sieur comte de Thorigny, demeurant a Treauville, vicomté de Valognes, a obtenu l. d'an. du roy Henry 4ᵉ don. au camp devant Clermont en septembre 1590, ver. ch. le 19 juin 1595.

812. Mʳᵉ Jean le Breton, controlleur general des finances a

805 B. Villy.

Caen, a obtenu l. d'an. du roy Henry 4e don. a Paris en septembre 1594, ver. ch. le 6 juillet 1595.

813. Mre Jacques du Prey, vicomte de St Silvin et le Tuit, demeurant parroisse de Fontenay sur Laize, vicomté de Fallaize, a obtenu l. d'an. du roy Henry 4e don. au camp devant Buzy en may 1592, ver. ch. le 6 juillet 1595.

814. Nicolas du Fou, vicomte de Febcamp et cappitaine de la compagnie des gens de pied au regiment du sieur chevalier Doize, a obtenu l. d'an. du roy Henry quatrieme don. a St Germain en Laye en novembre 1594, ver. ch. le 24 juillet 1595, a la charge de payer d'indemnité 33 l. un tiers aux habitans de St Fremont, vicomté de Montiviller, constituez en trois livres un tiers de rente.

815. Vincent Pery, demeurant a Bayeux, a obtenu l. d'an. du roy Henry 4e don. a Paris en septembre 1594, ver. ch. le 9 aoust 1595.

816 Jacques le Dannois, bourgeois de Dieppe, a obtenu l. d'an. du roy Henry 4e don. a St Denis en juillet 1593, ver. ch. 1595.

817. Me Jean Berruyer, secretaire ordinaire de la chambre du roy, commissaire ordinaire de la marine du Ponant et cappitaine de St Pierre du Port (en Port) et des Grandes Dalles en Caux, a obtenu lettres du roy Henry 3e don. a Rouen en juin 1588, ver. le 18 septembre 1595.

818. *Répétition du n° 656.*

819. Mre Jacques Bellet, sieur de Petit Mont, procureur du roy en l'election de Rouen, a obtenu l. d'an. du roy Henry 4e don. a Fontainebleau en may 1595, ver. ch. le 3 avril 1596.

820. Charles du Mont, sieur de Vassovie, demeurant a Hon-

---

814 B. Du Four, au lieu de du Fou. Il n'y a pas de paroisse de St Fremont dans la vicomté de Montivillier.

819 Répétition avec quelques changements du n° 219.

fleur, a obtenu l. d'an. du roy Henry 4ᵉ don. a Follembry en janvier 1596, ver. ch. le 8 juillet aud. an.

821. Mʳᵉ Anthoine de la Mare, conseiller du roy et auditeur en sa chambre des comptes de Normandie, a obtenu l. d'an. de Henry 4ᵉ don. a Paris en mars 1590, ver. ch. le 7 decembre 1596, et autres lettres de decharge en 1609.

822. Mʳᵉ Anthoine Poussin, l'un des medecins ordinaires du roy, demeurant a Chaumont pres Magny, a obtenu l. d'an. de Henry 4ᵉ don. au camp devant Laitere (la Fere) en mars 1596, ver. ch. le 11 decembre aud. an.

823. *Répétition du n° 223*, en ajoutant : d'indemnité 10 l. [de rente] aux habitants de Notre Dame des Champs racquittable par 100 l.

824. Mʳᵉ Toussainct Puchot, sieur du Plessis, conseiller du roy et maître ordinaire en sa chambre des comptes, a obtenu l. d'an. du roy Henry 4ᵉ don. a Rouen en novembre 1596, ver. ch. le 20 decembre aud. an. Porte pour armes d'azur a l'aigle d'argent deployé a 2 testes, au chef d'or, a 1 roze de gueulle.

CRÉATION DE 10 NOBLES EN 1594. — Edit du roy Henry 4ᵉ donné a Paris au mois d'octobre 1594 contenant création de 10 nobles en Normandie, pour la finance qu'il proviendra estre payée ainsy qu'il est plus a plein contenu aud. edit, verifié en la chambre le 31 decembre 1595.

825. Jean de Croisy, sieur du Theil, president en l'election de Bernay, a obtenu l. d'an. du roy Henry 4ᵉ don. a Paris en juin 1608, et moyennant la somme de six cents livres de finance, ver. ch. le 14 mars 1609.

CRÉATION DE 20 NOBLES EN 1593. — Edit du 23 octobre 1592. *Répétition de ce qui suit le n° 795.*

826. Jean d'Allechamps, sieur de Navarre, bourgeois de Caen, a obtenu l. d'an. de Henry 4ᵉ don. a Nantes au mois de may 1593 en consequence dud. edit, ver. ch. le 13 juillet 1593 ; finance 600 l.

827. Henry Mabrée, bourgeois de Caen, a obtenu l. d'an.

du roy Henry 4ᵉ don. a Mantes au mois de may 1593, en consequence dud. edit, ver. ch. le 10 juillet 1593 ; finance 600 l.

828. Jean Lucas l'aisné, sieur de Clermont, demeurant en la parroisse de Clermont, vicomté d'Auge, a obtenu l. d'an. du roy Henry 4ᵉ don. a Mantes en may 1593 en consequence dud. edit, ver. ch. le dernier juillet aud. an, a la charge de payer 153 l. d'indemnité a lad. parroisse, constituez par luy en 13 l. 10 s. de rente.

829. Mʳᵉ Pierre de Cahaigne, greffier au bureau des finances a Caen, a obtenu l. d'an. de Henry 4ᵉ en juin 1593 en consequence dud. edit, ver. ch. le 14 aoust aud. an, et ce moyennant 600 l. de finance.

830. Robert Gosse, sieur des Chateaux, demeurant parroisse de Goret (Gerrots), vicomté d'Auge, [a obtenu l. d'an.] don. a Mantes, en juin 1593 en consequence dud. edit, ver. ch. le 3 septembre aud. an, moyennant 700 l. de finance, et d'indemnité, 150 l., a la decharge de la parroisse de Guerres (Gerrots), constituez en 15 l. de rente.

831. Mʳᵉ Guillaume Pannier, conseiller au siege presidial de Coustance, a obtenu l. d'an. du roy Henry 4ᵉ don. a Mantes en may 1593 en consequence dud. edit, moyennant la somme de 600 livres de finance, ver. ch. le 6 septembre 1593, et demeuroit parroisse de Sᵗ Michel de Vaussel, de la bourgeoiserie de Caen.

832. Jean Bridet, sieur des Forges, a obtenu l. d'an. du roy Henry 4ᵉ don. a Mantes en may 1593 en consequence dud. edit, moyennant 700 l., ver. ch. le 6 octobre aud. an, a la charge de payer d'indemnité aux habitants de la parroisse de Claire Fougere la somme de 100 l., constituez en 10 l. de rente, vicomté de Virres.

833. Pierre Turpin, sieur de Condé, du Fief Morel, demeurant a Hotot en Auge, a obtenu l. d'an. du roy Henry 4ᵉ don. a

831 B. au présidial de Caen.

Mantes en may 1593 en consequence dud. edit, moyennant 700 l., ver. ch. le 12 octobre 1593, a la charge d'indemnité a la somme de 300 l., constituez par luy en 30 l. de rente ; et porte pour ses armes 3 pommes de pin avec un chevron d'or en champ d'azur.

834. Jean Castel, sieur de Feron, controlleur du domaine de Carenten, a obtenu l. d'an. du roy Henry 4e don. a Mantes en juin 1593 en consequence dud. edit, moyennant 600 l. de finance, ver. en la chambre le 15 novembre aud. an, et d'indemnité payer 160 l., constituez en 10 l. pour la parroisse de St Supplis dud. lieu.

835. Mre Louis des Peronnes, sieur de Hacqueville et de Cavel, demeurant a Grainville, a obtenu l. d'an. du roy Henry 4e don. a Mantes en juin 1593 en consequence dud. edit donné a St Denis en octobre 1592, moyennant 600 l. de finance, ver. ch. le 24 novembre 1593 ; et porte pour ses armes 3 croisettes de sable avec un chevron rompu de gueules, dans lequel sont 3 roses d'argent, le tout en champ d'azur.

836. Jean Noel, sieur de Groussy, bourg de Periers, election de Carenten, a obtenu l. d'an. du roy Henry 4° don. a Mantes en juin 1593 en consequence dud. edit, moyennant 700 l. de finance, ver. le 29 novembre aud. an, et pour l'indemnité de la parroisse de Periers 250 l., constituez en 25 l. de rente.

837. Guillaume des Vaux, sieur du lieu, parroisse de Cahan, vicomté de Virres, a obtenu l. d'an. du roy Henry 4e don. a Mantes en may 1593 en consequence dud. edit, moyennant 700 l. de finance, et d'indemnité 266 l. aux habitants de Cahan, constituez par luy en 26 l. 2 tiers de rente.

838. Mre André Avenette, lieutenant du bailly de St Sauveur Landelin, a obtenu l. d'an. du roy Henry 4e don. a Man-

---

835 B. Acqueville, et Granville, au lieu de Grainville.
838 On trouve Hudimesnil dans la Manche. Peut-être faut-il lire Vaudrimesnil qui touche Saint-Sauveur - Lendelin. B. Advenette au lieu d'Avenette.

tes en juillet 1593, en consequence dud. edit, moyennant 600 l. de finance, ver. ch. le dernier janvier 1594, d'indemnité aux habitans d'Heudimesnil 66 l. constituez en 8 l. 2 tiers de rente.

839. Mre Guillaume Cordon, sieur de la Lande, esleu a Mortaing, a obtenu l. d'an. du roy Henry 4e don. a Mantes en juillet 1593 en consequence dud. edit, moyennant 600 l. de finance, ver. ch. le 26 mars 1594.

840. Jean de Melun, sieur de Longuemare, de la parroisse de St Nicolas de Gramdcamp, vicomté de Bayeux, a obtenu l. d'an. du roy Henry 4e don. a Mantes en may 1593, ver. ch. le 7 dud. may 1610 en consequence dud. edit, moyennant 600 l. de finance, et d'indemnité 400 l. pour la parroisse de St Nicolas de Grandcamp, constituez par led. sieur en 40 l. de rente, et a payé suplement.

841. Mre Thomas Mustel, conseiller du roy et maistre ordinaire en sa chambre des comptes de Normandie, a obtenu l. d'an. en consideration de ses services don. a Fontainebleau en may 1593, ver. ch. le 13 janvier 1597.

842. *Repétition du n° 264.*

843. Jean Tourneroche, monnoyeur en la garnison de Rouen, a obtenu l. d'an. du roy Henry 4e don. a Rouen en decembre 1596 en consideration de ses services, sans finance, ver. ch. le 10 febvrier 1597.

844. Jean Morel, sieur d'Esquenneville, demeurant parroisse de Gonfreville le Caillot, election de Montiviller, sieur de la Chesnaye, homme d'armes de la compagnie du sieur de la Fervacques, a obtenu l. d'an. du roy Henry 4e don. a Fontainnebleau en may 1595 en consideration de ses services, ver. le 27 febvrier 1597.

---

843 Ce numéro paraît être le même que le n° 249, Un Tourneroche figure dans la recherche de 1666.

844 Esquenneville nous est inconnu. C'est peut-être une mauvaise lecture.

845. Mre Jean des Minieres, sieur de Boisbelle, maitre particulier des eaux et forest de la ville de Rouen, en consideration de ses services, a obtenu l. d'an. du roy Henry 4ᵉ don. a Rouen en may 1596, ver. ch. le 12 dud. mois 1597.

846. *Répétition du n° 645.*

847. Ozias de Boniface, natif de la ville d'Avignon, au Comptat de Venize (Venaissin), a present mestre de camp d'un regiment de gents francois pour le service du roy et cappitaine du fort de Ste Catherinne de la ville de Rouen, a obtenu lettres de naturalité du roy Henry 4ᵉ don. a Rouen en octobre 1596, ver. ch. le 28 juillet 1597.

848. Henri de Questres, sieur de Travailles, gendarme de la compagnie du sieur d'Allencourt, demeurant parroisse d'Auteverne, election d'Andely, a obtenu l. d'an. du roy Henry 4ᵉ en consideration de ses services don. a Rouen 1596, ver. ch. le 13 octobre 1597, et a payé d'indemnité pour la decharge des habitans d'Auteverne 50 l. constituez par luy en 2 l. 30 s. de rente.

849. Mre Jean Brevedent, sieur de l'Orage et de St Nicolas, conseiller au siege presidial de Rouen, a obtenu l. d'an. du roy Henry 4ᵉ en decembre 1596 a la nomination de René de Brevedent, escuyer, sieur de Vannecrocq, cy devant l'un des 12 cappitaines en la ville de Rouen, suivant l'edit des 12 cappitaines donné du mois de juin 1588, lesd. lettres portants confirmation d'ancienne noblesse aud. Mre Jean de Brevedent, entant que besoing est ou seroit tout de nouveau annobly, ver. ch. le 17 janvier 1598.

850. Romain et Jean dits Baillard freres, demeurant a Argenten, ont obtenu l. d'an. du roy Henry 4ᵉ tant en consideration de leurs services que ceux de leur pere, don. a Paris en septembre 1594, ver. ch. le 12 juin 1598, a la charge de 50 l.

---

848 C'est la répétition avec quelques additions du n° 259.
849 B. Boscage, au lieu de l'Orage.
850 B. Billard, au lieu de Baillard.

d'indemnité a la decharge d'Argenten constituez en 5 l. sol de rente, racquitable en la presence (sic) desd. sieurs Baillard.

851. Mre Robert Botterel, sieur de Boisnormand, controlleur general du taillon a Caen et l'un des cappitaines de lad. ville, a obtenu l. d'an. du roy Henry 4e don. a Rouen en janvier 1597, en consideration de ses services, ver. ch. le 18 octobre 1598.

852. Pierre le Forestier, sieur de la Cheminette et de Seuselay (Millay), Jacques et Laurens le Forestier, ses enfants, homme d'armes de la compagnie du sieur de Carouge, demeurant paroisse de Chambelac, vicomté d'Orbec, eslection de Bernay, y demeurant, ont obtenu l. d'an. de Henry 3e don. a Paris en febvrier 1588 et autres lettres de relief et de surennation de Henry 4e don. a Paris le 24 mars dernier, ver. ch. le 18 juin 1599.

853. Gilles et Jacque d'Outresoulle, sieurs du lieu, fils de Pierre, dit Battard de Magneville, ont obtenu lettres de legitimation et maintenue de noblesse du roy Henry 2e don. a Gentilly 1552 s'il apparoissoit que led. feu Pierre surnommé le Battard de Magneville fust issu de Mre Artus de Magneville, chevalier de l'ordre du roy, baron de la Haye du Puis, suivant la declaration faite devant le lieutenant general au bailliage de Costentin, et autres lettres de relief d'adresse et de surennation du roy Henry 4e du 10 mars 1599, ver. ch. le 18 juin aud. an, a la charge de porter par lesd. d'Outresoulle les armes de Magneville barrées et de payer a la recette generale des finance a Rouen la somme de 10 escus. Nota que led. d'Outresolle n'avoient obtenu qu'une simple lettre adressée au bailly de Costentin pour jouir des benefices, et qu'ils ont obtenu d'autres lettres de renvoy faict a la cour par les commissaires deputez pour le reglement des tailles en la generalité de Caen.

854. Valentin Blouet, sieur de la Malheudiere, a obtenu l. d'an. de Henry 4e don. a Paris au mois d'aoust 1598, ver. ch.

852 Voyez le n° 305.

le 18....1599, à la charge de payer d'indemnité aux habitans de Chefresne....., constituez en 10 l. de rente.

855. Vincentio Strozzy, gentilhomme italien, natif de Florence au duché de Toscanne, a obtenu l. d'an. du roy Henry 4e don. a Blois en aoust 1598, ver. ch. le 11 septembre 1598.

856. Mre Nicolas des Hays, advocat en la vicomté d'Orbec, a obtenu l. d'an. du roy Henry 4e don. a Rouen en novembre 1596, ver. ch. le... may 1600, a la charge de payer 100 l. d'indemnité aux habitans de Vespiere en 10 l.

857. Francois del Campo, gentilhomme neapolitain, l'un des escuyers de la grande escurie de Sa Majeste et maitre de l'academie de cette province, a obtenu l. de naturalité du roy Henry 4e don. a Paris en decembre 1598, ver. ch. le...1599.

858. *Répétition du n° 322.*

859. Jacques le Meunier, sieur de la Rive, demeurant au Vaudreuil, vicomté du Pont de l'Arche, a obtenu l. d'an. du roy Henry don. a Paris en mars 1604 en consideration de ses services, a la recommandation du sieur de Roullet, ver. ch. le 26 juin 1604.

860. Jean de Pottard, sieur de l'Isle, a obtenu lettres patentes du roy Henry 4e don. a Paris le 10 avril 1604 pour estre maintenu en la qualite de noble, nonobstant que Jean de Pottard, son pere ne soit qu'un fils naturel de Jean de Pottard, escuyer, sieur de Grumesnil et de Brisemont, et avec lettres dud. seigneur roy par lesquelles il veut que nonobstant qu'il ne fist appercevoir lettres de legitimation de son pere perdues durant les guerres, il jouisse de lad. qualité de noble, pourvu qu'il apparoisse que lesd. de Potard ayent tousjours vescu noblement et sans desroger, lesd. lettres don. a Paris le 15 octobre 1588, ver. ch. le 19 decembre 1612.

861. Jean Heudier, sieur de Carlette, annobly par Henry 4e

---

856 C'est la répétition du n° 321 avec quelques additions.
857 Répétition du n° 316 avec quelques modifications.

pour recompense de ses services don. a Paris en janvier 1601, ver. ch. le 13 aoust 1603, demeurant parroisse de Brucourt, vicomté d'Auge.

862. Pierre Bunel, sieur de Tessey, fils de Jean Bunel, vivant sieur de Crespon, demeurant a Bayeux, a obtenu l. d'an. du roy Henry 4e donnez a Chartres en mars 1594, ver. ch. le....et cour le 16 aoust aud. an; au 11e vol, fol. 14; sans finance.

863. Jean de Corday, fils naturel de Jacques, escuyer, et de Catherine Duval, ses pere et mere, lors seuls et non mariez, parroisse de Mesnil Glaize, vicomté de Fallaize, a obtenu lettres de legitimation du roy Henry 4e, don. a Paris en janvier dernier, et receu a tous honneurs et tiltres de noblesse, ver. en lad. chambre le 10 septembre 1607, seullement pour la legitimation et sans aucun droit de succeder aux biens de sesd. parents, avec lettres de jussion obtenues par led. Jean pour la reservation de qualité d'escuyer, donnez a Paris en decembre 1607, ver. en la chambre le 14 mars 1608, a la charge de porter ses armes barées a la difference de Jacques de Corday, son pere.

864. *Répétition du n° 379.*

865. *Répétition abrégée du n° 387.*

866. M. André Voisinne, sieur de la Riviere, advocat et procureur fiscal au conté et haute justice de St Pierre sur Dive, demeurant parroisse de St George en Auge, vicomté d'Argenten, a obtenu l. d'an. du roy Henry 4e don. a Paris en febvrier 1598, ver. en ch. au mois de juin 1610.

867. Guillaume de Meillibusc, demeurant au Havre de Grace, a obtenu l. d'an. du roy Henry 3e don. a Paris en aoust 1587 et c. le..... 1588, ver. ch. le 26 aoust 1610 ; information s'il n'y eut esteinte ligne et que le sieur de Crasmesnil a epouzé son heritiere.

---

866 C'est la répétition avec des additions du n° 356 qui écrit André Voisné.

867 B. ajoute qu'il était natif de Pretot.

868. Nicolas Marne, sieur de Marneval, demeurant parroisse de Limarre, vicomté de Caudebec, a obtenu l. d'an. du roy Henry 4e don. a Monceaux en novembre 1597, ver. ch. le 15 d'octobre 1610; a payé suplement du 8 mars 1610.

869. Jean de la Croix, sieur de Meusement (Nuissement), demeurant a Berteauville, bailliage de Caux, a obtenu l. d'an. du roy Henry 4e don. a Paris en mars 1595, a la nomination du sieur de Grossy, conseiller en la cour de parlement de Rouen et l'un des cappitaines de lad. ville, en consequence de l'edit du mois de juin 1588 des 12 cappitaines de la ville, avec permission que ceux qui ne voudroient se servir du privillege qu'ils pouroient nommer de leurs amis ; lesd. lettres ver. en la chambre le 8 juin 1608; a payé suplement le 10 novembre.

870. Ursin Pottier, sieur de la Pommeraye, demeurant aud. lieu, lieutenant au bailliage de Coustance, a obtenu l. d'an. du roy Henry 3e don. a Paris en mars..... ver. ch. le 11 decembre 1610 ; et porte pour ses armes 3 croix d'argent au champ de gueulles, registrées c. le 12 novembre 1587.

871. Robert le Maigre, viconte d'Ourville, sieur du Chesnay, a obtenu l. d'an. du roy Henry 4e don. a Paris en mars 1597, ver. ch. le 21 dud. mois 1611, et payé pour indemnité a lad. par. d'Ourville, bailliage de Caux, 50 l., et a payé suplement ; ligne esteinte ; Mre Bigot Sous Mesnil et la Blandinaire ont epouzé ses filles.

872. Mre Guillaume Haslé, conseiller referendaire en la chancellerie de Rouen, auparavant procureur en lad. cour, annobly par lettres d'Henry 4e don. a Rouen en novembre 1596, et en la cour le 21 juin 1611; a payé suplement.

868 C'est une répétition du n° 311 mais que ne détruit point l'incertitude des noms. Il n'y a pas de paroisse de Limare dans la vicomté de Caudebec. Voyez le n° 1088.
869 Voyez le n° 234.
871 Voyez le n° 416.
872 B. Halley.

873. Guillaume Ravend, sieur de Gruchy, premier cappitaine du regiment de St Denis, annobly par lettres de Henry 4e don. a Gizors en juin 1591, en consideration de ses services, ver. ch. le 22 novembre 1611; a payé suplement pour en jouir par Jean Ravend, lieutenant civil et criminel en la ville de Carenten, et ses freres et sœurs, enfants dud. Guillaume, le 22 novembre aud. an.

874. Thiery des Marets, sieur de Bos le Borgne, a obtenu l. d'an. en consideration de ses services faits au feu roy en recommandation du sieur comte de Soissons, du roy Louis 13e, don. a Fontainebleau en octobre, ver. ch. le 19 decembre 1611.

875. Guillaume Lesdo, sieur de Beaumare, demeurant a Cleville, bailliage de Caux, vicomté de Caudebec, a esté annobly par Louis 13e par lettres don. a Paris 1610 en consideration de ses services, ver. ch. le 23 may 1612.

876. Arrest du conseil du 3 febvrier 1580 donné entre Robert Morin, sieur de Caieul, Charles Morin, sieur de Benneville, et Henry Morin, sieur de Vaugueron, d'une part, les esleus de Caen et le procureur general de la cour de parlement, d'autre, pour estre lesd. Morin maintenus en leurs tiltres de noblesse; lettres patentes du roy sur led. arest du 4 juillet 1606, pour estre Jacques Morin, etc., maintenus en leur tiltre et qualité de noblesse, registrées en la cour, pour en jouir, le 7 septembre 1612.

877. Lettres de legitimation du mois de mars 1606 et autres lettres de declaration du roy pour faire jouir des privilleges de noblesse Francois de Dreux, fils naturel de Mre Jean de Dreux, chevalier de l'ordre du roy, gentilhomme de la chambre, sieur de Mauny, et de Henriette Leroy, ses pere et mere, ainsy que sond. pere [l'a declaré]; ver. ch. le 27 juin 1613, a la charge de porter ses armes barées, et ne pourra succeder aux biens de pere et de mere que du consentement des interessez.

874 B. des Mares.

878. *Répétition du n° 641.*

879. Henry Archier, sieur de Tourqueville (Turqueville), demeurant parroisse de Marigny, bailliage de Costentin, a obtenu l. d'an. du mois de decembre 1582, ver. ch. le 7 decembre 1613, a la charge de 80 l. d'indemnité pour la parroisse de Marigny; a payé suplement; ver. en la cour le 24 octobre 1587; autres lettres du 6 febvrier et du 12 avril 1585.

880. René le Din, sieur de la Challerie, demeurant en la ville de Donfrond, a obtenu l. d'an. ou relevement d'ancienne noblesse du mois de janvier 1611, ver. ch. le 17 novembre 1614.

881. Charles de la Varde, sieur de la Varanne et du Buisson, demeurant parroisse Ste Croix de Bernay, a obtenu l. d'an. du mois de decembre 1596, ver. ch. le 15 mars 1614; a payé suplement. Porte pour ses armes de sable a 2 molettes d'esperon d'or et une epée nue d'argent, la pointe en hault.

882. Francois Lieuré, sieur de la Fonteine, demeurant a St Sauveur le Viconte, de Valogne, a obtenu l. d'an. du mois d'aoust 1594, ver. ch. le 17 novembre 1614; a payé suplement.

883. Charles de Langouges, fils naturel de Charles de Langouge, sieur de Flexanville, de dam^{elle} Jacqueline de Lianastre, lors seuls et non mariez, a obtenu lettres de legitimation de pouvoir jouir des privilleges de noblesse comme s'il eust esté né en loyal mariage, du mois de febvrier 1615, ver. ch. le 16 juin 1615.

884. Nicolas le Truon, archer des gardes du corps du roy, a obtenu l. d'an. du mois de novembre 1596, ver. ch. le dernier jour de juin 1615, de St Martin de Ville sur la Mer, election du Pont l'Evesque.

---

880 Voyez le n° 424.
881 B. de la Varende, au lieu de la Varanne.
882 Voyez le n° 443.

885. Mre André de la Fontaine, sieur de St André de l'Espinne, demeurant a St Lo, a obtenu l. d'an. du mois de janvier 1594, ver. ch. le 14 aoust 1619.

886. Nicolas Dumont, sieur d'Espinay, conseiller eschevin de la ville de Rouen, a obtenu l. d'an. du mois de juillet 1618, ver. ch. le 14 aoust 1619.

887. Anthoine Gueroult, conseiller eschevin de la ville de Rouen, a obtenu l. d'an. a Paris en juillet 1618, ver. ch. le 7 septembre 1619, et c. le 15 decembre 1646.

888. Mre Gentian Thomas, conseiller du roy et maistre ordinaire en sad. chambre, a obtenu l. d'an. du mois de juillet 1620, ver. ch. le 28 juillet 1620, et c. le 3 may 1653.

889. Julles Pocolo, sieur de Terrasina, gentilhomme neapolitain, resident au Pontorson, a obtenu lettres de naturalité du mois d'aoust 1647, ver. ch. le 28 dud. mois et an.

890. Mre Pierre Gueudeville, procureur sindic de la ville de Rouen, a obtenu l. d'an. du mois de juillet 1620, ver. ch. le 18 janvier 1621.

891. Guillaume Bauches, sieur des Hardis, demeurant a Caen, a obtenu l. d'an du mois de febvrier 1597, ver. ch. le 12 may 1621.

CREATION DE 12 NOBLES DU MOIS DE JANVIER 1594. — Edit du mois de janvier 1594 portant creation de 12 annoblis en Normandie, ver. ch. le 1er avril en suivant.

892. Jean Piélevé, sieur de la Picardiere et de Rougeval, vicomté de Bayeux, a obtenu l. d'an. du mois de juillet 1594 en consequence dud. edit, ver. ch. le 11 may 1595, d'indemnite 40 l. par chacun an aux habitans de la parroisse de Montfreville racquittable par 500 l., registrées en la cour le 3 decembre 1594, aud. 11 vol., fol. 130; finance 700 l.

---

885 Voyez le n° 204 qui parait se rapporter à la même personne.
889 B. Pancolo ou Panneslo.
890 B. Gonteville.

CREATION DE HUICT NOBLES du mois de may 1594. Edit de creation de 8 annoblis en Normandie du mois de may 1594, ver. ch. le 1er febvrier aud. an.

CREATION DE 12 NOBLES du mois de juillet 1595. Edit de creation de 12 annoblis en Normandie du mois de juillet 1595, ver. ch. le..... 1595.

CREATION DE 10 NOBLES du mois de decembre 1609. Edit de creation du mois de decembre 1609 de 10 annoblis en Normandie, ver. ch. le 26 mars 1610.

893. Mre Jacques le Cordier, sieur de Maloisel, advocat du roy au Pont l'Evesque, a obtenu lettres de confirmation de noblesse du mois de janvier 1597 pour en jouir ainsy que ses predecesseurs, ver. ch. le 15 mars 1622.

894. Mre Jacques du Not, sieur d'Armonville, esleu a Fallaize, et Nicolas du Not, sieur de Quesné, freres, ont obtenu l. d'an. du mois de mars 1622 en consideration des services de feu Thomas du Not, leur père, l'un des principaux habitans de St Pierre sur Dyves, ver. ch. le 11 may aud. an. Porte pour ses armes de gueulles au chevron d'or, acompagné de 3 merlettes d'argent, au chef d'argent, chargé de 3 roses de gueulle.

895. Robert d'Espagne, homme d'armes de la compagnie des gendarmes de Cœsar de Vendosme, parroisse de Caugrey (Caugé), vicomté d'Evreux, a obtenu l. d'an. du mois de janvier 1596, ver. ch. le 20 febvrier 1623.

896. Jean de Gouet, sieur de la Gosseliere, parroisse de Beaufou, vicomté d'Auge, a obtenu l. d'an. don. a Rouen en janvier 1597, ver. ch. le 11 avril 1623, a payé suplement, registré c. le 28 juin 1648.

897. Berthellemy Hallé, sieur de Haulle, a obtenu l. d'an. du mois d'aoust 1595, ver. ch. le 6 novembre 1623, led. Hallé ancien conseiller et eschevin de la ville de Rouen.

898. Jacques Helie, conseiller eschevin de la ville de Rouen, avoit obtenu l. d'an. du mois de juillet 1618 pour recompense

de services, estant eschevin en 1618 lorsque Louis 13 vint a Rouen, elles n'ont esté verifiées en lad. chambre que le 9 febvrier 1643, avec lettres de surennation ver. c. le 15 decembre aud. an 1643.

899. Artus l'Evesque, sieur des Marets, de Vallognes, controlleur de la maison de la reine, annobly pour recompense de ses services par lettres don. a Monceaux en septembre 1642, ver. ch. le 5 may 1648, et c. le 4 febvrier 1645.

900. Charles Durand, sieur de Littetot (Lilletot), lieutenant civil et criminel du bailly de Rouen pour le siege du Ponte Audemer, fils de feu Mre Anthoine Durand, sieur de Littetot, aussy lieutenant civil et criminel aud. Ponte Audemer, a obtenu l. d'an. pour recompense de ses services en juin 1643, et en la cour le 12 octobre 1644.

901. Me Charles le Grix, lieutenant du vicomte du Ponte Audemer, a obtenu l. d'an. don. a Paris en octobre 1643, ver. ch. le 16 janvier 1644 et c. le 27 febvrier aud. an.

902. Jean des Perriers, sieur de Coursy, lieutenant du grand prevost de Normandie au bailliage d'Evreux, et Louis des Perriers, gendarme de la compagnie du roy, freres, ont obtenu l. d'an. don. a Paris en juillet 1643, ver. ch. le 21 janvier 1644, et c. le 26 octobre 1644.

903. Mre Jacques Chambellan, grenetier au grenier a sel de Caudebec, cappitaine des bourgeois de lad. ville, a obtenu l'. d'an. don. a Paris en decembre 1643, ver. ch. le 23 febvrier 1644, et c. le 6 avril 1644.

904. Mre Olivier Hourdet ou Oudet, cappitaine sur la gallere Fourbin a Marseille, et Francois Hourdet, son frere, aide major au regiment de Roncherolles, natifs de St Victor de Crestienneville pres Bernay, ont obtenu l. d'an. don. a St Germain en Laye, pour recompense de services tres bien verifiés, en decembre 1642, ver. ch. le 24 febvrier 1644, et c. le 2 mars aud. an.

905. Mre Jacques Hersent, advocat en la cour des Aydes de

Rouen, et demeurant en lad. ville, a obtenu l. d'an. don. a Paris en febvrier 1644; prestollé pour recompense de services d'avoir asisté de ses advis ceux qui manioient les affaires du roy en cette province et les traittans, ver. ch. le 13 avril 1644, et c. le 9 avril aud. an.

906. Mre Jean Tiremois, sieur des Marets, et Gratian de Tiremois, sieur de Sassy, d'Argenten, ont obtenu l. d'an. don. a Paris en febvrier 1644, ver. ch. le 10 avril aud. an, et c. le 13 dud. mois et an.

907. Louis Bonnel, sieur de Cantabrun, de Caen, a obtenu l. d'an. don. a Paris en janvier 1644, ver. ch. le 27 avril aud. an; d'indemnité 150 l. une fois payée, et c. le 7 mars 1645.

908. Par arrest du 18 may 1644 de la cour des Aydes de Normandie, Mre Robert Bazirre, advocat au parlement de Rouen, fils de Mathieu, docteur en medecinne, led. Mathieu fils de Jean, demeurant a St Jacques sur Dernetal, a esté maintenu en sa qualité d'ancienne noblesse en vivant par luy noblement et David Recoeur, sa partie, debouté de son mandement avec despens.

CREATION DE 2 NOBLES EN 1644.—Le 15 juin 1644 a esté veriffié en la ch. l'edit portant creation de 2 nobles en chaque generalité de ce royaume en consideration de l'eureux avencment du roy [Louis] 14e a la couronne.

909. René Godard, sieur de Hauteleure et du Hamel, demeurant au bourg de Thorigny, devers St Lo, a obtenu l. d'an. don. a Paris en mars 1644, ver. ch. le 22 juin aud. an; d'indemnité 50 l. une fois payé; et c. le 7 decembre aud. an.

910. Gilles Arthur, sieur d'Ongueru (sic), de la paroisse de St Aubin de Jugaste (Terregatte) pres Avranche, a obtenu l. d'an. don. a Paris en juillet 1643, en ch. le 23 juin 1644, d'indemnité 100 l. par chacun an, et c. le 2 juillet aud. an.

911. Mre Michel Beaufils, sieur de la Foullerie, esleu en l'es-

909 Hauthechere, au lieu de Hautelheure.

lection de Coustance, a obtenu l. d'an. don. a Paris en decembre 1643, ver. ch. le 27 juin 1644, en c. le 28 dud. mois et an.

912. Francois le Maistre, commissaire ordinaire des guerres, sieur de Doumesnil, parroisse de St Sulpice, vicomté d'Arques, au precedent cappitaine au regiment de Dutot de Deuees (Durfort de Duras?), a obtenu l. d'an. don. a Paris en mars 1644, ver. ch. le 27 juin aud. an, a la charge de payer 50 l. aux pauvres par forme d'aumosne, et c. le 12 juillet aud. an.

913. Mre Nicolas Gaudin, lieutenant criminel a Avranches, fils de Guillaume en son vivant lieutenant criminel, a obtenu l. d'an. don. a Paris en octobre 1643, ch. le 27 juin 1644, et c. le 14 dud. mois et an.

914. Georges le Sueur, sieur de Baron, demeurant a Caen, a obtenu l. d'an. don. a Paris en mars 1644, ver. ch, le 9 juillet aud. an.

915. Mre Anthoine Talbot, advocat a Cany, cappitaine de la coste, pere de Mre Richard, lieutenant general au bailliage de Caux pour le siege dud. Cany, a obtenu l. d'an. don. a Paris en octobre 1643, ver. ch. le 18 juillet 1644; d'indemnité 100 l. une fois payée aux habitans dud. Cany pour convertir aux affaires de la communauté; registrées en c. le 24 novembre 1644.

916. L. d'an. de monsieur le president Groullard donnez en 1588.

917. Pierre de Cailleville, de la paroisse d'Ecretteville, bailliage de Caux, officier de la vennerie du roy, a obtenu l. d'an. don. a Paris en juin 1644, vertu de l'edit cy dessus pour l'advenement du roy a la couronne, qui est un des 2 pour la generalité de Rouen, ver. ch. le 19 juillet 1644, et c. le 20 mars 1645.

918. Michel Cannu, sieur de la Conquiere, exempt des

---

916 B. Claude Groullard.
918 On trouve Jonquiere dans la recherche de 1666.

gardes du corps du roy, fils de Michel, gentilhomme de la fauconnerie du roy, originaire de Dieppe, a obtenu l. d'an. don. a Paris en juin 1644 qui ont esté ver. ch. le 20 juillet aud. an, et c. le 24 novembre en suivant.

919. Robert le Court, sieur de la Querriere, de la ville de Caen, a obtenu l. d'an. du... 1643, ver. ch. le 27 juillet 1644.

920. Vincent le Court, sieur de Cousture, enquesteur en la vicomté d'Auge, demeurant au Pont l'Evesque, a obtenu l. d'an. don. a Paris en octobre 1643, ver. ch. le 29 juillet 1644; d'indemnité 450 l. une fois payée; et c. le 7 decembre en suivant.

921. M° Simon Coupel, procureur du roy a Donfront, et Guillaume Coupel, son frere, ont obtenu lettres de changement dud. nom Coupel a celuy de la Goulande, terre a eux appartenant, du mois de decembre 1643, et en la cour le 4 aoust 1644. Nota que Benoist et Guillaume Coupel, pere et fils, sieurs de la Harboudiere et de la Goullande, de la vicomté de Domfront, avoient esté annoblis par lettres donnez a Paris 1643, [ver.] le 18 novembre 1645, avec lesd. lettres obtenues par ses fils. Lesd. M^{res} Simon de la Goullande, procureur du roy a Donfront, et Guillaume de la Goullande, avoient obtenu sous le nom de la Goullande l. d'an. don. a Paris en octobre 1643, et en la cour le 4 aoust 1644.

922. Mre Robert Cappelle, sieur de Montaval, advocat a Lysieux, a obtenu l. d'an. don. a Paris en octobre 1643, ver. ch. le 9 aoust 1644, et c. aud. an.

923. Charles Lambert, sieur de la Chapelle, demeurant a Lyzieux, a obtenu l. d'an. en decembre 1643, ver. ch. le 13 aoust 1644.

924. Nicolas Brument, fils de Pierre, demeurant a Rouen, originaire de Bautot sur Clere, vicomté de Rouen, a obtenu l. d'an. don. a Paris en juillet 1643, ver. ch. le 18 aoust 1644, et c. le 13 janvier 1645. Porte pour ses armes trois flammes d'or en champ d'azur.

925. Thomas Daussy, de Rouen, sieur de la Garenne, a obtenu l. d'an. don. a Paris en octobre 1643, ver. ch. le 19 aoust 1644, et c. le 16 dud. mois et an ; et porte en ses armes un griffon d'or en champ d'azur.

926. Jean de Brouchaus, vicomte d'Arques, demeurant a Dieppe, a obtenu l. d'an. en octobre 1643, ver. ch. le 26 aoust 1644.

927. Mre Guillaume Torterel (Troterel), sieur de St Quentin, lieutenant general en l'eslection de Fallaize, a obtenu l. don. a Paris en juillet 1644, ver. ch. en septembre aud. an, et c. le 16 dud. mois et an.

928. Mre Richard Grip, sieur des Monts, et Guillaume Grip, sieur de Cauvigny, freres, de Valognes, ont obtenu l. d'an. don. a Paris en novembre 1643, ver. ch. le 10 novembre 1644, et c. le 17 octobre en suivant.

929. Mre Charles Moysant, sieur de Brieu, cy devant conseiller du roy au parlement de Mets, demeurant a Caen, a obtenu l. d'an. don. a Paris en janvier 1644, ver. ch. le 12 novembre aud. an, et c. le 9 mars 1645.

930. Jacques Danrouet ou Darrouet, sieur de Henneville, procureur fiscal et monnoyeur a S^t Lo, a obtenu l. d'an. don. a Ruel en juin 1644, ver. ch. le 17 novembre aud. an, et c. le 22 dud. mois et an.

931. Jean Hardy, sieur du Hamel, advocat fiscal aud. Moyon, a obtenu pareilles lettres don. a Ruel en juin 1643, ver. ch. le 17 novembre 1644, et c. le 22 dud. mois et an.

932. Mre Olivier Morel, receveur des tailles a Valognes, a obtenu pareilles lettres, ver. le 17 novembre 1644, obtenues en juin 1643.

933. Mre David Signar, sieur du Desert, bailly hault justi-

---

926 B. Bruchaut.
928 B. Savigny, au lieu de Cauvigny.
933 B. Sigard.

cier du marquisat de Thury, demeurant parroisse de Clecy, vicomté de Virres, pres Condé sur Noireau, a obtenu pareilles lettres don. a Paris en avril 1643, ver. ch. le 10 novembre 1644, et c. led. jour.

934. Pierre Asselin, maistre d'hostel chez le roy, demeurant a Rouen, a obtenu pareilles lettres don. a Paris en octobre 1643, ver. ch. le 5 juin 1652, et c. le 13 decembre 1644.

935. Pierre le Bellenger, sieur de la Bauzardiere, du bourg de Meey (Messey), election d'Argenten, a obtenu pareilles lettres don. a Paris en avril 1644, ver. ch. le 17 decembre aud. an, et c. le 14.

936. Thomas Larcher, sieur de Launay, monnoyeur a St Lo, a obtenu pareilles lettres don. a Paris en octobre 1644, ver. ch. le 9 novembre 1644, et c. le 16 avril aud. an.

937. Michel des Vaux, sieur de la Valeziere, vicomté de Virres, a obtenu pareilles lettres don. a Paris en aoust 1644, ver. ch. le 19 decembre aud. an, et c. le 20 dud. mois et an.

938. Mre Hilaire Morel, conseiller assesseur a Coustance, garde des sceaux au presidial de Costentin, frere du receveur des tailles de Vallognes, a obtenu pareilles l. d'an. a Paris en septembre 1643, ver. ch. le 20 decembre 1644, et c. le 11 mars 1648.

939. Me Abraham Carrel, sieur de la Raziere, parroisse de Cardonville, vicomté de Bayeux, a obtenu pareilles lettres don. a Paris 1644, ver. ch. le 23 janvier 1645, et c. le dernier avril 1644.

940. Nicolas Maze, exempt des gardes du corps du roy, parroisse de Craville ou Claville, vicomté de Rouen, a obtenu pareilles lettres don. a Paris en octobre 1644, ver. ch. le 30 janvier 1645, et c. le 16 juillet 1647.

941. Me Pierre de Rouen, sieur de Commanville, vicomté de

955. Mre Guillaume l'Aumosnier, demeurant parroisse de St Martin de Talvende, vicomté de Virres, frere en ley dud. des Landes, receveur des tailles a St...., a receu pareilles lettres en octobre 1643, ver. en la chambre le 4 decembre 1645.

956. Mre Francois de Princay, escuyer, sieur des Buissons, president a Donfront, parroisse de Thomets, a obtenu pareilles lettres don. a Paris en novembre 1644, ver. ch. le 13 decembre 1645, et c. le 15 juillet 1655.

CREATION DE 50 NOBLES EN 1646. — Le 14 decembre 1645 a esté ver. en la chambre des comptes de Normandie un edit de creation de 50 nobles, avec permission de trafiquer leur vie durante, et leurs enfants tenus de demeurer en ville franche et servir le roy au premier arriere ban, ver. c. en juin 1646, permis aussy auxd. enfants de demeurer a la campagne ne pouvant trafiquer.

957. Philippes Thibault, sieur d'Ouinville, valet de chambre de la reine [Anne] d'Austriche, mere du roy, parroisse de St Martin du Tot ou Vible, vicomté d'Auge, a obtenu l. d'an. en octobre 1643, ver. en la chambre le 4 janvier 1644.

958. Guillaume le Cocq, parroisse de Periers, vicomté de Coustance, a obtenu pareilles lettres don. a Paris en mars 1644, ver. ch. le 23 janvier 1646, et c. le 23 janvier 1645.

959. Me Jacques Goyer, advocat a St Lo, a obtenu pareilles lettres don. a Paris en may 1645, ver. ch. le 15 may 1646, et c. le 10 dud. mois et an.

960. Jean de Blancart, sieur d'Alincourt, de Crevecœur, generalité de Rouen, a obtenu pareilles lettres don. a Paris en decembre 1644, ver. ch. le 13 avril 1646, et c. le 14 juillet aud. an.

961. Mre Jean Langlois, assesseur a Avranches, a obtenu

---

956 Thomets n'existe pas, et est sans doute une mauvaise lecture.
957 B. St. Martin du Bosc.
960 B. Blanchard.

pareilles lettres don. a Paris en aoust 1644, ver. ch. le 23 avril 1646, et c. le 27 dud. mois et an.

962. Mre Jean Roger, procureur du roy en l'election d'Avranche, et Gabriel Roger, son frere, ont obtenu pareilles lettres don. a Paris en novembre 1644, ver. ch. le 23 avril 1646, et c. le 27 dud. mois et an.

963. Mre Claude Gouin, fils de Robert, sieur de Bourneuf, ville d'Avranche, a obtenu pareilles lettres don. a Paris en avril 1646, ver. ch. le 26 avril aud. an, et c. le 24 mars 1648.

964. Mre Guillaume d'Espinay, sieur de Couvain, controlleur au bureau des finances en la generalité d'Allencon, parroisse de Gloz, election de Bernay, a obtenu pareilles lettres don a Paris en octobre 1644, ver. ch. le 9 juin 1646, et c. le 9 avril 1647.

965. Me Francois Marest, cartenier cappitaine a Lizieux, a obtenu pareilles lettres don. a Paris en decembre 1643, ver. ch. le 21 juin 1646, et c. le 14 juin aud. an, led. Marets sieur dud. lieu et de Gosseville, secretaire de Marie de Medicis.

966. Me Jean le Villain, lieutenant particulier des eaux et forest de Longueville, a obtenu pareilles lettres en febvrier 1646, ver. ch. le dernier juin aud. an.

967. Claude le Brun, advocat du roy a Avranches, a obtenu pareilles lettres don. a Paris en mars 1645, ver. ch. le 14 aoust 1646, et c. le 11 avril aud. an.

968. Mre Jean Erard, conseiller du roy au presidial d'Alencon, a obtenu pareilles lettres en novembre 1638, ver. ch. le 27 novembre aud. an, et c. le 3 decembre 1646.

969. Jean de Gistain (Gislain), sieur de la Sardinniere (Jardinniere) et de Bray, a obtenu pareilles lettres en juillet 1644, ver. ch. le 12 decembre 1646. Ses armes sont blasonnez d'argent au chevron de gueulle, accompagné de trois branches de chesne de sinople, ayant a chacune un gland au bout, lesd. armes surmontez d'un casque avec 5 grilles, et pour supports

2 lions, au cymier un demy lion; registrées en la cour le 10 decembre 1646.

970. Nicolas Derie, demeurant a Rouen, originaire d'Hollande, parroisse de Beugny, a obtenu lettres de naturalité en 1631, ver. le 13 decembre 1646, et c. le 23 febvrier 1640.

971. Jacob Bontemps, sieur de Veau du Parc, cappitaine de navire demeurant a Dieppe, a obtenu l. d'an. don. a Paris en septembre 1647, ver. ch. le 17 decembre 1647, et c. le 18 septembre 1651; par merittes.

972. Mre Richard le Cocq, demeurant a Bayeux, a obtenu lettres a deux uzages pour jouir comme nouveau en septembre 1643, ver. ch. le premier de febvrier 1647, et c. le dernier janvier 1652.

973. Mre Robert le Cocq, receveur des Aydes du Pont l'Evesque, a obtenu l. d'an. don. a Paris en octobre 1647, ver. ch. le 3 aoust 1647, et c. le 23 avril 1648.

974. Mre Pierre Pegot, referendaire a Rouen, bailly haut justicier a Preaux, a obtenu pareilles lettres don. a Paris en octobre 1647, ver. ch. le 28 juillet 1648, et c. le 16 septembre aud. an.

975. Charles Artus (Artur) sieur du Plessis, docteur en medecinne au Pontorchon, et Philippes Arthus, esleu a Avranches, ont obtenu pareilles lettres don. a Amiens en juillet 1647, ver. ch. le 8 aoust 1648, et c. le dernier juillet aud. an.

976. Jacques Morin, advocat du roy en l'eslection de St Lo, sieur de la Hays, parroisse de Hebecrevon, a obtenu pareilles lettres don. a Paris en avril 1648, ver. ch. le 8 aoust aud. an, et c. le dernier juillet 1648.

977. Pierre de Mainneville, parroisse de Buranville, election de Bayeux, a obtenu pareilles lettres en aoust 1647, ver. ch. le 8 aoust 1648, et c. le 23 janvier 1648.

977 B. Bazanville, au lieu de Buranville qui n'existe pas.

978. Pierre de Languedor, sieur du Bois le Vicomte, ancien conseiller eschevin de la ville de Rouen, a obtenu pareilles lettres don. a Paris en avril 1648, ver. ch. le 27 aoust 1648, et c. le 21 dud. mois et an.

979. Adam Raye, sieur du Mesnil Adoyer, et Jean Raye, sieur du Mesnil Segouin, bourgeois de Rouen, flaman d'extraction, a obtenu pareilles lettres en juillet 1648, ver. ch. le 5 decembre aud. an, et en la cour le 9 septembre aud. an. Un des Rayes a du depuis achepté la baronerie d'Heugleville; lesd. freres morts sans enfants, et leur succession devolutée a leurs sœurs.

980. Thomas de Blanvillain, sieur de la Foriere, demeurant a Honfleur, a obtenu pareilles lettres don. a Paris en juin 1648, ver. ch. le 4 decembre aud. an, et c. le dernier may 1650.

981. Henry le Coucy, sieur de Ronversy, esleu a Vallognes, a obtenu pareilles lettres don. a Paris en febvrier 1646, ver. ch. le 17 decembre 1648, et c. en septembre 1647.

982. Thomas Bernard, sieur de Montfort, eslection de St Lo, a obtenu pareilles lettres don. a Paris en decembre 1646, ver. ch. le 25 octobre 1647, et c. le dernier may 1647.

983. Thomas le Vasseur, eschevin de Dieppe, petit fils de Nicolas, a obtenu l. d'an. de Louis 13e don. a Paris le.., ver., comme ancienne noblesse, le 20 decembre 1649, ce que n'a fait la cour des Aydes qui ne la passée que comme nouvelle, le 4 mai 1651.

984. Mre Exmes de May, esleu en l'eslection de Fallaize, parroisse de Berville, a obtenu pareilles lettres don. a St Germain en Laye en octobre 1648, ver. ch. le 11 janvier 1650, et c. le 12 dud. mois et an.

985. Jacques de Boulmer, lieutenant general au bailliage d'Allençon, a obtenu pareilles lettres don. a Paris en octobre 1649, ver. ch. le 4 avril 1650, et c. le 29 mars aud. an.

986. Mre Claude Hebert, ancien conseiller et eschevin de la

---

986 Les armes sont écrites d'une autre main.

ville de Rouen, a obtenu, en consideration du voyage du roy a Rouen, l. d'an. don. a Paris en mars 1650, ver. ch. le 6 avril aud. an, et c. le 7 febvrier 1651. Porte pour ses armes d'azur a trois grenades ouvertes d'or.

987. Mre Nicolas Godescar, aussy eschevin a Rouen, a obtenu pareilles lettres en consideration dud. voyage, don. a Paris en mars 1650, ver. ch. le 6 avril aud. an, et c. le 7 janvier 1651.

988. Mre Francois Briffaut, procureur du roy au siege presidial de Rouen, a obtenu pareilles lettres en mars 1640 pour recompenses de services en sa charge, notamment au temps des seditions arrivées en lad. ville en 1623, ver. le 12 febvrier 1650, et en la cour le 18 juillet aud. an. Porte pour ses armes d'azur au chevron d'or accompagné de 3 croix du St Esprit, deux en chef et une en pointe, le tout d'or.

989. Jacques Simon, sieur de Longpré, esleu a Cherbourg, a obtenu pareilles lettres en septembre 1648, ver. en la chambre le 12 febvrier 1650.

990 Richard le Conte, sieur du Mesnil Terre, lieutenant general civil et criminel du bailly de Costentin pour le siege d'Avranches, a obtenu pareilles lettres don. a Fontainebleau en 1646, ver. ch. le 24 may 1650, et c. le 27 janvier 1648.

991. Me Thomas Lucas, receveur payeur des gages des officiers du parlement de Rouen, a obtenu pareilles lettres don. a Paris en mars 1650, ver. ch. le 19 juillet aud. an, et c. le 7 mars 1651.

992. Mre Nicolas Thibault, controlleur au grenier a sel de Rouen, a obtenu pareilles lettres don. a Paris en mars 1650, ver. ch. le 15 decembre aud. an, et c. le 7 febvrier 1651.

993. Mre Pierre Cabeil, president en l'election de Carenten,

---

992 B. avec raison, je crois, Thiault au lieu de Thibault.
993 B. Cabueil, sieur de Maizières.

sieur Dermeziers, a obtenu pareilles lettres en avril 1648, ver. ch. le 18 janvier 1651, et c. le dernier juillet 1648.

994. Jean le Vasseur, receveur des deniers communs de Dieppe, fils de Nicolas, a obtenu pareilles lettres don. a Paris en febvrier 1650, ver. ch. le 13 may 1651, et c. le 9 aoust 1655. Comme de nouveau, quoy que Thomas le Vasseur, son frere, aye comme ancien.

995. Jean Aubert et Alphonse Aubert, son fils, sieur de Tremaulle, conseiller du roy lieutenant au Havre, ont obtenu pareilles lettres don. a Gaillon en mars 1650, ver. ch. le 5 aoust aud. an, et c. le 7 aoust 1651 ; et porte pour ses armes d'hermines a un sautoir d'azur.

996. Mre Jean de Carey, conseiller du roy et maistre ordinaire en sa chambre des comptes, originaire de Lizieux, vicomté d'Orbec, a obtenu pareilles lettres don. a Paris en aoust 1651, ver. ch. le dernier dud. mois et an, et c. le 29 novembre aud. an. Porte pour ses armes de gueulles a 3 lozenges d'or, 2 en chef et une en pointe.

997. René Pinel, sieur de Boispinel, chef de panetrie du roy, eslection d'Argenten, a obtenu pareilles lettres don. a Paris en may 1651, ver. ch. le 24 novembre aud. an, et c. le 10 dud. mois.

998. Roger Cottard, sieur de la Douaittiere, demeurant parroisse de la Breviaire, election d'Argenten, a obtenu pareilles lettres don. a Paris en aoust 1651, ver. ch. le 20 decembre aud an ; d'indemnité 200 l. de rente a lad. parroisse ; et c. le 15 novembre 1652.

999. Louis Cottard, sieur de Morelliere ou Moraiziere, de la compagnie des gendarmes du roy, parroisse de N^{re} Dame du Tilleul, election d'Argenten, a obtenu pareilles lettres don. a

---

995 B. Henouville au lieu de Tremaulle. — On trouve Tremauville dans la Seine-Inférieure.

996 A. met en marge Carey, sieur de Saint Gervais.

998 Au lieu de Douaittiere B. dit la Suraudiere, et une copie de la recherche de 1666 la Ferrandiere.

Paris en avril 1651, ver. ch. le 20 decembre aud. an, et c. le 24 janvier 1652. Nota tous 2 de religion pretendue reformée.

1000. Jean Bernard, sieur des Hamaux, esleu a Carenten, a obtenu pareilles lettres don. a Paris en septembre 1643, ver. ch. le 16 mars 1652, et c. le 19 novembre aud. an.

1001. Jacques du Jardin, sieur de la Bordelliere, parroisse de Briouze, election de Fallaize, generalité d'Allencon, fils de Jean, sieur de Grimare, commissaire ordinaire de la marine de Ponant, a obtenu pareilles lettres obtenues a Paris en aoust 1651, ver. ch. le 16 avril 1652, et c. le 8 febvrier 1656.

1002. Jacques du Hamel, maistre d'hostel ordinaire du roy, eschevin de la ville de Rouen, a obtenu pareilles lettres le 24 septembre 1651, ver. ch. le 19 septembre 1652.

1003. Jacques et Richard le Sage, freres, parroisse de Ste Honorine le Guilleaume, vicomté de Fallaize, ont obtenu pareilles lettres 1598, ver. ch. le 8 octobre 1610 ; paié suplement le dernier decembre 1609.

1004. *Répétition du n° 623.*

1005. *Répétition du n° 427.*

1006. Jean Guerin, sieur de Berville, parroisse de Marcouville, vicomté de Ponte Audemer, a obtenu pareilles lettres en janvier 1636, ver. ch. le 27 septembre 1637, led. Guerin gendarme de la compagnie du roy.

1007. Jullien de Bichoue ou Richouel, sieur de Meni Uraye, demeurant a Coustance, a obtenu pareilles lettres don. a Paris en janvier 1649, ver. ch. le 3 aoust 1637, et c. le 27 avril 1646.

1008. Constanzo Litolphi Morani a obtenu lettres de conservation d'ancienne noblesse de Mantoue, don. en mars 1636, ver. ch. le 3 mars 1638.

1009. Mre Pierre Alexandre, vis bailly de Caux, election de

---

1003 Voyez le n° 396.
1007 B. Richomme, sieur du Mesnil Eury.

Caudebec, a obtenu l. d'an. don. a St Germain en Laye en janvier 1638, ver. ch. le 2 juin 1638.

1010. Robert du Chemin, sieur du Grand Champ, receveur des aydes de Valognes, a obtenu pareilles lettres en novembre 1638, ver. ch. le 21 aoust 1640.

1011. Charles Daniel, sieur du Mesnil Gaillard, cappitaine des navires de Dieppe, a obtenu pareilles lettres don. a Paris en may 1648, ver. ch. le 18 febvrier 1649, et c. le 20 dud. mois et an.

1012. Jean Blot, sieur de Cairuville, parroisse d'Ilville (Hiesville), vicomté de Carenten, a obtenu pareilles lettres en 1595, ver. le 6 octobre 1614, a payé suplement en consequence de l'edit de 10 nobles du mois d'octoble 1594, ver. le 13 decembre 1595.

1013. Mre Jean Champion, demeurant a Caen, a obtenu pareilles lettres en juillet 1653, ver. ch. le 18 decembre 1617, en consequence de l'edit de 20 nobles du mois d'octobre 1592, ver. le 15 mars 1593.

1014. Floceel Cantel, sieur de Vaugrard, parroisse de Quetehou, election de Vallognes, a obtenu pareilles lettres don. a Paris en decembre 1651, ver. ch. le 20 decembre 1652, et c. le premier juillet 1653.

1015. Simon le Pigeon, pere de Robert le Pigeon, secretaire du duc de Longueville, a obtenu pareilles lettres en mars 1652, ver. ch. le 24 janvier 1653, et c. ... aud. an, parroisse de Briquebec, election de Valognes.

1016. Pierre Dagier, sieur des Marets, archer des gardes du corps du roy, parroisse de Ste Geneviefve, vicomté de Vallognes, a obtenu pareilles lettres don. a Compiegne en septembre 1652, ver ch. le 10 may 1653, et c. le 8 may 1653.

1017. Francois des Planques, sieur de la Ramée, lieutenant

1012 B. Coulonville au lieu de Cairuville. On trouve un Caloville à Hiesville sur la carte du dépôt de la guerre. Voyez encore le n° 229 qui paraît se rapporter au même personnage.

en l'election de Carenten, a obtenu pareilles lettres don. a Poctiers en febvrier 1652, ver. ch. le 10 may 1653, et c. le 19 juin 1653.

1018. Jean le Merle, sieur de Grand Camp, parroisse de Renouard, a obtenu pareilles lettres don. a Paris en juillet 1651, ver. ch. le 10 juin 1653, et c. le 21 juin 1653.

1019. Jacques Perrette, a present nommé des Landes, conseiller commissaire en l'election d'Argenten, et Pierre Perrette, sieur de la Bretonnierre, son frere, led. des Landes parroisse d'Orville, et led. de la Bretonniere parroisse du Mesnil Hubert, ont obtenu l. d'an. en 1652, ver. ch. le 20 juin 1653.

1020. Claude le Cauchois, juge et vicomte de Gaillefontaine, election du Neufchastel, a obtenu pareilles lettres don. a Paris en may 1653, ver. ch. le 19 juillet aud. an, et c. le 7 dud. mois et an.

1021. Claude Baudin, sieur de Baurepere, conseiller lieutenant criminel au Neufchastel, a obtenu pareilles lettres don. a Paris en juin 1633 (1653?), et c. le 9 juillet aud. an.

1022. Le 23 septembre 1653, Mre Louis le Conte, esleu a Verneuil, parroisse de St Martin de Laigle, a obtenu pareilles lettres don. a Paris en juin 1653, ver. ch. le 23 septembre aud. an, et c. le 9 juillet aud. an.

1023. Michel Morice, sieur du Manoir, de Caen, a obtenu pareilles lettres don. a Paris en aoust 1653, ver. ch. le 25 octobre aud. an, et c. le 13 decembre en suivant. Porte pour ses armes d'or a une teste de more de sable bandée d'argent.

1024. Robert, Jacques et Roland Duval, freres, originaires du Grand Andely, led. Robert lieutenant de longue robbe du prevost general de Normandie pour le bailliage de Gizors, led. Jacques lieutenant particulier du bailly de Gizors pour le siege d'Andely, premier esleu en l'election de Lions, led. Rollant ad-

---

1019 B. Jacques Perrotte, sieur des Londes.

vocat au parlement de Rouen, ont obtenu pareilles lettres don. a Paris en juillet 1653, ver. ch. le 17 novembre 1653, et c. le 24 janvier 1654.

1025. Mre Gilles Pincon, sieur de Brixe, parroisse de St Morice, election de Fallaize, esleu cy devant, a obtenu pareilles lettres don. a Paris en juin 1653, ver. ch. le 19 novembre aud. an, et c. le 24 dud. mois et an.

1026. Nicolas Lodier, ayant esté president en l'election d'Allencon, a obtenu pareilles lettres don. a Paris en juin 1653, ver. ch. le 26 novembre aud. an, et c. le 24 janvier 1654.

1027. David Laloy, sieur du Bureil, advocat en la cour de parlement, et Jacques Laloy, sieur des Champs, docteur en medecinne, demeurant a Rouen, originaires de S^t Lo, ont obtenu pareilles lettres don. a Paris en aoust 1653, ver. ch. le 29 novembre aud. an, et c. le 11 aoust 1653.

1028. Mre Thomas Morel, procureur du roy en l'election de Bayeux, a obtenu pareilles lettres don. a Paris en decembre 1644, ver. ch. le premier decembre 1653, et c. le 27 juin aud. an.

1029. Mre Francois Gosselin, lieutenant en l'election d'Avranche, a obtenu pareilles lettres don a Paris en may 1653, ver. ch. le 2 decembre aud. an, et c. le 20 mars 1654.

1030. Me Francois Gouin, sieur de la Bufferaye, advocat du roy en l'eslection d'Avranches, a obtenu pareilles lettres don. a Paris en janvier 1653, ver. ch. le 2 decembre 1653, et c. le 2 aoust 1655.

1031. Mre Guillaume Piganiere, esleu en l'election d'Avranches, a obtenu pareilles lettres don. a Paris en juin 1653, ver. ch. le 2 decembre aud. an, et c. le 16 avril 1654.

1032. Mre Jean le Roy, sieur de la Barriere et de Basseville, lieutenant criminel en l'eslection de S^t Lo, a obtenu pareilles

1026 B. Laudier.

lettres, don. a Paris en mars 1653, ver. ch. aud. an, et c. le 29 novembre en suivant.

1033. Charles de Sale, sieur de Colbosc, parroisse de S‍t Martin de Haricel, election de Montiviller, a obtenu pareilles lettres don. a Paris en juillet 1653, ver. ch. le 17 decembre aud. an, et c. le 16 janvier 1654.

1034. Jean Videcoq, sieur de Malleville, advocat au Ponte Audemer, a obtenu pareilles lettres don. a Paris en may 1648, ver. ch. le 17 decembre 1654, et c. le 2 septembre 1658.

1035. Pierre Lucas, vicomte de Caudebec, a obtenu pareilles lettres don. a Paris en janvier 1653, ver. ch. le 17 decembre aud. an, et c. le 18 febvrier 1653.

1036. M‍re Louis de S‍t Denis, president a Avranche, demeurant a Pontorson, premier cappitaine de lad. ville, a obtenu pareilles lettres don. a Paris en mars 1653, ver. le 19 decembre aud. an, et c. le 7 decembre aud. an.

1037. Charles le Sage, sieur de Houdienville, conseiller du roy et son procureur au bailliage et vicomté de Carenten, intendant dud. lieu, a obtenu l. d'an. don. a Paris en mars 1645, ver. ch. le 9 decembre 1653.

1038. Francois Varin, sieur de Maltot et des Jonqueres, fils de Jean, commis du greffe du parlement, a obtenu pareilles lettres don. a Paris en juin 1653, ver. ch. le 19 decembre aud. an, et c. le 11 aoust 1653.

1039. Jean Viger, sieur de Marfosse, demeurant a Rouen, originaire du Havre de Grace, a obtenu pareilles lettres don. a Paris le 3 juin 1653, ver. ch. le 17 decembre aud. an, et c. le 18 dud. mois et an.

1040. Maximin Banage, parroisse de S‍te Mere Eglize, vicomté de Carenten, a obtenu pareilles lettres don. a S‍t Denis

---

1033 Nous ne connaissons pas de St Martin de Haricel. On trouve dans l'élection de Montivilliers St Martin du Manoir qui n'est pas loin de St Romain de Colbosc.

en France en juillet 1650, ver. en la ch. le 20 decembre 1653, et c. le 22 dud. mois et an.

1041. Pierre le Coup, sieur de Limarez, vicomté de Carenten, a obtenu pareilles lettres don. a Pontoise en septembre 1652, ver. ch. le 20 decembre; d'indemnité 150 l. de rente.

1042. Gilles Daro, sieur de la Rouestiere, esleu a Carenten, a obtenu pareilles lettres don. a Paris en decembre 1652, ver. ch. le 20 decembre 1653, et c. led. jour.

1043. Mre Jean Osmont, sieur de Coudray, president au grenier a sel d'Argentan, et Charles Osmont, advocat du roy en lad. eslection, ont obtenu pareilles lettres don. a Paris en mars 1653, ver. ch. le 23 janvier 1654, et c. le 24 dud. mois et an.

1044. Mre Jullien le Roy, receveur du taillon de S^t Lo, a obtenu pareilles lettres don. a Paris en avril 1653, ver. ch. le 3 janvier 1654, et c. le 29 dud. mois et an.

1045. Mre Nicolas Petit, sieur de St Denis, esleu a Fallaize, demeurant a St Pierre sur Dyves, a obtenu pareilles lettres en juin 1652, ver. ch. le 24 janvier 1654.

1046. Jean de Cornical, sieur de Periers, demeurant a S^t Lo, a obtenu pareilles lettres en mars 1653, ver. ch. le 6 febvrier 1654, et c. le 7 may 1653.

1047. Mre Jean Hue, conseiller du roy et receveur des presidiaux de Costentin, demeurant a Caen, a obtenu pareilles lettres don. a Paris en octobre 1652, ver. ch. le 2 may 1654, et c. le 29 janvier aud. an.

1048. Mre Philippes Duval de Lanchal, conseiller du roy thresorier general des finances a Allencon, a obtenu pareilles lettres don. a Paris en juillet 1653, ver. ch. le 13 mars 1654.

1049. Pierre Hubert, sieur de Beaugrand, demeurant par-

1041 B. Le Coup ou le Loup.
1043 B. Aumont. Une copie de la recherche de 1666, Daumont.
1049 B. Beauregard, au lieu de Beaugrand.

roisse de Guestehou (Quettehou), vicomté de Vallognes, a obtenu pareilles lettres don. a Paris en janvier 1633, ver. ch. le 5 mars 1654, et c. le 2 dud. mois et an.

1050. Jean Auvray, sieur du Val, demeurant parroisse de Rigneville (Reigneville), vicomté de Valognes, a obtenu pareilles lettres en avril 1653, ver. ch. le 13 mars 1654, et c. le 9 dud. mois et an.

1051. Jean de Lorigla, conseiller du roy au bailliage de St Sauveur Landelin, a obtenu pareilles lettres don. a Paris en novembre 1652, ver. ch. le 14 mars 1653, et c. le 12 dud. mois et an.

1052. M. Simon le Fillastre, sieur de la Fraserie, lieutenant general au bailliage de Bricbec, vicomté de Vallogne, a obtenu pareilles lettres en avril 1649, ver. ch. le 9 mars 1654, et c. le dernier janvier 1653.

1053. Michel Espiard, sieur de la Prairie, parroisse du Plessis, vicomté de St Sauveur Landelin, a obtenu pareilles lettres en novembre 1652, ver. ch. le 17 avril 1654, et c. le 30 juillet aud. an.

1054. Christophe Fousse, sieur de la Fonteine, procureur du roy en l'admirauté et siege de Hagues, vicomté de Vallognes, a obtenu pareilles lettres don. a Paris en janvier 1633, ver. ch. le 21 avril 1654, et c. le 19 may 1654.

1055. Pierre le Bellenger, sieur de la Pommeraye, grenetier de sel a Fallaize, a obtenu pareilles lettres don. a Paris en mars 1653, ver. ch. le 20 avril 1654, et c. le 20 decembre 1653.

1056. Francois le Saunier, sieur de Sentilly, parroisse de Ste Opportune, vicomté de St Sauveur Landelin, a obtenu pareilles lettres don. a Paris en juillet 1652, ver. ch. le 21 may 1654.

1057. Leon du Mesnil, parroisse de S. Germain de Cler-

1054 B. La Fraye, au lieu de Fousse. A, en marge, le Fousse.

ceuille (Clairfeuille), d'Argenten, a obtenu pareilles lettres don. a Paris en juin 1653, ver. ch. le 22 juin 1654, et c. le 6 febvrier aud. an.

1058. Marin des Noyers, sieur de Beaufort, demeurant a Cherbourg, a obtenu pareilles lettres en febvrier 1653, ver. ch. le 27 juin 1654.

1059. Nicolas Toustain, sieur de la Margueritte, demeurant au Havre de Grace, eschevin dud. lieu, a obtenu pareilles lettres en janvier 1654, ver. ch. le 27 juin aud. an, et c. le 19 may 1654.

1060. Francois Benard, sieur de Beaussejour, enseigne du regiment de Roncherolles, demeurant a Rouen, [a obtenu l. d'an.], don. a Paris en febvrier 1654, ver. ch. le 10 juillet aud. an, et c. le 24 mars 1654.

1061. Mre Jean le Cauf, sieur de Montfreuille (Montfreville), receveur a St Lo, a obtenu l. d'an. en avril 1653, ver. ch. le 2 mars 1654, et c. le 27 febvrier aud. an.

1062. Mre Adrian le Febvre, procureur du roy au Neufchastel, a obtenu pareilles lettres don. a Paris en febvrier 1654, ver. ch. le 8 aoust aud. an, et c. le 12 juin 1654.

1063. Louis Patou, sieur de Caule ou Caude, vicomté de Bayeux, a obtenu pareilles lettres don. a Paris en aoust 1653, ver. ch. le 13 octobre 1654, et c. le 11 juillet aud. an.

1064. Michel le Geolier, sieur de Roussiere, conseiller du roy a Carenten, a obtenu pareilles lettres en mars 1654, ver. en la chambre le 13 octobre aud. an.

1065. Guillaume Richer, sieur de la Saussaye, conseiller du roy, receveur du domaine d'Alencon, secretaire de la maison du duc d'Orleans, a obtenu pareilles lettres don. en avril 1653,

---

1063 B. Louis le Patou, sieur de la Montagne, president en l'élection de Bayeux.
1064 B. Jeolier et Jollis, au lieu de Geolier. — Voyez aussi le n° 239.

ver. ch. le 14 novembre 1654 et c. le 17 dud. mois et an. Porte pour ses armes d'azur au chevron d'or accompagné de 3 roses, 2 en chef et une en pointe, d'argent.

1066. Jean Dornan ou Dorvan, sieur des Vallées, gentilhomme servant le roy a Allencon, a obtenu lettres don. a Paris en decembre 1653, ver. comme de nouveau le 10 decembre 1654, et c. le 27 janvier 1659.

1067. Le 16 decembre 1654, la chambre a veriffié les l. d'an. de Claude Aubry, grenetier au Ponte Audemer, don. a Paris en octobre 1612, qui avoient esté refuseés, obtenues le 26 may 1653 pour en jouir comme de nouveau, et en la cour le 23 juin 1655.

1068. René Formont, sieur de Cleronde, lieutenant au gouvernement d'Avranche, a obtenu l. d'an. don a Paris en juillet 1653, avec permission de se nommer a l'advenir de Cleronde Formont, ver. ch. le 17 decembre 1654, et c. le 15 dud. mois. Porte pour ses armes de gueulles au mont d'or soustenu par 2 lyons chargé de 2 tours, le tout d'or.

1069. David Fauchon, monnoyeur de St Lo, a obtenu pareilles lettres don. a Paris en febvrier 1653, ver. ch. le 18 decembre 1653, et c. le 11 janvier 1654.

1070. Nicolas Coffard, sieur de Cosmesnil et de Beaumont le Roger a obtenu pareilles lettres don. a Paris en decembre 1652, ver. ch. le 18 decembre 1654, et c. le 30 octobre 1653.

1071. Pierre du Gardin, sieur des Monts, a obtenu pareilles lettres don. a Paris en janvier 1653, ver. ch. le 29 janvier 1655, et c. le 20 juillet 1654.

1072. Jacques Buzet ou Gueuzet, sieur de la Vollerie, des che-

---

1070 B. Colmesnil, de Beaumont-le-Roger; mais ces deux leçons sont probablement inexactes. Nicolas Coffart, habitant ou né à Beaumont-le-Roger, était sieur de Clos-Martin à Barc.
1071 B. Du Jardin.

vau legers du roy, a obtenu pareilles lettres don. a Paris en juin 1653, ver. ch. le 4 mars 1655, et c. le 20 juillet 1656.

1073. Herves Exmelin, sieur des Ares, de St Vas (Vaast), porte manteau de la reine, a obtenu pareilles lettres don. a Paris en aoust 1653, ver. ch. le 10 avril 1655, et c. le 29 juiljet 1656.

1074. Mre Jean Feron, payeur du parlement, a obtenu pareilles lettres, don. a Paris en decembre 1654, ver. ch. le 20 avril 1655, et c. le 17 juin aud. an.

1075. Claude Gaultier, sieur Dendreville, esleu a Verneuil, a obtenu pareilles lettres don. a Paris en juillet 1653, ver. ch. le 13 mars 1655, et c. en 1654.

1076. Guillaume Daucier, esleu a Carenten, a obtenu pareilles lettres don. a Paris en mars 1653, ver. ch. le 14 juin 1655, et c. le 29 janvier 1654.

1077. Jean Cottard, sieur des Parts, grenetier a sel a Lizieux, a obtenu pareilles lettres don. a Paris en mars 1653, ver. ch. le 24 juin 1655.

1078. Gilles Truel, sieur de Beauvais, cappitaine des chasses, eaux et forets a Allencon, a obtenu pareilles lettres don. a Paris en febvrier 1654, ver. ch. le 14 juillet 1659, et c. le 29 dud. mois et an.

1079. Mre Marquis Ferault, lieutenant a Allencon, demeurant a Seez, a obtenu l. d'an. don. a Paris en avril 1653, ver. ch. le 7 aoust 1655, et c. le 4 dud. mois et an. Porte pour ses armes d'azur au chef d'or chargé de 3 rozes de gueulles au breteau d'argent mis en face.

1080. Laurens de la Bunaudiere, demeurant a Rouen, a ob-

1073 B. Gervais Exmelin.
1077 B. Des Portes au lieu des Parts.
1079 B. Nicolas Ferault, sieur du Chesne, lieutenant à Moulins-la-Marche.

tenu pareilles lettres don. a Paris en mars 1654, ver. ch. le 7 aoust 1655 et c. le 27 janvier aud. an.

1081. Jossé, Francois et Jean Piedoue, de Caen, ont obtenu pareilles lettres.... ver. le 27 septembre 1655. Porte pour armes d'azur a 3 griffes de griffon arachées d'or, deux en chef et une en pointe.

1082. Henry Guillebert, conseiller a Domfront, a obtenu pareilles lettres don. a Paris en septembre 1654, ver ch. le 15 octobre 1655, et c. le 24 dud. mois et an.

1083. Adrian Alexandre, sieur de Montegrirac, de Cany a obtenu pareilles lettres don. a Paris en febvrier 1654, ver. ch. le 5 novembre 1655, et c. le 22 juin aud. an.

1084. Robert des Champs, receveur des tailles au Pont l'Evesque, a obtenu pareilles lettres le.... ver. le 9 novembre 1655.

1085. Pierre Lebain, archer du prevost general de Normandie, parroisse de Pierrefite, election de Fallaize, a obtenu pareilles lettres en aoust 1653, ver. ch. le 18 novembre 1655, et c. le 10 febvrier 1654.

1086. Jacques Jullien, sieur de la Vallée, a obtenu l. d'an. don. a la Fere en avril 1654, ver. ch. le 4 decembre 1655, et c. led. jour.

1087. Jacques Vavasseur ou Vasseur, esleu a Montiviller, a obtenu pareilles lettres don. a la Fere en aoust 1654, ver. ch. en 1655, et c. aud. an.

1088. Nicolas le Marne, sieur de Marneval, bourgeois de Rouen, a obtenu pareilles lettres le...., ver. ch. le 15 decembre 1655, et c. le 18 dud. mois et an.

1089. Mre Pierre Guedier, sieur de Vienne, demeurant au Ponte Audemer, a obtenu l. d'an. don. a Compiegne en aoust

---

1083 B. Montgrenne.
1088 Voyez le n° 868 où il s'agit probablement d'un ancêtre du même nom.

1652, ver. ch. le 16 decembre 1655, et c. le 24 octobre 1652.

1090. Elie du Busc, sieur de St Martin, receveur de Rouen, a obtenu pareilles lettres le...., ver. le 17 decembre 1655. Porte pour ses armes d'azur a la bande d'or.

1091. Charles Bronche ou Brousset, parroisse de Beaumont, election de Bayeux, a obtenu pareilles [lettres] don. a Paris en may 1653, ver. ch. le 20 decembre 1655, et c. le 2 novembre 1653.

1092. Georges le Picard, sieur de Plemmare, commandeur au chateau des Loges de Montiviller, a obtenu pareilles lettres don. a Sedan en janvier 1654, ver. ch. le dernier janvier 1656, et c. le 20 decembre 1654.

1093. Pierre Philippe, sieur de Marigny, esleu a Bayeux, a obtenu l. d'an. don. a Paris en decembre 1654, ver. ch. le 5 febvrier 1656, et c. le 27 janvier aud. an.

1094. Nicolas le Painteur, parroisse de Guevreville (Giverville), election de Bernay, a obtenu pareilles lettres en mars 1653, ver. ch. le 10 febvrier 1656, et c. le 29 janvier 1654.

1095. Pierre de Franciere, vicomté de Mortaing, a obtenu pareilles lettres en aoust 1653, ver ch. le 9 mars 1656, et c. le 29 novembre aud. an.

1096. René Lastier, sieur de St Maur, election de Valognes, a obtenu pareilles lettres don. en avril 1654, ver. ch. le 26 mars 1656, et c. le 29 novembre aud. an.

1097. Georges Madeleine, procureur du roy a Verneuil, a obtenu pareilles lettres don. a Paris en novembre 1652, ver. ch. le 28 avril 1656, et c. le 9 mars aud. an.

1098. Estienne Petit, bourgeois du Havre de Grace, a obtenu pareilles lettres don. a Paris en janvier 1653, ver. ch. le 27 juin 1656, et c. le 7 decembre 1655.

1099. Pierre Pottier, sieur du Fresnay, receveur de Don-

1091 B. Branche à Beaumont-Cricqueville.
1099 B. Receveur des tailles à Domfront.

front, a obtenu pareilles lettres don. a Chalons en novembre 1654, ver. ch. le 20 juin 1656 et c. le 13 aoust aud. an.

1100. Barnabé de Laurens, president en l'election de Mortaing, a obtenu l. d'an. don. a Paris en septembre 1654, ver. ch. le 15 juillet 1656, et c. le 9 janvier 1657.

1101. Pierre Toutain, sieur de Varanne, demeurant a Bayeux, a obtenu pareilles lettres don. a Paris en aoust 1654, ver. ch. le 4 juillet 1656, et c. le 10 dud. mois et an.

1102. Louis le Chevallier, advocat du roy a Caudebec, parroisse de Sassetot, a obtenu pareilles lettres don. a Soissons 1655, ver. ch. le 29 juillet 1656, et c. en novembre 1655.

1103. Francois Godefroy, sieur du Bordage, demeurant a Carenten, a obtenu pareilles lettres don. a Paris en febvrier 1655, ver. ch. le 28 juillet 1656, et c. le 23 decembre 1655.

1104. Jean Jouan, sieur de la Boitterie, lieutenant des eaux et forest a Fallaize, a obtenu pareilles lettres, ver. ch. le 2 aoust 1656.

1105. Anthoine Moulinet, lieutenant a Argenten, a obtenu pareilles lettres le...., ver. ch. le 2 aoust 1656.

1106. Abraham Vion, advocat a Rouen, natif d'Iltot (Yvetot), a obtenu pareilles lettres don. a la Fere en aoust 1654, ver. ch. le 16 aoust 1656, et c. le 5 novembre 1656.

1107. Francois Pilon, esleu d'Arques, a obtenu pareilles lettres don. a Compiegne en 1655. ver. ch. le 12 decembre 1656, et c. le 20 janvier aud. an.

1108. Zacarie Harel, conseiller a Caen, a obtenu pareilles lettres le 18 decembre 1656.

1109. Jean Martel, sieur de St Callais, lieutenant du bailliage de Evreux pour le siege de Conches, et cappitaine du chateau, a obtenu l. d'an. don. a Paris en may 1655, ver. ch. le 27 janvier 1657.

1101 B. Toustin, sieur de Varendes.
1108 B. ajoute : mort sans enfants.

1110. Thomas Guerard, sieur de Mezieres, election de Virres, a obtenu pareilles lettres le..., ver. ch. le 30 janvier 1657.

1111. Laurens et Daniel des Periers, parroisse de St Estienne de la Tillais, vicomté d'Auge, ont obtenu pareilles lettres le...., ver. ch. le 27 febvrier 1657.

1112. Emmanuel Chandebois, sieur de la Hais, tousjours (sic) dans le regiment des gardes du Perche, a obtenu pareilles lettres le...., ver. ch. le 6 mars 1657.

1113. Charles le Duc, de la ville d'Eu, a obtenu pareilles lettres don. a Paris en juillet 1653, ver. ch. le 24 avril 1655, et c. le 24 janvier 1654.

1114. Mre Pierre Corneille, sieur de Costecoste, conseiller au bailliage de Rouen, a obtenu pareilles lettres don. a Paris en decembre 1655, ver. ch. le 16 juillet 1657.

1115. Pierre Beron, sieur de Gourfaleur, demeurant a S^t Lo, a obtenu pareilles lettres don. a Paris en mars 1655, ver. ch. le 20 octobre 1657.

1116. Michel Vautier, sieur de la Houestiere, esleu a S^t Lo, a obtenu pareilles lettres don. a Paris en febvrier 1649, ver. ch. le 20 octobre 1657, et c. le... lad. chambre ordonna de raporter deux rolles a taille, scavoir 54 et 55.

1117. Michel Durand, lieutenant general du vicomte d'Avranches, Francois Durand, son frere, et Nicolas Durand, le cousin, ont obtenu pareilles lettres le... ver. ch. le 7 decembre 1657.

1118. André le Sueur, esleu a Arques, a obtenu pareilles lettres don. a Paris en decembre 1655, ver. ch. le 7 decembre 1657, et c. en juin 1656.

1119. Robert de Galery, sieur de la Tremblaye, escuyer du roy, Mre Thomas Galery, son pere, receveur du domaine de Dontfront, ont obtenu l. d'an. don. a Paris le 24 mars 1656, ver. ch. le 13 may 1658, et c. le 9 febvrier aud. an.

1120. Louis Osmont, sieur de Moyaux, Mortemer, les Bouvrettes, demeurant a Rouen, a obtenu pareilles lettres en mars 1653, ver. ch. le 13 may 1658, et c. le 22 mars 1653.

1121. Simon d'Ablon, demeurant a Dieppe, a obtenu pareilles lettres en decembre 1657, ver. ch. le 5 juin 1658.

1122. Robert Bellier, receveur des tailles a Allencon, a obtenu pareilles lettres le 6 juin 1658.

1123. Michel Vaultier, de St Lo, a obtenu pareilles lettres le 26 juin 1658.

1124. Jean Lempereur, sieur de la Garenne, demeurant a Caen a obtenu pareilles lettres don. a Paris en 1654, ver. ch. le 21 aoust 1658, et c. le 16 novembre 1656.

1125. Nicolas et Jean Pinthereau, demeurant a Chaumont pres Magny, a obtenu pareilles lettres don. a Paris en septembre 1649, ver. ch. le 10 decembre 1658, et.c. le 17 janvier 1651.

1126. Emery Langlois, sieur du Bocage, conseiller a Caudebec, a obtenu pareilles lettres don. a Paris en aoust 1650, ver. ch. le 20 decembre 1658, et c. le 12 febvrier 1654.

1127. Guillaume Thiret, sieur de Beauregard, cappitaine a Caen, a obtenu pareilles lettres don. a Paris en decembre 1655, ver. ch. le 20 decembre 1658, et c. le 5 decembre 1656.

1128. Jean le Mazurier, sieur de St André, esleu a Caen, et Jean le Mazurier, sieur de Borelle, son neveu, ont obtenu pareilles lettres don. a Paris en decembre 1658, ver. ch. le 20 febvrier 1659.

1129. Jean et Pierre Baron, freres, du Ponte Audemer, ont obtenu pareilles lettres don. a Paris en decembre 1652, ver. ch. le 22 decembre 1658, et c. le 8 mars 1657.

1130. Du Montier, lieutenant a Caen a obtenu pareilles lettres en avril 1654, ver. ch. le 18 janvier 1659. Porte pour armes d'argent a 3 chevrons d'azur.

1131. Thomas Campain, sieur des Moulins, demeurant a

1130 B. Nicolas du Monstier ou du Moutier, lieutenant général à Caen.

Bayeux, a obtenu l. d'an. don. a Paris en septembre 1654, ver. ch. le 23 avril 1659, et c. le 12 febvrier 1654.

1132. David Coipel, sieur de la Mare, conseiller a Bayeux, a obtenu pareilles lettres don. a Paris en decembre 1652, ver. ch. le 24 avril 1659, et c. le 15 juillet 1653.

1133. Nicolas St Germain, sieur du Breuil et Dameville, a obtenu pareilles lettres don. a Paris en may 1657, ver. ch. le 24 avril 1659, et c. le dernier juillet aud. an.

1134. Laurens, Jean et Francois de Foliot ont obtenu pareilles lettres don. a Paris en mars 1654, ver. pour lesd. Jean et Francois de Foliot, attendu le deces de Laurens, le 4 may 1659, en la cour le....

1135. Guillaume St Aubin, sieur dud. lieu, et Georges St Aubin, sieur de Valmont, demeurant au Havre, ont obtenu pareilles lettres en may 1653, ver. ch. le 7 may 1659 et en la cour le 4 novembre 1653.

1136. Jean de l'Espinay, sieur de la Garenne, et Robert de l'Espinay, sieur de la Pommeraye, demeurant au Pont l'Evesque, ont obtenu pareilles lettres en febvrier 1653, ver. le 17 may 1659.

1137. Mre Robert Loisel, lieutenant criminel d'Allencon, au siege d'Essay, a obtenu pareilles lettres don. a Paris en febvrier 1654, ver. le 20 may 1659.

1138. Pierre Danjou, sieur de Monfiquet, parroisse de Coursay (Courson), election de Virres, a obtenu pareilles lettres don. a Paris en janvier 1654, ver. ch. en may 1659.

1139. Charles des Hais, sieur du Travers et de Bonneval, demeurant a Orbec, a obtenu l. d'an. don. a Rouen en febvrier 1650, ver. ch. le 17 juin 1659, et c. le 2 may 1653.

1140. Gilles et Julien Guerin, sieur d'Agon, de Coutance,

1131 B. ajoute : de St-Sauveur-le-Vicomte.

ont obtenu pareilles lettres don. a Paris en febvrier 1653, ver. ch. le 26 may 1659.

1141. Lucas Baillard, sieur de la Bossotiere, lieutenant a Alencon, [a obtenu l. d'an.] don. a Paris en febvrier 1653, ver. ch. le 26 may 1659, et c. le 28 juillet 1656.

1142. Guillaume Lastecelle, sieur de Cathehoulle, parroisse de Montpinchon, a obtenu pareilles lettres don. a Paris en juillet 1653, ver. ch. le 26 may 1659.

1143. Jean Foaste, parroisse du Val, sieur de Reville, election de Valogne, a obtenu pareilles lettres don. a Paris en janvier 1656, ver. ch. le 29 may aud. an.

1144. Jean Pierre de Moulinet, de Seez, a obtenu pareilles lettres don. a Paris en aoust 1653, ver. ch. le 29 may 1659, et c. le 24 janvier 1654.

1145. René Got, procureur du roy a Allencon, Pierre et Marguier Got, freres, de Seez, fils de Jean, ont obtenu pareilles lettres don. a Paris en juin 1653, ver. ch. le 29 may 1659.

1146. Louis Danjou, sieur de la Maheudiere, de St Martin de Mambray (Montbray), a obtenu pareilles lettres don. a Paris en decembre 1655, ver. ch. le 4 juin 1659, et c. le 10 febvrier 1657.

1147. André Taillebos, sieur de Beaulieu, parroisse de St Heuslon, election de Mortaing, a obtenu pareilles lettres en septembre 1657, ver. ch. le 29 juin 1659.

1148. Anthoine le Sueur, sieur des Coustieres, parroisse de Blonville, proche le Pontlevesque, a obtenu pareilles lettres don. a Paris en septembre 1653, ver. ch. le 20 juin 1659, et c. le 11 aoust 1656.

1141 B. Billard, sieur de la Bottesoliere.

1143 B. Foasse. Au lieu du Val qui n'existe pas, il faut peut-être lire du Vast qui est près de Reville.

1147 B. Caillebois, paroisse de Husson. St Heuslon est évidemment une mauvaise lecture.

1149. Louis Jouvin sieur des Loges, grenetier a sel a Bernay a obtenu pareilles lettres don. a Paris en novembre 1654, ver. ch. le 20 juin 1659, et c. le 11 juillet 1656.

1150. Louis le Prince, sieur de la Houssaye, demeurant a S\ Lo a obtenu pareilles lettres don. a Paris en decembre 1654, ver. le 21 juin 1659.

1151. Louis Daguon, sieur de la Chapelle, de Caen, a obtenu pareilles lettres don. a Paris en avril 1657, ver. ch. le 21 juin 1659.

1152. Gaspard et Jacques de la Moustadiere, de Caen, ont obtenu pareilles lettres don. en may a Paris 1655, ver. ch. le 25 juin 1659, et c. le 30 mars aud. an.

1153. Estienne Trevé, conseiller a Rouen et cappitaine de lad. ville, a obtenu pareilles lettres don. a Paris en septembre 1654, ver. ch. le 27 juin 1659.

1154. Mathieu Gordier, advocat au siege de Thorigny, a obtenu pareilles lettres don. a Paris en aoust 1653, ver. ch. le 24 juin 1659, et c. le 13 aoust 1655.

1155. Jean Vitrouil, procureur du roy a Orbec, a obtenu pareilles lettres don. a Paris en febvrier 1653, ver. ch. le 27 juin 1659, et c. le 20 novembre 1653.

1156. Pierre Maillot, sieur de la Rouveraye, d'Orbec, a obtenu pareilles lettres don. a Paris en avril 1655, ver. ch. le 27 juin 1659, et c. le 17 febvrier 1657.

1157. Michel Maillot, sieur de la Roustiere, d'Orbec, a obtenu pareilles lettres don. a Paris en 1652, ver. le 17 juin 1659.

1158. Guillaume des Portes, baillif de Valmont en Caux, a obtenu pareilles lettres don. a Paris en novembre 1655, ver. ch. en 1659, et c. le 16 decembre aud. an.

1159. Jean de Rupaillay, sieur de la Fonteine, parroisse de Grand Camp, election de Bayeux, a obtenu pareilles lettres, don. a Paris en mars 1657, ver. ch. le 27 juin 1659, et c. le 21 juin 1658.

1160. Pierre Frelard, lieutenant de Lions, a obtenu pareilles lettres don. a Paris en octobre 1655, ver. ch. le 28 juin 1659, et c. le dernier janvier 1656.

1161. Christophe Voquain, sieur des Vallées, esleu de Virres, a obtenu pareilles lettres le...., ver. en la chambre le 3 decembre 1659.

1162. Robert Delisle, conseiller a Coustance, et Nicolas Delisle, president aud. lieu, ont obtenu pareilles lettres le....., ver. ch. le 2 aoust 1659, et c. le 20 juillet 1656.

1163. Olivier Goyer, sieur de Banville, receveur des tailles a Bayeux, a obtenu pareilles lettres en 1654, ver. le 4 decembre 1659.

1164. Salomon du Parc, fils de Jacques, cappitaine a Dieppe, a obtenu pareilles lettres d'an, don. a Paris en decembre 1654, ver. ch. le 15 decembre 1659, et c. le 25 octobre 1656.

1165. Nicolas du Four, de Fescamp, a obtenu pareilles lettres le...., ver. ch. le 15 decembre 1659.

1166. Gervais Allain, sieur de Barberie et de Boulainville, de Caen, a obtenu pareilles lettres en decembre 1655, ver. ch. le 26 febvrier 1660.

1167. Pierre André, sieur de Valsinop, receveur des aydes de Valognes, a obtenu pareilles lettres en juin 1657, ver. ch. le 15 mars 1660.

1168. Jacques du Hamel, advocat a Allencon, a obtenu pareilles lettres don. a Paris en may 1653, ver. ch. le 6 mars 1660.

1169. Pierre du Palet, cappitaine a Dieppe, a obtenu pareilles lettres en mars 1650, ver. le 23 juin 1660.

1170. Jean Guenet, procureur du roy a Bernay, et Alexandre Guenet, son frere, greffier au bureau des finances de Rouen,

1160 B. Pollet.

ont obtenu pareilles lettres don. a S¹ Germain en Laye en may 1652, ver. ch. en juin 1660, et c. le 30 juillet 1652.

CREATION DE DEUX NOBLES en avenement de la paix en 1660. — Le 21 decembre 1660 a esté veriffié l'edit de creation de 2 nobles en chacunne generalité en faveur de la paix, avec clausse que les annoblis soient exempts de payer aucunne indemnité, aucune information de vie et mœurs, a la charge que lors de la veriffication des lettres, il sera pourvu sur l'indemnité des pauvres, s'il eschet.

1171. Nicolas Bonneville, sieur d'Orveaux, a obtenu l. d'an. le..., ver. ch. le 8 febvrier 1661.

1172. Nicolas du Crocq, sieur de Limeville, eschevin et cappitaine des bourgeois de Rouen, a obtenu pareilles lettres le...., ver. le 18 aoust 1663.

1173. Jean Baptiste Robbe, sieur des Vallées, lieutenant de Bayeux, a obtenu pareilles lettres en 1654, ver. ch. le 20 decembre 1661, et c. le....

1174. Estienne Febvrier, conseiller et eschevin de Rouen, a obtenu l. d'an. en 1661, ver. ch. le 22 decembre aud. an.

1175. Nicollas Bellandonne, procureur sindic de Rouen, a obtenu l. d'an. de Sa Majesté don. a Paris en 1661, ver. ch. le 22 decembre aud. an 1661, et c. led. jour et an. Porte pour ses armes d'argent au chevron de gueulles au chef d'azur chargé de 2 croissants d'or et un arbre de sinople en pointe.

1176. Mre Louis le Bas, referendaire a Rouen, natif de devers S^t Lo en Costentin, a obtenu pareilles lettres en 1661, ver. en la chambre le 19 decembre aud. an.

1172 B. Limars, au lieu de Limeville.
1175 B. Ballandonne.

SUPPLÉMENT

A

L'ÉTAT DES ANOBLIS

EN NORMANDIE

Contenant les anoblissements de 1398 à 1678.

1177. François Louchard anobli l'an 1398. El. de Carentan et S^t Lo.

1178. Guillaume Anquetil, de la parroisse de Surtauville (Sortosville ou Surtainville?), anobli par arrest du premier mars 1404. El. de Valognes.

1179. Guillaume Campion, de la paroisse de Louvigny, anobli par arrest de 1419. El. de Caen.

1180. Jean Godefroy, sieur de St Marcoul (Marcouf), anobli par arrest de 1421. El. de Valognes.

1181. Jean de Tonnetot, paroisse de Berville, anobli par arrest de 1421. El. de Lisieux.

1182. Guerard Estienne, d'Enquetieville (Anquetierville), anobli par arrest de 1422. El. de Caudebec.

1183. Jean du Fayel, de la parroisse de Foulognes, anobli par arrest de 1422. El. de Bayeux.

1184. Izambert le Fort, paroisse de Tourné, anobli par arrest de 1422. El. de Bayeux.

1185. Guillaume du Grippel, paroisse de Monville (*sic*), anobli par arrest de 1422. El. de Caen.

1186. Guillaume et Raoul Gueroult, parroisse de Mommartin, annoblis par arrest de 1422. El. de Carentan et S^t Lo.

1187. Regnault et Jean dits Sauvage, paroisse de Pierreville, annoblis par arrest de 1422. El. de Valognes.

1188. Jean Sauvel, paroisse d'Espinay sur Odon, annobli par arrest de 1422. El. de Caen.

1189. Jean et Guillaume Simon, paroisse d'Audouville le Hubert, annoblis par arrest de 1422. El. de Carentan et St Lo.

1190. Jean et Jean Felice père et fils, paroisse d'Orval, annoblis par les francs fiefs, a cause du fief de la Royauté, par arrest de 1423. El. de Coutances.

1191. Richard Freval, parroisse d'Espinay sur Odon, annobli par arrest de 1423. El. de Caen.

1192. Nicolas Godefroy, de Ste Mere Eglise, annobli par arrest de 1423. El. de Carentan et St Lo.

1193. Philippes de Surtainville, paroisse de St Germain de Vaux, annobli par arrest de 1423. El. de Valognes.

1194. Jean le Grand, de St Pierre de Courcy de l'Isle, annobli par arrest de 1425. El. de Coutances.

1195. Michel et Guillaume Senot, paroisse de Caenchy (Canchy), annoblis par arrest de 1425. El. de Bayeux.

1196. Colin Hudebert, paroisse de Survie, annobli par arrest de 1427. El. d'Alençon.

1197. Jean Coupel ou Coipel, sieur de la Chapelle Biche, annobli par arrest de 1428. El. de Vire et Condé.

1198. Liger Cornet, de Minieres, annobli par arrest de 1432 El. d'Evreux.

1199. Jean Heuzé, paroisse de Hotot, annobli par arrest de 1435. El. de Bayeux.

1200. Jacques le Lievre, porteur de lettres du roy Charles de l'an 1437, auquel par arrest de 1536, il est ordonné prouver comme il est issu du dénommé en la dite charte. El. de Valognes.

1194. Le Courcy qu'on trouve près de Coutances avait pour patron St Laut; il y a peut-être une erreur.

1201. Antoine des Buats, de la Trinité, freres et enfants, declarés nobles comme issus de Jean, par arrest de 1438. El. de Falaise.

1202. Jean le Vaillant, petit fis de Colin, parroisse du Tourneur, annobli par arrest de 1444 au proffit dud. Collin contre les paroissiens de la Ferrière Harenc et par autre arrest de 1482. El. de Vire et Condé.

1203. Estienne le Clerc, du bourg de Trun, annobli par Charles sept l'an 1451 et confirmé par arrest...... El. d'Argentan.

1204. Guillaume Richer, paroisse de Chamcay (Champcey), annobli par lettres patentes de 1462. El. d'Avranches.

1205. Pierre Grieu, fis Gilles, du Sap proche Orbec, annobli l'an 1467, verifié l'an 1519. El. de Lisieux.

1206. Raoul du Mesnil, de Brione, fis Jean, annobli l'an 1467, et par arrest de 1481. El. de Caen.

1207. Robert du Plessis, annobli l'an 1467. El. de Falaise.

1208. Nicolas Gruel, de Hyesmes (Exmes), fis Germain, issu de Guillot, annobli par les francs fiefs l'an 1470 comme tenant le fief du Petit Mesnil, confirmé l'an 1522. El. d'Argentan.

1209. Guillaume le Sage, de St Pierre de Coutances, annobli l'an 1470 et par arrest de 1484. El. de Coutances.

1210. Jean Gaultier, sieur des Fournieres, paroisse de Treilly, fis Pierre, fis Simon, annobli par les francs fiefs, l'an 1471, a cause du fief de Bournieres. El. de Coutances.

1211. Francois L'Hermitte sieur de Boutelon (Bouteron), Bullerast (Brillevast) et Berville, descendu de Guillaume son ayeul, annobli aux francs fiefs l'an 1471, et payé finance. El. de Carentan et St Lo.

1212. Robert le Pelletier, de la paroisse de Jumelles, issu de Simon, annobli par les francs fiefs en 1471 et par arrest de 1523. El. de Rouen.

1213. Jean, Collin et Jean de Limoges freres, paroisse de St Just, annoblis par arrest de 1473. El. de Neufchatel.

1214. Guillaume Laillet, paroisse de St Clair sur Lestretal (Etretat), fis de Philippe, annobli par le roy Louis onze, l'an 1473, confirmé l'an 1505. El. de Montivilliers.

1215. Guillaume le Prevost, sieur du fief Mordant, paroisse d'Escalles sur Cailly, annobli par les francs fiefs et par arrest de 1473. El. de Rouen.

1216. Regnault le Lasseur, annobli l'an 1474. El. d'Argentan.

1217. Jean, Richard et Pierre de Nolent, descendus d'Helis, fis ainé de Guillaume, annobli par le roy Louis onze l'an 1474 et par arrest de 1523. El. de Lisieux.

1218. Guillaume et Jean de Sortembosc, freres, paroisse de Tremonville (Tremauville), fis Jean, annobli par le roy Louis onze l'an 1474 et par arrest de 1486. El. de Montivilliers.

1219. Jean Langlois, paroisse de Quineville (Genneville), annobli par les francs fiefs par arrest de 1475. El. de Lisieux.

1220. Jean de l'Espée, parroisse de St Pierre du Breuil, annobli par arrest de 1477. El. de Falaise.

1221. Thomas de l'Espine, paroisse de Montebourg, annobli par arrest de 1477. El. de Valognes.

1222. Jean et Guillaume de la Luziere, paroisse des Buats, annobli par arrest de 1480. El. d'Avranches.

1223. Louis de la Motte, paroisse d'Audrieu, annobli par arrest de 1480. El. de Caen.

1224. Jean Neel, paroisse de Brouay, annobli par arrest de 1480. El. de Caen.

1225. Guillaume Oursel, paroisse des Loges, annobli aux francs fiefs par arrest de 1480. El. de Montivilliers.

1226. Guillaume Affagart, de Titteville, annobli par arrest du 27 octobre 1481. El. Montivilliers.

1226. Au lieu de Titteville qui n'existe pas, il faut probablement lire Thiétreville qu'on écrivait autrefois Tietreville.

1227. Geffroy Henot, paroisse de Colomby, annobli par arrest de 1481. El. de Valognes.

1228. Robert Hervieu, de Briosne, annobli par arrest de 1481. El. de Caudebec.

1229. Pierre et Guillaume de Mante, paroisse de Montmartin en Graigne, annobli par arrest de 1481. El. de Caen.

1230. Artus le Mnet, paroisse de la Haye-Cailleville, annobli par arrest de 1481. El. d'Evreux.

1231. Guillaume et Jean le Roux, parroisse de Beuzeville, annoblis par arrest de 1481; finance 440 l. El. de Coutances.

1232. André d'Avesgo, annobli l'an 1482. El. d'Argentan.

1233. Richard Hervieu, paroisse de Cricqueville, annobli par arrest de 1482. El. de Bayeux.

1234. Nicolas de la Lande, parroisse de St Georges du Tuit, annobli par arrest de 1482. El. de Falaise.

1235. Guillaume Laurence, paroisse de Creuly, annobli par arrest de 1482 avec changement de nom en Hautlondel. El. de Caen.

1236. Nicolas Liegard, paroisse du Buisson, annobli par les francs fiefs a cause du fief du Buisson, l'an 1482. El. de Caen.

1237. Nicolas de Livet, parroisse de Torp, annobli aux francs fiefs l'an 1482. El. de Falaise.

1238. Jean de Mauny, paroisse de Bricqueville, annobli par arrest de 1482. El. de Bayeux.

1239. Martin Mondet, paroisse de Grimouville, annobli par arrest de 1482. El. de Coutances.

1240. Jean de Montgoubert, sieur de la Motte et de Fer-

1229. Montmartin en Graignes est de la Manche ; il n'en existe pas dans l'élection de Caen.

1234. Nous ne connaissons que Saint Georges en Auge dans l'élection de Falaise.

rieres, paroisse de Neuville, annobli par arrest de 1482. El. de Bernay.

1241. Jean Neel, paroisse de Plainville, cousin du precedent (n° 1224) annobli par arrest de 1482. El. de Caen.

1242. Jean Pellerin, paroisse de Cernieres, annobli par arrest de 1482. El. de Bernay.

1243. Jean le Prestrel, paroisse de Picauville, annobli par arrest de 1482. El. de Valognes.

1244. Nicolas de la Rüe, annobli l'an 1482. Il y en a Mongaru (Mongaroult). El. d'Argentan.

1245. Richard Gourmont, de Carquebu, fis Jean, et Raoul, fils Pierre, paroisse de Varneville (Varreville), annoblis par arrest de 1483. El. de Coutances (Carentan).

1246. Guillaume Manchon, parroisse de Heugleville, fis Jean, sieur de Cailly, annobli aux francs fiefs par arrest de 1483. El. de Bayeux.

1247. Richard le Mire, paroisse du Pin, annobli par arrest de 1483. El. de Lisieux.

1248. Guillaume Pierrecour, paroisse du Fidelaire, annobli par arrest de 1483. El. d'Evreux.

1249. Jean du Tot, sieur de Varneville, annobli par arrest de 1483. El. de Lyons.

1250. Macé Meslier, paroisse de Ste Cecile, annobli par arrest de 1484. El. de Vire et Condé.

1251. Collinet le Monnier, paroisse de Goheville, annobli aux francs fiefs a cause du fief du Cartier, par arrest de 1484. El. d'Arques.

1241. Voy. le n° 754 où ce même Jean est appelé Noel.
1246. Heugleville et Cailly sont de la Seine Inférieure. Il n'en existe point dans l'élection de Bayeux.
1251. Goheville n'existe pas. Il faut peut-être lire Gonneville où on trouve le Carcuit.

1252. Philippes le Roy, fis Collin, paroisse de Notre Dame de Fresné, annobli par arrest de 1484. El. d'Alençon.

1253. Nicolas et Guillaume Sorin, parroisse de Ste Opportune, annoblis par Charles 8 en 1484 et par arrest de 1516. El. de Coutances.

1254. Guillaume Theault, fis Guillaume, paroisse de Quilly, annobli par arrest de 1484. El. de Lyons.

1255. Robert Thomas, paroisse de St Floxel, annobli par arrest de 1484. El. de Valognes.

1256. Jean et Robert de Vivefoy, pere et fis, paroisse de Colletot, annoblis par arrest de 1484. El. de Rouen (J. Pont-Audemer).

1257. Robert Grebert, fis Pierre, paroisse de St Martin au Bosc, annobli par les francs fiefs et par arrest de 1484. El. d'Arques.

1258. Morel Regnier et la veuve de Jean, frere dud. Morel, paroisse de Gray, annobli par arrest de 1484. El. de Bayeux.

1259. Dam^{elle} Ursine de Boisjugan, veuve de Jean de Marigny, Marion, sa sœur, et les enfans dud. de Marigny, paroisse de Ste Opportune de Cissay (Lessay?) annoblis par arrest de 1485. El. de Coutances.

1260. Massé Giroesme, sieur d'Auberville, paroisse de Treauville, annobli a cause d'un fief dans la paroisse de Tourseauville ou Treauville, annobli par arrest de 1485. El. de Valognes.

1261. Jean Gueroult, de la Forest Auvray, annobli par arrest de 1485. El. de Falaise.

1262. Maturin et Pierre Helaine, paroisse d'Arcqnay (St Aubin d'Arquenay), annobli par arrest de 1485. El. de Caen.

1254. Nous ne connaissons pas de Quilly dans l'élection de Lyons. Il y a un Lilly dans cette élection et un Quilly dans l'élection de Bayeux.
1257. Grebert m'est inconnu. Peut-être faut-il lire Gilbert.

1263. Roger de Maresq, paroisse de Morville, annobli par arrest de 1485. El. de Valognes.

1264. Pierre Masle, parroisse de Periers, annobli par arrest 1485. El. de Coutances.

1265. Nicolas Mauduit, paroisse d'Eturqueraye, annobli l'an 1485, confirmé 1488 et 1491 ou 1498, vérifié en 1599. El. de Pont-Audemer.

1266. Guillebert Pinel, paroisse de Heberville, annobli par les francs fiefs par arrest de 1485. El. de Caudebec.

1267. Nicolas de Rallemont, paroisse de Cricquetot l'Esneval, annobli aux francs fiefs, à cause du fief du Bosc par arrest de 1485. El. de Montivilliers.

1268. Jean Roger, de St Germain le Gaillard, annobli aux francs fiefs à cause du fief de Crontsourt par arrest de 1485. El. de Valognes.

1269. Lambert Yon, de la parroisse de Ver, annobli aux francs fiefs a cause du fief du Quesney et par arrest de 1485. El. de Bayeux.

1270. Guillaume, Gilles, Jacques, Thomas et Jean d'Abouville, de la paroisse de Gonneville, et François, fils Jean, annobli par arrest de 1486. El. Valognes.

1271. Allain Billecheuft, de St Pair le Serrain, descendu de Jean, confirmé par arrest du... novembre 1486. El. d'Avranches.

1272. Robert Hulin, parroisse de Duclair, annobli par arrest de 1486. El. de Caudebec.

1273. Guillaume Lombart, paroisse de Bonarville, fis Noël, annobli par le roy Louis onze, confirmé par arrest de 1486. El. de Falaise.

1274. Robert du Mesnil, paroisse de St Agnan de Crasmesnil, annobli par arrest de 1486. El. de Caen.

1263. Il y a aussi un Morville dans l'élection de Rouen. Voy. l'article 340.

1273. Bonarville n'existe pas ; c'est sans doute une mauvaise lecture.

1275. Henry de Morteaux, paroisse de St Quentin des Isles, annobli par arrest de 1486. El. de Bernay.

1276. Pierre Hebert, fis Jean, sieur de Tremonville (Tremoville, Tremauville) aux Alloyaux, annobli aux francs fiefs, et confirmé par arrest de 1487. El. de Caudebec.

1277. Jean de Sence, paroisse de Divolrique, annobli par arrest de 1487. El. de Montivilliers.

1278. Jean Billecheuft, de la parroisse de St Sever, annobli par arrest de 1488. El. d'Avranches.

1279. Raoult de Hetehou, paroisse de Reville, annobli par arrest de 1488. El. de Bernay.

1280. Jean de Hetehou, paroisse des Pieux, issu de Nicolas frere de Raoul, annobli en 1488, confirmé par arrest de 1526. El. de Bernay.

1281. Colas Rogeron, paroisse de Pierry, annobli par arrest de 1489. El. d'Avranches.

1282. Jean le Roy, paroisse de Chambray, annobli par arrest de 1489. El. de Bernay.

1283. Marin Tostain (Toustain), de Vienne, sieur du Manoir, annobli l'an 1489. El. de Bayeux.

1284. Pierre Godefroy dit Bontemps, paroisse de Marcilly la Campagne, declaré noble par le roy, et confirmé par arrest de l'an 1490. El. d'Evreux.

1285. Thomas le Mouton, parroisse de la Haye du Puit, annobli par arrest de 1490. El. de Coutances.

1286. Geffroy de Quincarnon, sieur des Rousseaux, fis Thomas, annobli aux francs fiefs l'an 1491 a cause du fief d'Asseville, paroise de Marbeuf, et par arrest de 1525. El. d'Evreux.

1277. Divolrique est une mauvaise leçon. Peut-être faut-il lire d'Yvecrique.

1281. Pierry est sans doute une mauvaise leçon.

1287. Guillaume Meslet, sieur de Roncherolle, paroisse de Veteville, annobli par arrest de 1492. El. de Caudebec.

1288. Guillaume le Blais, de Crepon, annobli l'an 1492, confirmé l'an 1503. El. de Caen.

1289. Jean Noire, de la paroisse de la Ferté Fresnel, annobli par arrest de 1494. El. de Coutances.

1290. Pierre Remy dit Lemoine, paroisse de Bailly en Riviere, annobli par arrest de 1494. El. d'Arques.

1291. Guillaume Pain, parroisse de Berigny, enfant de Philippe, annobli aux francs fiefs, a cause du fief du Caron, par arrest de 1496. El. de Bayeux.

1292. Guillaume le Marinier, paroisse de Basqueville, annobli par le roy Charles 8, en las de soye de cire verte (*sic*), et confirmé par arrest de 1498. El. d'Arques.

1293. Nicolas Regnault, d'Avranches, annobli par arrest de 1499. El. d'Avranches.

1294. Nicolas Dessuslepont, de Vernon, déclaré noble comme issu de Jean, annobli par les francs fiefs par arrest de 1500. El. d'Andely.

1295. Robert Hochedin, paroisse de St Martin le Blanc, annobli aux francs fiefs par arrest de 1501. El. d'Arques.

1296. Jean et Guillaume Houssaye, paroisse de Sourdeval, fis Richard, annoblis aux francs fiefs, par arrêts de 1501. Regnault et Michel, freres, oncles des dessus dits enfans, annoblis par arrêts de 1501. El. d'Avranches.

1297. Simon Gaultier, parroisse de Courson, annobli par arrest de 1504. El. de Vire et Condé.

1298. Francois Gueroult, lieutenant du bailly de Moyon, annobli par arrest de 1505. El. de Coutances.

1287. Nous ne connaissons pas de paroisse de Veteville. On trouve un Roncherolles à Fauville, dans l'élection de Caudebec.

1299. Nicolas Cacherat, de S*t* Thomas de Fescan, annobli par arrest de 1507. El. de Montivilliers.

1300. Mathurin Gousseaume, de Cricqueville, annobli par arrest de 1507. El. d'Argentan.

1301. François Guillaume Glapion, paroisse S*te* Scolaste (Scolasse), annobli par arrest de 1508. El. d'Alençon.

1302. Jean Thibaut, paroisse de Barenton, annobli aux francs fiefs et par arrest de 1508. El. de Mortain.

1303. Robert Couvard, de St Laurens d'Alondel (de Condel), annobli par arrest de 1509. El. de Caen.

1304. Thomas du Moutier, avocat au parlement, annobli l'an 1510, finance 770 l. El. de Rouen.

1305. Jean Nicolle, paroisse de Quierqueville (Querqueville), annobli aux francs fiefs comme fis de Marin, par arrest de 1510. El. de Valognes.

1306. Georges Taurin, fils Ollivier, parroisse de Millieres, annobli par arrest de 1510. El. de Coutances.

1307. Robert le Grand, paroisse de Ste-Marthe, annobli par arrest de 1512. El. d'Evreux.

1308. Robert Heron paroisse de Semermesnil (Smermesnil) et Nicolas, paroisse de Neufville sur d'Aune (sur Eaulne), annoblis par arrest de 1512. El. d'Arques.

1309. Guillaume et Pierre Tourville, paroisse de Garencieres, annoblis par arrest de 1512. El. d'Evreux.

1310. Jean le Cornu, de la paroisse d'Ormes, annobli par arrest de 1514. El. d'Evreux.

1311. Adam des Mares, fils Pierre, sieur du Boisguilbert, annobli par arrest de 1514. El. de Caudebec.

1312. Jean Tollemer, sieur de la Montagne, annobli l'an 1514. El. de Pont-Audemer.

1313. Pierre le Clerc, de Croisset, annobli 1515. El. de Rouen.

1314. Henry Petit, paroisse du Mesnil sous Lislebonne, annobli aux francs fiefs par arrest de 1515. El. de Caudebec.

1315. Adrien du Pont, parroisse de Contennart (Cotevrard?), annobli par arrest de 1515. El. de Rouen.

1316. Jean le Roux, sieur de Morville et de Berteville, annobli aux francs fiefs par arrest de 1515. El. de Valognes.

1317. Jean de Bohons, annobli l'an 1517. El. de Rouen.

1318. Jean du Buisson, paroisse de Neusville (Néville?), annobli aux francs fiefs et par arrest de 1517. El. de Caudebec.

1319. Gilles le Clerc, de la paroisse de Lingevre, annobli par arrest de 1518. El. de Bayeux.

1320. Jean le Conte, paroisse de Benouville en Caux, noble ainsy que son fils Regnault et sa postérité, annobli par le roy Louis douze et confirmé par arrest de 1518. El. de Montivilliers.

1321. Guillaume le Crep, de la paroisse de Croixmare, annobli par les francs fiefs, confirmé par arrest de 1518. El. de Caudebec.

1322. Alfonse de Siville (Civille), annobli l'an 1518. El. d'Arques.

1323. Guillaume Chevenary, de St Gourgon d'Avesne, annobli par les francs fiefs, confirmé par arrest de 1519. El. d'Argentan.

1324. Robert et Jean Gosselin, oncle et neveu, vallet de chambre du roy, annoblis l'an 1519, vérifiés 1522. El. de Coutances.

1325. Robert Langlois, paroisse de Guideville (Genneville), descendu de Jacques, annobli par les francs fiefs à cause du fief de Manneville par arrest de 1519. El. de Lisieux.

1326. Guillaume de Herouval, sieur de la Londe, annobli par arrest de 1519. El. d'Alençon.

1327. Jacques Malherbe, lieutenant du viconte d'Orbec, annobli par arrest de 1519. El. de Lisieux.

1328. Macé de Malvouë, paroisse de Meules, annobli par arrest de 1519. El. de Lisieux.

1329. Guillaume de la Mare, paroisse de Castilly, annobli par arrest de 1519. El. de Montivilliers.

1330. Denis Michel, substitut du procureur du roy d'Orbec, déclaré noble comme issu de Guillaume son père aux francs fiefs par arrest de 1519. El. de Lisieux.

1331. Jean Ponchin, sieur de la Ponchiniere, annobli par arrest de 1519. El. de Montivilliers.

1332. Richard Raoul, paroisse du Sap André, annobli par arrest de 1519. El. de Lisieux.

1333. Pierre Toutsage, parroisse de Guenneville, fis Jean, issu de Roger, annobli aux francs fiefs par arrest de 1519. El. de Coutances.

1334. Guillaume Basire, de la paroisse de Quetehou, annobli par arrest du 7 mars 1520. El. de Coutances.

1335. Jacques Bellenger, vicomte de Beaumont le Roger, annobli par arrest de 1520. El. de Conches.

1336. Estienne le Cerf, paroisse de Fontene Halbout, annobli par arrest de 1520. El. de Falaise.

1337. Nicolas Hanot, paroisse de Gosseville, annobli et verifié 1520. El. de Coutances.

1338. Jean Hervieu, paroisse de St Ouen le Tubeuf, sieur de la Grande et de Gournay, annobli par arrest de 1520. El. d'Alençon.

1339. Thomas Mancel, de Mohiaux (Moyaux), fis Jean, sieur de Pierreval, annobli aux francs fiefs par arrest de 1520. El. d'Andelys.

1333. Guenneville est sans doute une mauvaise leçon. — Voy. l'article 383.

1339. Moyaux est de l'élection de Lisieux.

1340. Jean et Louis le Tellier, parroisse de Percy, annobli par arrest de 1520. El. de Coutances.

1341. Pierre Baudouin, sieur d'Aizy, garde des sceaux a Falaise, annobli l'an 1521, verifié 1522. El. de Falaise.

1342. Guillaume Douaizy, annobli l'an 1521, verifié 1528. El. de Falaise.

1343. Guillaume Paré, sieur de Combray, paroisse de Fauguernon, annobli par arrest de 1521. El. de Lisieux.

1344. Michel Scelles, sieur de St Paul, et Christofle, sieur du.... annoblis par arrest de 1521. El. de Bayeux.

1345. Robert et Charles de Tollemer, paroisse de Branville, déclarés nobles comme enfants de Jean annobli par le roy Louis douze et par arrest de 1521. El. de Pont-l'Evêque.

1346. Guillaume Bacqueler, paroisse de Bolbec, annobli aux francs fiefs et par arrest de 1522. El. de Caudebec.

1347. Robert de la Bigne, de Reuilly (Rully), annobli luy et sa posterité, par arrest de 1522. El. de Vire et Condé.

1348. Guillaume Blanchecape, paroisse de Fourmetot, annobli par arrest de 1522. El. de Pont-Audemer.

1349. Jean et Gilles de Bordeaux, de Coutances, declarés nobles par arrest de 1522. El. de Vire et Condé.

1350. Laurens de Boscdelle (Boisdel?), de Beine, annobli par arrest de 1522. El. de Bayeux.

1351. Cristofle du Chemin, parroisse d'Arrasis, annobli par les francs fiefs et par arrest de 1522. El. d'Alençon.

1352. Jean le Fevre, de Bordeaux, annobli par les francs fiefs a cause du fief de Canderotte, l'an 1522. El. de Montivilliers.

1353. Guillaume Filleul, sieur de Bauvilliers, annobli 1522, verifié 1523. El. de Lisieux.

1351. Arrasis est une mauvaise lecture.

1354. Henry Filleul, sieur de St Martin de la Lieue, annobli 1522. El. de Lisieux.

1355. Nicolas Guyon, de Joué du Plain, annobli par arrest de 1522. El. d'Argentan.

1356. Richard le Large, sieur de Coutreanville, de Cricqueville, annobli l'an 1522. El. de Valognes.

1357. Philippe Paysant, annobli l'an 1522. El. de Lisieux.

1358. Jean Puchot, sieur de Guerponville (Gerponville) eschevin a Rouen, annobli l'an 1522 ou 1588. De luy sont issus Messieurs de Guerponville et de Bertreville. El. de Caudebec.

1359. Richard et Jean de la Rivière, annoblis par arrest de 1522. El. de Bayeux.

1360. Edmon Robillard, paroisse de Belou, annobli aux francs fiefs et confirmé par arrest de 1522. El. de Falaise.

1361. Estienne de la Roche, de Rouen, annobli l'an 1522. El. de Rouen.

1362. Pierre et Jacques le Roy, sieur de Briqueville et de la Potterie, annobli l'an 1522. El. d'Argentan.

1363. Pierre le Sauvage, paroisse du Quesney, annobli par le roy Francois premier l'an 1522 et par arrest de 1527. El. de Lisieux.

1364. Guillaume Achier, sieur du Mesnil Vité, annobli l'an 1523. El. Bayeux.

1365. Pierre Aubert, sieur de Vierville, annobli par lettres de 1523 verifiées aud. an. El. de Caen.

1366. Richard Begin, de St Pierre Langé, par arrêt de 1523. El. de Coutances.

1367. Ethienne le Bis, de la Haye St Silvestre, annobli par arrest de 1523. El. de Bernay.

1356. Nous ne connaissons pas de Cricqueville dans l'élection de Valognes. Peut-être s'agit-il de Cricqueville dans l'élection de Pont-l'Evêque, à côté duquel on trouve Goustranville.

1368. Jacques de Chenneviere de la paroisse de Durset, issu de Guyot, annobli aux francs fiefs et par arrest de 1523. El. de Falaise.

1369. Pierre le Chevalier, de St Thomas de Touques, annobli par François premier, en juin 1523. El. du Pont-l'Evêque.

1370. Jean le François, de Bernay, annobli 1523. El. de Bernay.

1371. Antoine Gillain, fis Robert, annobli par arrest de 1523. El. de Caen.

1372. Robert Hurel, de Ste Mere Eglize, annobli et verifié 1523. El. de Carentan et S^t Lo.

1373. Guillaume Labbé du Melleraux (Merlerault?), sieur de la Rosiere, annobli et verifié l'an 1523. El. d'Argentan.

1374. Guillaume Michel, paroisse d'Ormesnil, fis Jean, fis Collin, frere de Louis, porteur d'arrest confirmatif de noblesse de l'an 1523. El. de Valognes.

1375. Jacques le Pelletier, fis Richard, fis d'autre Richard, annobli par les francs fiefs et par arrest de 1523. El. d'Alençon.

1376. Jean Quesnel issu de Thomas, annobli aux francs fiefs à cause d'un fief assis à St Martin aux Buneaux, bailliage de Caux, vicomté de Caudebec, et par arrest de 1523. El. de Rouen.

1377. Louis Vasse sieur des Pommerais et du Val, fis Guillaume, fis Jean, led. Jean et Raoul son frere sortis de Raoul, fis Robert, trizayeul dud. Louis, annoblis par arrest de 1523. El. de Caen.

1378. Guillaume Baudart, paroisse de Vitray, annobli par arrest de 1524. El. d'Alençon.

1379. Benoist le Carpentier de Jouveaux, issu de Thomas annobli par les francs fiefs, confirmé par arrest de 1524. El. de Lisieux.

1380. Jean des Chatou annobli l'an 1524. El. de Falaise.

1380. Chevillard écrit Challou, et une copie de la recherche de 1666 Eschallou.

1381. Perrin et Jean Fresnel pere et fis, [issus] de Mathieu, relief de derogeance, ledit Perrin annobli l'an 1524. El. de Caen.

1382. Jean de Lezeaux, paroisse [de] Damblainville, annobli par arrest de 1524. El. de Montivilliers.

1383. Gilles Martin, fis Pierre, annobli aux francs fiefs a cause du fief de Vetouville, par arrest de 1524, en la vicomté de Valognes. El. de Valognes.

1384. Jean le Prevost, issu de Guillaume son bizayeul, confirmé par arrest de 1524. El. de Rouen.

1385. Dam^{elle} Cardine Toustain, veuve de Philippe de Pomolain, et Claude son fils, paroisse de Besneray (Bennerey), annoblis par arrest de 1524. El. de Lisieux.

1386. Guillaume Bechon, de Sarrain (Surrain), annobli par arrest de 1525. El. de Bayeux.

1387. Guillaume le Bouvier, declaré noble d'ancieneté, après avoir produit sa généalogie, par arrest de 1525. El. de Bayeux.

1388. Jacques Briquetier sieur de St Aubin de Sellon, annobli l'an 1525. El. de Caen.

1389. Roger de Calmesnil, sieur d'Ocqueville, annobli par arrest de 1525. El. d'Arques.

1390. Jean Durand paroisse de Roncerolles de Bray (Roncherolles en Bray), sieur dud. lieu, annobli par arrest de 1525. El. de Lyons.

1391. Charles du Boisguion, de Neuffleury, annobli par arrest de 1526. El. d'Evreux.

1392. Guillaume de Cancerveur (Camserveur), annobli par arrest de 1526. El. de Valognes.

1393. Jacques et Julien de Fontaines, freres, annoblis par arrest de 1526. El. de Bayeux.

1382. Damblainville est de l'élection de Falaise.
1388. St Aubin de Scellon était de l'élection de Lisieux.

1394. Pierre Rousselin, sieur de Champres, paroisse de Hudimenil, issu de Jacques annobli aux francs fiefs, jouissant du fief noble du Pont Farcy par arrest de 1526. El. de Coutances.

1395. Philippe le Roux, sieur de Viette, annobli par arrest de 1526. El. de Valognes.

1396. Jean des Selliers, d'Honfleur, annobli par le roy a cause de la charte des francs fiefs comme issu de Charles, par arrest de 1526. El. de Pont-l'Evêque.

1397. Richard le Vaillant prêtre, et Jean, son frère, de Douvre, annoblis par arrest de 1526. El. de Caen.

1398. Henry et Pierre de la Bazonniere, [sieurs] de Gouly et de Briqueville, annoblis par arrest de 1527. El. de Bayeux.

1399. Thomas, Michel et Guillaume Besnard, de St Martin de la Bezan (des Besaces), annoblis par arrest de 1527. El. de Vire et Condé.

1400. Enguerrand Cheval, de St Lo de Courcy, annobli par les francs fiefs et par arrest de 1527. El. de Coutances.

1401. Cecile Corbin, veuve de Guillaume le Conte, et Jean, leur fils, declarés nobles par chartre particuliere et confirmée par arrest de 1527. El. de Montivilliers.

1402. Nicolas et Julien Ferrand, de St Sauveur Lendelin, issus de Nicolas, fils Jean, annoblis par les francs fiefs a cause du fief des Mares, par arrest de 1527. El. de Coutances.

1403. Claude le Francois, sieur du Bois le Conte, annobli par arrest de 1527. El. de Bernay.

1404. Nicolas de la Haye, de St Pierre le Cauchois, paroisse de Tihebert, annobli par arrest de 1527. El. d'Arques.

1405. Jeanne de la Hazardiere, veuve de Nicolas de Boisjugan, annobli par arrest de 1527. El. de Carentan et St Lo.

1406. Marie Hervieu, veufve de Jean Ragout, lettres de derogeance de l'an 1527 comme issue de Robert Hervieu, paroisse de Grandville la Blouette (Grainville-l'Alouette). El. de Montivilliers.

1407. Michel le Houssu, paroisse de Carantilly, fis Guillaume, annobli par les francs fiefs a cause du fief de Barbierres par arrest de 1527. El. de Coutances.

1408. Helie Lucas, sieur de Ruberry, fis Charles, annobli aux francs fiefs a cause du fief de Ruberry par arrest de 1527. El. de Caen.

1409. Hubert Morel, sieur du Boscroger pres Buchy, issu de Jean, sieur de Bunegdale (Bruquedalle ?), annobli aux francs fief par arrest de 1527. El. de Caudebec.

1410. Bernardin Pevrel, annobli par arrest de 1527, El. d'Evreux.

1411. Bernard le Pigny, sieur de Rampant, Agnel et la Meaufle (Meauffe), annobli par arrest de 1527. El. de Bayeux.

1412. Richard Postis, sieur d'Argence, fis Geffroy, annobli par les francs fiefs a cause du fief Gombert par arrest de 1527. El. d'Evreux.

1413. Gautier et Vivien Varroc, paroisse d'Acrel (Airel), fis Girard, annobli aux francs fiefs a cause du fief de Ronnenneville par arrest de 1527. El. de Bayeux.

1414. Guillaume Abot de la paroisse de St Quentin, election de Mortain, annobli par arrest du 26 avril 1528 comme sorty de Jean, sieur du Mesley. El. de Mortain.

1415. Robert le Gras, sieur de Bigars, fis Robert, parroisse de Campigny, annobli par le roy Charles sept, et confirmé 1528. El. de Pont-Audemer.

1416. Jean le Jumel, penitencier d'Evreux, Thomas et

1411. Rampan et la Meauffe étaient de l'élection de S^t Lo. Peut-être qu'à la place d'Agnel que nous ne connaissons pas, il faut lire Ayrel qui était sur la limite de l'élection de Bayeux.

1415. De la Roque, Traité de la noblesse, ch. 43, p. 148, cite des lettres de noblesse en faveur de Robert le Gras, vicomte de Pont-Audemer, données au Plessis-les-Tours au mois de mars 1450, et registrées à la chambre des comptes le 22 du même mois. Ces lettres annoblissaient la postérité féminine aussi bien que la masculine.

Guillaume ses freres, demeurant au Pont l'Evesque, issus d'Auber annobli par Louis 12 l'an 1529 ; finance donnée, et confirmés par arrest de 1553. El. de Pont-l'Evêque.

1417. Jean le Fevre, sieur de Bautot, bourgeois de Rouen, annobli 1543. El. de Caudebec.

1418. Pierre et Alain Frolet, sieur de la Vacquerie, annoblis l'an 1543. El. de Bayeux.

1419. Guillaume d'Irlande, sieur du Mesnil Godinet (sic), annobli l'an 1543. El. de Bernay.

1420. Adam Lalongny, sieur du Mesnil Toufray et d'Eville (Urville), parroisse de S¹ Germain le Vasson, annobli l'an 1543. El. de Falaise.

1421. Simon le Loué, sieur de Beauchamp, paroisse de Freville, annobli l'an 1543. El. de Valognes.

1422. Michel le Loup, paroisse d'Yeville (Hiesville), annobli l'an 1543. El. de Valognes.

1423. Filippes Marguerie, receveur des tailles a Fallaize, sieur d'Eran (Airan), annobli et verifié 1543. El. de Falaise.

1424. Gilles Rigoust, sieur d'Orcher, annobli par chartres du.... 1543 [payera] la somme de 1430 l., assavoir pour le principal 1300 l. et 130 l. pour les deux sols pour livre. El. de Montivilliers.

1425. Armand du Boulley annobli l'an 1544. El. de Lisieux.

1426. Robert Collardin, sieur de Boisolivier, annobli 1544. El. de Vire et Condé.

1427. Pierre des Hayes, sieur de la Cauvignere, annobli l'an 1544. El. de Lisieux.

1428. Jean et Pierre du Moucel sieur de Grandbouville et Mellimont, annoblis 1544. El. de Pont-l'Evêque.

1429. Jean des Perrois, sieur de la Fosse, avocat a Orbec, paroisse Cirfonteine, père d'Olivier, annobli l'an 1544. El. de Lisieux

1430. Pierre Pillon, grenetier du sel, annobli et verifié 1544. El. de Carentan et S¹ Lo (l. Pont-Audemer).

1431. Thomas le Prevost, sieur du Mesnil Mauger, annobli l'an 1544. El. de Pont-l'Evêque.

1432. Charles et Auguste Scota dit des Nos, de la Haye-Heurrant, annoblis l'an 1544, verifiés 1545. El. de Carentan et St Lo.

1433. Louis de la Serre, sieur d'Escots (Ecots), annobli l'an 1544, verifié 1596. El. de Caen.

1434. Louis du Valpoutrel annobli l'an 1544. El. d'Alençon.

1435. Jean Ausbert, de Fontenné (Fontenay) le Marmion, annobli et verifié l'an 1545. El. de Caen.

1436. Jacques Mesnage, sieur de Cagny, annobli l'an 1545. El. de Caen.

1437. Germain le Gouez, sieur d'Escadreville en Auge, annobli l'an 1548. El. de Pont-l'Evêque.

1438. Martin Hebert, sieur de Boulon, annobli 1548, vérifié 1549. El. de Caudebec.

1439. Alain le Maire, paroisse de Brecq, annobli par arrest de 1550. El. de Caen.

1440. Archambault le Prevost, paroisse de St Martin le Blanc, annobli l'an 1550. Il est sieur de Pacheil (Pucheuil) et de St Martin le Blanc, duquel est sorti Hubert, et dudit Hubert, George, proprietaire desdits fiefs. El. de Neufchâtel.

1441. Matthieu et Thomas le Roux, sieur du Buisson, annoblis l'an 1550 [confirmation] en faveur de Mathieu et d'Alexandre l'an 1594 ; finance 660 l. El. de Caudebec.

1442. Jean Thorel, procureur general en la cour des aydes, annobli l'an 1550. El. de Coutances.

1443. Leon et Jacques Fallet freres, annoblis l'an 1554, verifiés 1557. El. de Caen.

1432. La Haye-Heurrant est probablement une mauvaise leçon. Scota nous est inconnu. Peut être s'agit-il des Scodenos. Voy. le n° 1533.

1437. Au lieu d'Escadreville, une copie de la recherche de 1666 dit Heudreville.

1439. Brecq n'existe pas. Peut-être faut-il lire Brecy.

1444. Jean le Valois, sieur de Putot, annobli l'an 1552. El. de Caen.

1445. Adam Gaultier annobli l'an 1553 par arrest entre les habitants d'Argentan, registré l'an 1554. El. d'Argentan.

1446. Jacques Gallet, sieur de la Roche, annobli l'an 1555. El. de Falaise.

1447. Robert Morin, fils Laurans, sergeant de Bonneville sur Touques, annobli 1556. El. de Pont-l'Evêque.

1448. Nicolas Maze, sieur de la Pommeraye, annobli l'an 1560. El. de Rouen.

1449. Renaut Bayon, de Villy, sieur de Fresné la Mère, dont l'ayeul annobli l'an 1572. El. de Falaise.

1450. Gratian Daniel, sieur des Flottes, annobli en 1574, [payera] ou ses hoirs masles 880 l. : principal 800 l., deux sols pour livre 80 l. El. de Valognes.

1451. Nicolas Garaby, sieur de Montfalon ou Monchatton, annobli en 1574 ou 1578 [payera] ou ses hoirs masles 990 livres : principal 900 livres, et deux sols pour livre 90 livres. El. de Coutances.

1452. François ou Gilles l'Hermitte, annobli l'an 1574. El. de Falaise.

1453. Jean Faucon, sieur de la Perrette, 660 livres : principal 600 livres, deux sols pour livres 60 livres, annobli l'an 1575, et Romain, l'an 1578. El. de Valognes.

1454. Henry Gillain légitimé et annobli en l'année 1575, [payera] la somme de 375 l. (*sic*): principal 300 l., deux sols pour livre 30 l. El. de Falaise.

1455. Thomas le Loué, sieur de Cailloué, annobli l'an 1575, verifié 1577. El. de Valognes.

1456. Pierre Novince, trezorier general des finances a Caen, annobli en 1576 [payera] ou ses hoirs masles 660 l.: principal 600 livres, deux sols pour livre 60 livres. El. de Caen.

1457. Jean le Roy, sieur de Guillerville, annobli par chartres du mois de septembre 1576 [payera] pareille somme de 1430 l., scavoir de principal 1300 l. et 130 l. pour les deux sols pour livre. El. de Caudebec.

1458. Hugues Aze, porteur de lettres de derogence de l'an 1577. El. de Caudebec.

1459. Robert Morel, sieur d'Heroudeville (Eroudeville), annobli l'an 1577, verifié 1578. El. de Carentan et St Lo.

1460. Robinet et Pierre Avoine, annoblis l'an 1578. El. de Bernay.

1461. Jean Daluin, fils Jean, annobli 1578; finance 600 l., supplement 200 l. El. de Bayeux.

1462. Simon de Gouberville demeurant au Mesnil Auvay (Auval?) légitimé et annobli en 1578 [payera] 385 l., scavoir de principal 350 l. et 35 l. pour les deux sols pour livre. El. de Valognes.

1463. Anthoine Colibert, sieur de l'Escorcherie, annobli en 1578, verifié en 1596, [payera] ou ses hoirs masles 875 livres: principal 800 l. deux sols pour livre 75 livres.

1464. Jean le Bret, de St Laurens de Thorigny, annobli par arrest de 1579. El. de Bayeux.

1465. Le capitaine Cocquerel, annobli l'an 1580. El. de Caen.

1466. Guillaume le Cointe, sieur d'Urville et la Roziere, annobli l'an 1580. El. de Caen.

1467. Jean Muzelo, fils Raoul, du Cottentin, annobli par arrest de 1580. El. d'Avranches.

1468. Jean Nollet, élu, annobli l'an 1580. El. de Bayeux.

1469. Francois Jourdain, sieur des Broches ou des Roches et

1459. Cet article paraît s'appliquer à la même personne que l'art. 51.
1464. Une autre famille le Bret, élection de Gisors, avait pour souche Robert le Bret que notre manuscrit écrit à tort Robert le Boct, n° 100.

de la Bonneville, [payera] 990 livres : principal, 900 l., deux sols pour livre 90 livres, annobli l'an 1581. El. de Valognes.

1470. Michel Bernard l'aisné, annobli l'an 1582. El. de Bayeux.

1471 Jacques Leonard l'aisné, sieur d'Orbois, annobli en 1582 [payera] ou ses hoirs masles 1320 l. : principal 1200 l. et deuz sols pour livre 120 l. El. de Bayeux.

1472. Robert le Builly, sieur du Mesny et de Conjugiville, annobli l'an 1583 et verifié par tout audit an. El. de Rouen.

1473. Jean du Val, annobli par lettres veriffiées le 15 novembre 1583 [payera] 770 l., scavoir 700 l. de principal et 70 l. pour les deux sols pour livre. El. de Pont-Audemer

1474. Raoul de Bretel, sieur de Gremonville, president à la cour de parlement, annobli l'an 1588. El. de Caudebec.

1475. Jacques Cavelier, sieur d'Auberville, annobli en l'année 1588, [payera] 440 livres, de principal 400 livres, et 2 sous pour livre 40 livres. El. de Rouen.

1476. Jean Estienne, annobli en 1588, permis de changer son nom d'Estienne en celui de Vigneral.

1477. Robert Graffart, sieur du Parc, annobli 1588. El. de Rouen.

1478. Anthoine Philippe, sieur de St Ouen et d'Espinay [payera] 330 l. : principal 300 l., deux sols pour livre 30 l., annobli l'an 1588. El. de Caen.

1479. Pierre Touppin, sieur de Belleville, fis Jean, vice bailly, annobli l'an 1588, verifié 1589; finance 330 l. El. de Rouen.

1480. Jacques de Verdun, annobli l'an 1588. El. d'Argentan.

1481. Francois Bonnenfant, légitimé et annobli en 1589, la

1472. Il faut peut-être lire Brilly. Conjugiville paraît être une mauvaise lecture.
1476. Voyez l'article 162.

somme de 440 livres : principal 400 livres, et deux sols pour livre 40 livres. El. de Falaise.

1482. Pierre Martel, premier echevin de Dieppe, annobli l'an 1589, et Jean, sieur de Frion, president en l'election, annobli l'an 1650, confirmé 1657. El. d'Arques.

1483. Jean du Renier, paroisse de St Lo d'Urville (Ourville), annobli par lettres verifiées l'an 1589. El. de Valognes.

1484. Gilles le Carpentier, conseiller en la cour de parlement de Rouen, annobli au mois de septembre 1592, la somme de 330 livres, à scavoir de principal 300 livres, et 30 livres pour les deux sols pour livre. El. de Caudebec.

1485. Jacques d'Avoye, sieur de Pimont, annobli l'an 1593, verifié l'an 1595 et 1622. El. d'Andelys.

1486. Nicolas des Isles, assesseur a Montivillers, annobli l'an 1593. El. de Montivilliers.

1487. Girard de Membeuf (payera) 770 livres : principal 700 l. et deux sols pour livre 70 livres, annobli l'an 1593. El. de Coutances.

1488. Jacques le Conte, sieur de Boureville, annobli en 1594, payera, ou ses hoirs masles pour luy, la somme de 660 livres, scavoir pour le principal 600 livres et 60 livres pour les deux sols pour livre. El. de Caudebec.

1489. Thomas le Moussu, sieur de la Millerye, lieutenant du bailly de Moyon, annobli 1594, verifié en 1595 (payera) 880 l.: principal 800 l. et deux sols pour livre 80 l. El. de Coutances.

1490. Roger Pattin, paroisse de Grandvilliers, et ses enfants héritiers de Robert, annobli par arrest de 1594. El. de Caudebec, (l. Conches).

1491. Pierre Fresnel, de la paroisse de Mathieu, annobli l'an 1595. El. de Caen.

1492. Pasquier Jarry, sieur de la Tour, annobli l'an 1595,

1489. Cet article s'applique au même personnage que l'article 208.

neanmoins condamné a payer taille l'an 1604. El. de Vire et Condé.

1493. Macé ou Marc de Minville, sieur de Norval, demeurant à Gisors, annobli au mois de septembre 1595 [payera] la somme de 660 l.: principal 600 l. et deux sols pour livre 60 l. El. de Gisors.

1494. Thomas Morel, sieur de Gemare, annobli l'an 1595, registré 1597. El. de Pont-l'Evêque.

1495. Jacques Collet, sieur des Hommets, annobli l'an 1596. El. de Pont-l'Evêque ou de Vire et Condé.

1496. Jacques du Houley, de Courtonne la Meurdrac, annobli l'an 1596. El. de Lisieux.

1497. Francois Millet, sieur de Serols (Carolles?) annobli l'an 1596. El. d'Avranches.

1498. Francois Pollin, annobli l'an 1596. El. de Valognes.

1499. Pierre du Fay, conseiller en la cour des aydes dudit pays [de Normandie], annobli au mois de febvrier 1597, [payera] la somme de 330 livres : principal 300 livres, et 30 livres pour les deux sols pour livre. El. de Caudebec.

1500. Jacques Gueroult, paroisse de Goderville, sieur de St Estienne, annobli l'an 1597, verifié 1600; finance 550 l. El. de Montivilliers.

1501. Michel le Picard et Charles annoblis l'an 1598; finance 770 l. El. de Caudebec.

1502. Anthoine le Souin, controlleur des finances, annobli 1598, vérifié 1610. — Famille éteinte. El. de Rouen.

1503. Jean le Maine, de Caen, annobli 1604, ver. 1608. El. de Caen.

1504. Relief de derogeance pour Pierre Dodeman, sieur de Boizy, de l'an 1608, verifié 1612. El. de Falaise.

1505. Guillaume Hally annobli l'an 1609. El. de Bernay.

1506. Pierre et Edme Dramart, freres, annoblis l'an 1610, registrés 1611 et 1629. El. de Pont-l'Evêque.

1507. Arnould de Magny, annobli l'an 1610. El. de Falaise.

1508. Michel Merac, annobli l'an 1612. El. de Caen.

1509. Richard le Mire, sieur de Launey, maitre de forges, annobli 1612. El. de Lisieux.

1510. Baptiste Jouan maintenu en 1615. El. de Bernay.

1511. Lancelot Jambourg, paroisse de Fueilly (la Feuillie?), annobli par arrest de 1619. El. de Valognes.

1512. Yver Jozel, paroisse de St Pierre Eglise, annobli par arrest de 1619. El. de Valognes.

1513. Julien Hodiart, elu, annobli et verifié l'an 1623. El. de Lisieux

1514. Pierre Langlois, de Gournay, annobli et verifié l'an 1623. El. d'Andelys.

1515. Robert, Jean et Jacques de Baussy, Denis et Jean, ses fis, annoblis par arrest de 1624. El. de Bayeux.

1516. Marin Blanchard, sieur des Aulnez, de Tillières, annobli l'an 1624. El. de Verneuil.

1517. Jacques Daufresne, de la paroisse de St Flocel, annobli par arrest de 1624. El. de Valognes.

1518. Jean et Girard Cartier, paroisse de Baillif en Riviere, annoblis par arrest de 1625. El. d'Arques.

1519. Jean de Carnet, de la paroisse du Breuil, [annobli] par arrest de 1626. El. de Bayeux.

1520. Adrien Fouques, annobli l'an 1634, restabli 1665. El. de Bernay.

1521. Jean du Perray annobli pour services l'an 1636, verifié 1637. El. de Rouen.

1522. Pierre des Mogerets, sieur de Neufville, maitre des requestes ordinaire de la reine, annobli l'an 1637, verifié l'an 1638. El. de Rouen.

1513. Ce nom d'Hodiart nous est inconnu. Peut-être s'agit-il de Jean Hediart, élu de Lisieux, qui fut annobli en 1522.

1523. Michel le Prevost, paroisse de la Vieille Lyre, annobli l'an 1637. El. de Pont-l'Evêque, (l. Conches).

1524. Pierre Fouques, sieur de la Pillette, d'Orbec, annobli l'an 1638, verifié 1665. El. de Lisieux.

1525. Jean des Periés, sieur de St Marc, annobli 1638. El. de Lisieux.

1526. Gilles de Simont, sieur de la Lande, de Beaumont, président en la generalité de Caen, annobli l'an 1638. El. de Caen.

1527. René et Marc Antoine du Becquet, annoblis l'an 1641, verifiés l'an 1643. El. de Bernay.

1528. Louis Artus, prézident à Avranches, demeurant a Pontorson, annobli et verifié l'an 1643. El. d'Avranches.

1529. Guillaume Langlois, sieur de Fierville, annobli l'an 1644, retably l'an 1665. Il est de Villedieu les Bailleuls. El. d'Argentan.

1530. Georges le Maitre, sieur de Baron, annobli l'an 1644. El. de Caen.

1531. Nicolas Monteilles annobli l'an 1644. El. de Lisieux.

1532. Jean le Page annobli l'an 1644. El. de Bernay.

1533. Claude Scodenos, paroisse de Courtomer ou Lizine, annobli l'an 1644. El. d'Alençon.

1534. Robert Vauquelin, annobli l'an 1644. El. de Lisieux.

1535. Sebastien Donnay, de Persy (Percy), annobli l'an 1646. El. de Caen.

1536. Robert Auzouf, de St Pierre le Vieil, annobli par chartre des francs fiefs du 20 juin 1647 (*sic*). El. d'Arques.

1537. Jean Barré, annobli l'an 1647, restably l'an 1667, sieur de Montfort. El. de Bernay.

1538. Francois Hardy, annobli l'an 1647. El. d'Alençon.

1525. Une copie de la recherche de 1666, dit : à St Mards de Fresne.
1538. Lizine est probablement une mauvaise leçon.

1539. François de S¹ Clair, chevau-leger et veteran, annobli 1648. El. de Mortagne.

1540. Claude de Beauvais, sieur de Mary (l'Amaury), de la paroisse de Screy (Serez), annobli l'an 1649. El. d'Evreux.

1541. Francois Moisard, sieur de la Moisardiere, annobli l'an 1649. El. de Lisieux.

1542. Laurens Taquet, echevin de Dieppe annobli l'an 1650, supprimé 1664, restably 1668. El. de Bernay.

1543. Nicolas le Thuré (Thucé?) annobli l'an 1651. El. de Bernay.

1544. Charles de Varrannes, capitaine de la Jeunesse de Dieppe, annobli l'an 1651. El. d'Arques.

1545. Claude Bautier, sieur d'Infreville, éleu a Verneuil, annobli l'an 1653, verifié 1654. El. de Verneuil.

1546. Guillaume Bellehache, sieur de St Aubin, et Georges, sieur de Vallemont, demeurant au Havre, annoblis l'an 1653. El. de Montivilliers.

1547. Thomas et Michel Doriviere (de Riviere), annoblis l'an 1653, verifiés 1665. El. de Lisieux.

1548. Izayec le Bourgeois, lieutenant du vicomte d'Orbec, annobli l'an 1655. El. de Lisieux.

1549. Gaspard et Jacques le Moutardier annoblis l'an 1658. El. de Caen.

1550. Jacques Pillou, sieur de Boislandon, annobli 1660, restabli l'an 1665. El. d'Argentan.

1551. Gilles de Pommerat, paroisse de St Ouen le Houx, annobli l'an 1660, registré 1664. El. de Lisieux.

1552. Julles Guillebert, sieur des Essarts, major pour le roy a Noyon, annobli pour services l'an 1662. El. de Caudebec.

1553. Alexandre Cheneval (Chennevas), sieur d'Yacourt

1551. Pommerat est probablement pour Pommeret alias Pommerey.

(Jeucourt), de Tourny, annobli l'an 1663, confirmé l'an 1670; pour services. El. d'Andelys.

1554. Gilles Chretien, annobli l'an 1664. El. de Mortagne.

1555. Louis Greard, avocat au parlement, annobli l'an 1664, verifié 1665. Il estoit du costé de St Lo et vint s'etablir a Rouen; Mgr le Duc de Montausier, gouverneur de la province, demanda au roy des lettres de noblesse pour lui en reconnaissance de ce qu'il lui avoit fait gagner un procez dans lequel il étoit avocat, et n'avoit voulu recevoir argent ni presents, quoique cependant il ne fut pas riche, et ce fut la premiere cause qu'il eut jamais plaidée. El. de Caudebec.

1556. Charles Alleaume annobli l'an 1667. El. de Caudebec.

1557. Jean de Boismilon, sieur du Boscroger, et Francois, enfants naturels de Cesar de Montenay, legitimés et annoblis l'an 1667, verifiés 1669; permis de changer de nom. El. d'Evreux.

1558. Jean le Clerc, sieur des Marets, annobli et confirmé l'an 1669. El. de Neufchâtel.

1559. Charles de Bourgueville, sieur de Beaucourt et de Bras, annobli l'an 1687. El. de Caen.

1560. David et Jean Botté, de Notre Dame de Villers (Villers sur Glos), annobli aux francs fiefs, à cause de plusieurs fiefs, descendus de Nicolas, premier annobly. El. de Lisieux.

1559. De la Roque, Traité de la noblesse, ch. 66, p. 206, cite un Charles de Bourgueville, sieur de Bras, lieutenant général de Caen, dont les lettres de noblesse auraient été entérinées en 1555. Ce doit être l'historien, et par conséquent la date de notre manuscrit serait inexacte.

1560. Le manuscrit n'indique pas la date de l'anoblissement. Plusieurs membres de cette famille ont figuré dans la recherche de 1666.

TABLE

DES NOMS D'HOMMES (1).

Ablon (d'), Simon, 1121.
Abot : Guillaume, Jean, 1414.
Abouville (d') : François, Gilles, Guillaume, Jacques, Jean, Thomas, 1270.
Achier, Guillaume, 1364.
Adam : Barbe, 505 ; — Charlot, Charlotte, 434 ; — Hanibal, 679.
Advenel, Baptiste, 721.
Advenette, André, 838.
Affagart, Guillaume, 1226.
Agie : Blanche, 511 ; — Catherine, 660.
Agier (d'), Pierre, 1016.
Ajon (d'). Voy. Ujon (d').
Alexandre : Adrian, 1083 ; — Jean, 528 ; — Catherine, 542 ; — Pierre, 1009.
Allain : Gervais, 1166 ; — Jacques, 767 ; — Nicolas, 378 ; — Pierre, 763, 767.
Alleaume, Charles, 1556.
Allechamps (d'), Jean, 826.
Allençon (d'), Pierre, 715.
Alloué (l'), Guillaume, 481.
Ambray (d'), Henry, 130.
Ammelinne : Christophle, Noel, 217.
Anceaume, Thomas, 945.
André : Jacques, 950 ; — Pierre, 1167.
Anfray, Estienne, 209.
Anger, 106.
Ango, Jacques, 746.
Anquetil, Guillaume, 1178 ; — Nicolas, 415.

Arandel (d') : Antoine, Claude, Mathias, Nicolas, 570.
Archier, Henry, 879.
Argoulle (d') : François, Jacques, 755.
Arnault, Anthoine, 126.
Arondel, Robert, 475.
Arpens (des), Richard, 373.
Arrouet. Voy. Darrouet.
Artur, Gilles, 910.
Artur. Voy. Artus.
Artus : Charles, 975 ; — Louis, 1528 ; — Philippes, 975.
Asselin, Pierre, 934.
Auber : Alphonse, 995 ; — Anne, 597 ; — Jacques, 12 ; — Jean, 995 ; — Nicolas, 615 ; — Noel, 479 ; — Savatel, 582.
Aubert : Guillaume, 57 ; — Pierre, 1365 ; — Richard, 12.
Aubry, Claude, 1067.
Aude, Anthoine, 331.
Auger : Martin, Nicolas, 106 ; — Pierre, 78.
Aumont. Voy. Osmont.
Aumosnier (l'), Guillaume, 955.
Ausbert, Jean, 1435.
Auvray : Cyprien, 301 ; — Jean, 1050 ; — Nicolas, 284, 704.
Auzouf, Robert, 1536.
Avenel : Jacques, 509 ; — Jean, 521.
Avenette, André, 838.
Avesgo (d'), André 1253.
Avice, Pierre, 421.
Avoine : Pierre, Robinet, 1460.

---

(1) Lorsqu'on trouvera dans les deux tables qui suivent la lettre n., suivie d'un chiffre, ce chiffre indique le numéro de la note de la Préface où il est parlé de la personne ou du lieu dont il s'agit.

— 200 —

Avoine. Voy. Avoye (d').
Avoye (d') : François, 721; — Jacques, 1485; — Jacquelinne, 721.
Aze, Hugues, 1458.

Bacqueler, Guillaume, 1346.
Baigneux (de), Simon, n. 3.
Baillard : Charles, n. 10; — Jean, 850 ; — Lucas, 1141 ; — Romain, 850.
Baillet : Louis, Nicolas, 2.
Bailleur (le) : Guillemme, 428. — Nicolas, 583; — Robert, 141;
Ballandone, Nicollas, 1175.
Balleur. Voy. Bailleur.
Banage, Maximin, 1040.
Baratte, Philippe, n. 12.
Barberie. Voy. Gaultier.
Barberie (de la) : Jeanne, 677 ; — Thobie, 735.
Barbeuf, Marguerite, 584.
Barbey (le), Marc, 278.
Barbier (le) : Mathieu, 359 ; — Pierre, 719.
Bardouil : Jeanne, 737 ; — Magdelaine, 591 ; — Magdelaine de, 675.
Baret, Françoise, 574.
Barlée (le) : Helye, Jean, Marc, 278.
Baron : Jean, Pierre, 1129 ; — Robert, 954.
Barre (de la) : André, Claude, 132; — Guillaume, 797.
Barré, Jean, 1537.
Barrey, Jacques, 242.
Barrier, Hypolyte, 444.
Barris, Hipolyte, 444.
Barrois (le), Louis, 326.
Bas (le), Louis, 1176.
Basard, Jean, 5.
Bastard (le), Jean, 643.
Bataille, Robert, 108.
Bauches, Guillaume, 891.
Baudart, Guillaume, 1378.
Baudier : Claude, 596 ; — Isabeau, 552.
Baudin, Claude, 1021.
Baudoin : Louis, 438; — Noel, 385.
Baudouin, Claude, 466; — Pierre, 1341.
Baudry, Nicolas, 180 ; — Richard, 947.
Baudu, Michelle, 662.

Bauguet, Robert, 117.
Baumer, Jacques, 391.
Baumont (de), Bertrand, 436.
Bauquemare. Voy. Bocquemare.
Bauquet, Jean, 117.
Baussy (de) : Denis, Jacques, Jean, Robert, 1515.
Bautier, Claude, 1545.
Baxeve, Anthoine, 606.
Bayon, Renaut, 1449.
Bazan (de), Delluot, 712.
Bazanne (de) : François, Rault, 713.
Bazans (de), Vincent, 712.
Bazanu. Voy. Bazan.
Bazire, Guillaume, 1334; — Robert, 552.
Bazirre : Jean, Mathieu, Robert, 908.
Bazoche. Voy. Jaunez.
Bazonniere (de la) : Henry, Pierre, 1398.
Beaudrap, Alexis, 257.
Beaufis, Michel, 911.
Beaulard, Pierre, 251.
Beauvais (de), Claude, 1540; — Hilaire, 667.
Becdelievre (de) : Charles, Guillaume, 773.
Bechon, Guillaume, 1386.
Becquet : Jean, n. 4; — Guillaume, 77.
Becquet (du) : Antoine, Marc, 1527.
Beday (le), Jacques, 641.
Begin, Richard, 1366.
Belhomme : Gaspard (de), 476; — Gaspard, 553.
Bellandonne, Nicollas, 1175.
Bellehache : Georges, Guillaume, 1546.
Belin, Jacques, 395.
Bellemare (de), Pierre, 352.
Bellenger : Guillaume, 517 ; — Jacques, 1335; — Jean, 367 ; — Pierre le, 935, 1055.
Bellet, Jacques, 219, 819.
Bellette, Jacques, 219.
Bellier, Robert, 1122.
Bellisle (M), 19.
Bellot : Guillaume, 189; — Jean, 229.
Bellothe, Jacques, 659.
Bellou (de), Simon, 61.
Belot, Jean, 229.

Benard, François, 1060.
Benneville (de). Voy. Bonneville.
Benoist : Jacqueline, 508 ; — Jean, 171, 508, 778 ; —Louis, 168, 773 ; — Marin, 771, 778.
Berger (le), Margueritte, 623.
Bermen (de), Nicolas, 591.
Bernard : Jean, 1000 ; — Michel, 1470; — Thomas, 982.
Bernier, Jean, 629.
Bernières (de), Pierre, 183.
Beron, Pierre, 1115.
Berquerie (de la) : Adrian, Ipolite, 572.
Berquier (le), Jean, 463.
Berruyer, Jean, 817.
Berthel, Michel, 603.
Bertier, Jacques, 122.
Bertreville (de), M., 1358.
Besnard : Guillaume, Michel, Thomas, 1399.
Beuzelin, Richard, 393.
Bezu (le), Jean, n. 4, 71.
Bicheue, Jean, 587.
Bichoue (de), Jullien, 1007.
Bienvenu (de) : Guillaume, Jacqueline, 704.
Bigne (de la), Robert, 1347.
Bigot Soumesnil (Mre), 871.
Billard : Guillaume, 274 ; — Lucas, 1141.
Billard. Voy. Baillard.
Billecheuft : Allain 1271 ; —Jean, 1271, 1278.
Billes (de) : Anthoine, Jacques, Sylvestre, 739.
Bis (le), Estienne, 1367.
Blais (le), Guillaume, 1288.
Blanc (le), Jacques, 665.
Blancart (de), Jean, 960.
Blanchard : Denis, 252; — Jean de, 960;—Marin, 1516.
Blanchecape, Guillaume, 1348.
Blanchet, Jean, 680.
Blanvillain (de), Thomas, 980.
Blary (de) Mre, 168, 171.
Blondel, Jacques, 203.
Blot, Jean, 1012.
Blouet : Pierre, 377 ; — Tassin, 798 ; — Valentin, 854.
Bocquemare (de) : Guillaume, Jessé, Nicolas, 17.
Bodinet, Théodore, 657.
Boet (le), Robert, 100, 1464.
Bohons (de), Jean, 1317.
Boisdel (de), Laurens, 1350.
Boisguion (du), Charles, 1391.
Boisjugan (de) : Marion, 1259; — Nicolas, 1405;—Ursine, 1259.
Boismilon (de) : François, Jean, 1557.
Boistard, Guillaume, 346.
Boivin, Noel, 31.
Bonhomme, Jacques, 607.
Boniface (de), Ozias, 847.
Bonion, Guillaume, 113.
Bonnefons (de) : Boulleran, Julien, 795.
Bonnel, Louis, 907.
Bonnenfant, François, 1481.
Bonnetard. Voy. Bouvetard.
Bonneville (de) : Gilles, Henry, 23 ; — Nicolas, 1171.
Bontemps, Jacob, 971.
Bontemps. Voy. Godefroy.
Bordeaux (de) : Claude, 159 ; — Gilles, 1349;— Jean, 19, 1349; —Pierre, 19.
Bosc (du) : Guillaume, n. 4: — Nicolas, 465;—Perrette, 426.
Boscdelle (de), Laurens, 1350.
Botté : David, Jean, Nicolas, 1560.
Botterel, Robert, 851.
Bouchard, François, 247.
Boucher (le), Jean, 79, 290, 376.
Boucquet, Pierre, 53.
Boucutrain (de), François, 763.
Boudet, Catherinne, 577.
Boudier : Charles, Jean, Pierre, 286.
Bouffard, Pierre, 372.
Bouffey (de) : Charlotte, Pierre, 659.
Bougave (de), Radegonde, 571.
Bougueran : François, Jean, 768 ; — Jean de, 777.
Bouillon. Voy. Lennerac (Pierre de).
Bouillon (du), Jean, 115.
Boujan (de), Marguerite, 570.
Bouleur (du), Jacques, 69.
Boullant (du), Jacques, 69.
Boullenger (le) : Michel, 315;— Pierre, 613, 670.
Boulley (du), Armand, 1425.
Boulmer (de), Jacques, 985.
Bouloux (le), Jean, 618.
Boucquetot (de) : Pierre, Robert, 318.
Bourden (de), Madame, 561.

Bourdier : Francoise, Jean, 530.
Bourdon : Charles, 639 ;—Guillaume, 794 ;—Jacob, Jacques, 544.
Bourg (du), Ambroize, 353.
Bourgeois (le) : Isayec, 1548 ; — Thomas, 80.
Bourguet : Guillaume, Nicolas, 84.
Bourgueville (de), Charles, 1559.
Boursier (le), Nicolas, 727.
Boutet. Voy. Brunet.
Boutren, Charles, 419.
Bouvet : Charles, 195; — Genefieve, 602.
Bouvetard: Guillaume, Jacques, Pierre, 350.
Bouvier : Guillaume (le), 1387;— Pierre, 674.
Bouyer, Guillaume, 663.
Boyvin, Jean, 32.
Boyvien (de), Pierre, 686.
Branche. Voy. Bronche.
Brasdefer, Charles, 614.
Breard : David, 675 ; — Pierre, 442.
Bret (le): Jean, Robert, 1464.
Bretel (de), Raoul, 1474.
Breton (le) : Jean, 812; — Thomas, 778.
Bretteville (de), Gilles, 783.
Brevedent de : Jean, René, 849.
Bricault, Valentin, 573.
Bridet, Jean, 832.
Briere : Nicolas, 710; — Raullin de la, 483.
Briffaut, François, 988.
Brilly (de) : Jean, Judit, 671.
Brilly. Voy. Builly.
Briquetier, Jacques, 1388.
Bronche, Charles, 1091.
Brossard, Gilles, 310.
Brouchaus (de), Jean, 926.
Brousset. Voy. Bronche.
Brucan (de) : Jacques, Jean, 700.
Bruchaut (de), Jean, 926.
Brument : Nicolas, Pierre, 924.
Brun (le), Claude, 967.
Brunet : Charles de, George, 610 ; — Jacques, 796.
Buats (des), Antoine, Jean, 1201.
Buffay (de), Heleine, 599.
Buffreuil : Marie, Martin, 463.
Bugard : Anne, Pierre, 666.

Builly (le), Robert, 1472.
Buisson: Jacques, 275;—Jacques du, 337, 778;—Jean du, 1318; —Philippes, 275.
Bullet, Robert, 576.
Bulletterie. Voy. Bullet.
Bully (de), Margueritte, 672.
Bunaudière (de la), Laurens, 1080.
Bunel : Jean, 862; — Germain, 524; — Pierre, 862; — Thomas, 524.
Bunet (le) : Jacques, Jeanne, 519.
Busc (du) : Elie, 1090 ; — François, 530.
Buze, Estienne, 545.
Buzet. Voy. Guezet.

Cabeil, Pierre, 993.
Cabueil, Pierre, 993.
Cacheret, Nicolas, 1299.
Cahaigne (de) : Jean , 944 ; — Pierre, 829.
Cailleville (de), Pierre, 917.
Caillou, Perrette, 581.
Caious, Anne, 724.
Callenge, Louise, 477.
Callet : Jacques, Jean, 54.
Calmesnil (de), Roger, 1389.
Cambet, Jacques, 470.
Campain, Thomas, 1131.
Campion, Guillaume, 1179
Campo (del) : Francisque , 316 ; —Francois, 857.
Camproger (de), Richard, 297.
Campserveur (de), Guillaume, 1392.
Canivet, Gilles, 556.
Cannu, Michel, 918.
Cantel, Floceel, 1014.
Canu : Estienne, 218; — Jean ; 303.
Capelet, Marin, 661.
Capon (Jean), 120.
Cappelle, Robert, 922.
Cardonnay, Pierre, 314.
Cardonné, Claude, 579.
Carey (de), Jean, 996.
Carnet (de), Jean, 1519.
Carpentier (le): Benoist, 1379;— Gilles, 1484;—Thomas, 1379.
Carré, Nicolas, 158.
Carrel, Abraham, 939.
Caruier: Gabriel, 656; —Louis, 324.

Cartier : Girard, Jean, 1518.
Castel : Gilles du, 25 ; — Jean, 834 ; — Jeanne du, 686.
Cauchois (le): Charles, 354 ; — Claude, 1020 ; —Jean, 280.
Caudonnez, Claude, 579.
Cauf (le), Jean, 1061.
Cauvet : Charles, 471 ; — Jean, 99.
Cauvigny (de), Jacques, 763.
Cauvin, Pierre, 467.
Cavelet : Jacques, 437 ; —Pierre, 345.
Cavelier: Jacques, 1475;— Jeanne, 687.
Cerf (le): Catherine, 554;— Estienne, 1336.
Challou (des), Jean, 1380.
Chalons (de) : Alphonse, Beatrice, Fernande, Francoise, Jean-Baptiste, Marc, Marie, Pierre, 751.
Chambellan, Jacques, 903.
Champion, Jean, 1013.
Champs (des) : Antoinette, 515; Jean, 13; — Nicolas, 13, 190 ; — Pierre, 285 ; — Robert, 307, 1084.
Chandebois, Emmanuel, 1112.
Charestier (le) : Bonne, 540;— Jean, 702; — Marguerin, 690.
Charlot : Isaac, 332 ; —Mathurin, 452.
Chartier (le) : Jacques, 206; — Philippes, Thomas, 382.
Chastellier (le) : Charles, 514 ;— Jean du, 515.
Chatou (des), Jean, 1380.
Chemin (du), Cristofle, 1351; — Denise, n. 10;— Jacques, 693; — Pierre, 30;—Robert, 1010.
Chennevas, Alexandre, 1553.
Chenneviere (de) : Jacques, Guyot, 1368.
Chenu (le), David, 454.
Cherie: Philippes, 277;— Pierre, 289.
Cheron, Jacques, 567.
Cheval, Enguerrand, 1400.
Chevalier (le), Alexandre 605 ;— Pierre, 1369.
Chevallier (le) : Charles, 459;— Girard, 518; —Louis, 1102;— Pierre, 518;— Robert, 241.
Chevenary, Guillaume, 1323.

Chretien, Gilles, 1554.
Ciresmes (de) : Anthoine, Christophe, Scipion, 145.
Civille (de), Alfonse, 1322.
Clairet, Diane, 607.
Clerc (le): Etienne, 1203 ; —Gilles, 1319 ; — Jacques, 262 ; — Jean, 1558; — Pierre, 1313;— Richard, 492.
Clerie : Nicolas, Pierre, 289.
Cleronde Formont (de), René, 1068.
Clerye, Philippes, 277.
Clouet, Anthoine, 946.
Cochon : Francois, 366, 802;— Jacques, 366.
Cocq (le) : Guillaume, 958 ; — Richard, 972;— Robert, 973.
Cocquerel, le Capitaine, 1465.
Coespel, Brice, 750.
Coeurret : Jeanne, Pierre, 456.
Coffart, Nicolas, 1070.
Coignain, Abel, 414.
Cointe (le), Guillaume, 1466.
Coipel, David, 1132;—Jean, 1197.
Colibert, Anthoine, 1463.
Collardin: Charlot, Charlotte, 471 —Robert, 1426.
Collas : Guillaume, 49, 720 ; — Jacques, 48; — Jean, 131 ; — Marie, 720.
Collet, Jacques, 1495.
Collombel : Guillaume, 784;— Jean, 633.
Compoint: Jacques, 461, 543;— Marie, 543.
Conain, Abel, 414.
Concordain. Voyez Contgourheden.
Constantin, Robert, 412.
Conte (le): Bartolle, 70; — Guillaume, 1401;—Jacques, 1488; Jacquelinne, 587;—Jean, 636, 1320; — Louis, 1022;— Nicolas, 601 ; — Regnault, 1320;— Richard, 990;—Robert, n. 11.
Contgourheden (de) : Charlotte, François, 538.
Contremoulins (de) : Adrien, François, Nicolas, 460.
Corbin, Cecile, 1401.
Corday (de): Jacques, Jean, 863.
Cordier (le), Jacques, 893.
Cordon, Guillaume, 839.
Corneille, Pierre, 692, 1114.

Cornet, Liger, 1198.
Cornical (de), Jean, 1046.
Cornu (le): Catherine, 683; — Jean, 1310.
Costard, Michel, 536.
Costé, Pierre, 799.
Costentin, Robert, 412.
Costille (de la), Claude, 375.
Cottard : Jean, 1077; — Louis, 999; — Roger, 998.
Coucy (le), Henry, 981.
Coudre (de la), le capitaine, 397.
Couillard: Jean, 111; — Marie, 738; — Michel, 111, 227.
Coup (le), Pierre, 1041.
Coupel : Benoist, 921; — Brice, 750; — Guillaume, 921; — Jean, 1197; — Simon, 921.
Courcy (de): Robert, Guillaume, 374.
Cours (de), Aimery, n. 3.
Court (le): Robert, 919; — Vincent, 920.
Courtois (le), Thomas, 109.
Coustre (le), Guillaume, 136.
Cousturier (le): Guillaume, 45; — Robert, 309.
Couvard, Robert, 1303.
Crasmesnil (de), le sieur, 867.
Crep (le), Guillaume, 1321.
Crevon, Jean, 564.
Crocq (du), Nicolas, 1172.
Croismare, Anne, 26.
Croisy: Jean, 635; — Jean de, 825.
Croix (de la): Charlotte, 696; — Jean, 234, 869.
Cuverville (de), Susanne, 650.

Daguon (Louis), 1151.
Dallibert, Jacques, 723.
Daluin, Jean, 1461.
Dambray. Voy. Ambray.
Dancelles, Jean, 329.
Dandasne, Nicolas, 399.
Danet, Henry, 62.
Daniel : Charles, 1011; — Gratian, 1450; — Jean, 329.
Danjou : Louis, 1146; — Pierre, 1138.
Dannois (le), Jacques, 816.
Dannot, Henry, 62.
Danot. Voy. Not (du).
Danrouet, Jacques, 930.
Daro, Gilles, 1042.

Darrouet, Jacques, 930.
Daucier, Guillaume, 1076.
Daufresne, Jacques, 1517.
Daumont. Voy. Osmont.
Daussy, Thomas, 925.
Davi : Jean, Simon, 507.
David, Guillemette, 717.
Delangle, Robert, 504.
Delepinne, François, 575.
Delisle: Nicolas, Robert, 1162.
Denis : Charles, 644; — Richard, 598.
Derie, Nicolas, 970.
Desniau, Robert, 230.
Desprez, Philippe, 355.
Desson, Jean, 637.
Dessuslepont: Jean, Nicolas, 1294.
Diacre (le): Guillaume, Jacques, Jean, 344.
Din (le), René, 424, 880.
Dodeman: Adam, n. 9; — Pierre, 1504.
Donnay, Sebastien, 1535.
Donnest. Voy. Dormest.
Doriviere : Michel, Thomas, 1547.
Dormest, Jacques, 588.
Dornan, Jean, 1066.
Dorvan, Jean, 1066.
Douaizy, Guillaume, 1342.
Doucet (le), Michel, 91.
Douesy : Jean, Louis, n. 12.
Douetis (des), Henry, 258.
Douin, Guillemette, 318.
Doulx (le): Adrian, 165, 778; — Claude, 445.
Doyen (le) : Louis, Magdeleine, 499.
Dramart: Edme, Pierre, 1506.
Dreux (de): Francois, Jean, 877.
Droncet. Voy. Brunet (de).
Drouet, Charles, 447.
Dubey, Raulin, 456.
Duc (le) : Charles, 1113; — Jacques, 150.
Dujardin, Jean, 682.
Dumont : Abraham, 264; — Charles, 820; — Nicolas, 886.
Duprey, Nicolas, 581.
Durand : Anthoine, Charles, 900; — Francois, 1117; — Jean, 490, 1390; — Michel, Nicolas, 1117.
Durant, Roger, 650.

Duval : Catherine, 863 ; — Jacques, 749, 1024 ; — Jean, 446 ; — Magdelaine, 527 ; — Mathieu, 499 ; — Nicolas, 590, 717 ; — Philippes, 1048 ; — Robert, 1024 ; — Roger, 8 ;— Roland, 1024 ;—Thomas, 749.
Erard, Jean, 968.
Ernault : Anthoine, 761 ;—Louis, 793 ; — Nicolas, Richard, 76.
Ernemont (d'), Mathurin, 211.
Eschallou (d'), Jean, 1380.
Escolier (l'), Guillaume, 152.
Espagne (d'), Robert, 895.
Espée (de l'), Jean, 1220.
Espiard, Michel, 1053.
Espinay : Guillaume d', 964 ; — Jean de l', 1136 ; —Nicolas d', 363 ; — Robert de l', 1136.
Espinne (de l'), Thomas, 1221.
Esprevel (d'), Josias, 312.
Estard, Robert, 75.
Estienne, Jean, 162, 1476.
Estrepagny (d') : Claude, François, 181.
Eude, Anthoine, 331.
Eudes, Renaut, n. 3.
Eudemare (d'), Pierre, 176.
Eustache, Jeanne, 564
Evesque (l'), Artus, 899.
Exmelin: Gervais, Herves, 1073.

Fabien, Toussaint, 146.
Falin. Voy. Fatin.
Fallet : Jacques, Leon, 1443.
Fatin ou Falin, Nicolas, 15.
Fattouville, Magdelaine, 703.
Fauchon, David, 1069.
Faucon: Guillaume, 362 ;—Jean, 1453 ; — Marie, 295 ; Romain, 1453.
Fauconnier (le): Guillaume, 261 ; —Jean, 394.
Fauvel: Jacques, n. 9; — Jean, 112, 114.
Fay (du), Jullien, 627 ;—Pierre, 1499.
Faye (de la), Adam, 485.
Fayel (du), Jean, 1183.
Febvre (le) : Adrian, 1062 ;—Catherine, 708 ; — Gabriel, 501 ; Gilles, 232 ; — Guillaume, 811 ; —Jacquelinne, 559 ;—Nicolas, 708 ; — Paul, 501 ; — Pierre, 559 ; — Thomas, 501.

Febvrier, Estienne, 1174.
Felice, Jean, 1190.
Ferault : Marquis, Nicolas, 1079.
Fermanel, Pierre, 718.
Feron, Jean, 1074.
Ferrand : Jean, Julien, Nicolas, 1402.
Fevre (le): Jean, 1352, 1417 ; — Pierre, 306.
Fieu (le), Guillaume, 129.
Filiastre, Christophe, 123.
Fillastre (le), Simon, 1052.
Filleul: Guillaume, 1353 ; — Henry, 1354 ; — Jeanne, 598.
Fizet, Jacques, 149.
Flavot, Jacques, 405.
Fleche (la), Isabeau, 296.
Fleury, Pierre, 568.
Flocquet. Voyez Avenel (Jean).
Foaste, Jean, 1143.
Fol (le), Pierre, 200.
Foliot (de) : François, Jean, Laurens, 1134.
Follye : Jeanne la, 522 ; — Louis, de la, 186, 228.
Fontaine (de la): André, 885 ; — Michel, 204.
Fontaine (de), Pierre, 608.
Fontaines (de): Jacques, Julien, 1393.
Fontanie (de), Pierre, 608.
Forestier (le) : Estienne, Eustache, Gilles, Guillaume, 428 ; — Jacques, 305, 852 ; — Jean, 428 ;—Laurens, 305, 852 ; —Nicolas, 428 ;—Pierre, 305, 852 ; — Robert, 428.
Forges (des), Benoist, 628.
Formont, René, 1068.
Fort (le), Izambert, 1184.
Fortin : Gilles, 271 ;—Jean, 585 ; —Nicolas, 271 ; — Pierre, 807.
Fosse (de la), Jacques, 562.
Fou (du), Nicolas, 814.
Foucques: Anne, 131 ; — Jean, 508.
Foullon (le), Marguerite, 714.
Fouques: Adrien, 1520 ;— Pierre, 1524.
Four (du): Charles, 368 ;—Claude, 759 ; — François, 220, 368, 781 ;—Nicolas, 759, 814, 1165 ; — Pierre, 781.
Fourel : Pierre, Thomas, 296.
Fousse, Christophe, 1054.

Foye (de la), Adam, 616.
Franciere (de), Pierre, 1095.
Francieres, dam^{elle}, 727.
François (le): Claude, 1403 ; — Jean, 1370.
Fraye (la), Christophe, 1054.
Freard, Pierre, 381.
Frebourg (de) : Joseph, Rachel, 529.
Frelard, Pierre, 1160.
Fremin, Richard, 425.
Freret, Gilles, 487.
Fresne (du), Hector, 604.
Fresnel : Jean, Perrin, 1381 ; — Pierre, 1491.
Frestel, Olivier, 243.
Freulle (de), Nicolas, 703.
Freval, Richard, 1191.
Frie (de la), Adam, 485.
Frolet: Alain, Pierre, 1418.
Frontin, Jacques, 697.
Froslard, Nicolas, 422.
Frumieres, dam^{elle}, 727.
Fry](de):Marie,517;—Pierre,255
Fuy (de), Jacques, 724.

Gaillon, Marguerite, 585.
Galery (de) : Robert, Thomas, 1119.
Gallais (le), Jean, 652.
Gallepin, Jean, 672.
Gallet : Jacques, 1446 ; — Jean de, 664.
Gallye : Charles, 26 ; — David, 789 ; — Guillaume, 26.
Garaby, Nicolas, 1451.
Gardin (du), Pierre, 1071.
Gargaste (de), Thomas, 4.
Garin, Madeleine, n. 10.
Gaudin: Barnabé, François, 506; — Guillaume, Nicolas, 913;— Robert, 506.
Gaultier : Adam, 1445;—Claude, 1075 ;— Gabriel, 676;— Jean, 625, 676, 677, 1210; — Julien, 676;— Pierre, 1210;— Simon, 1210, 1297.
Gautier, René, 525.
Geharel: François, Jacques, 458.
Geolier (le), Michel, 1064.
Germain, Guillaume, 696.
Geucourt (de), Jean, n. 3.
Gilbert. Voyez Grebert.
Gillain: Antoine, 1371;—Henry, 1454 ; — Robert, 1371.

Giroesme, Massé, 1260.
Giroult, Jean, 121.
Gislain (de), Jean, 969.
Glabot, Jacques, 380.
Glapion : François, Guillaume, 1301.
Godard : Jacques, 246 ; — Jean, 776 ;—René, 909 ;—Simon, 21.
Godefroy : François, 1103 ; — Gilles, Guillaume, 775 ; — Jacques, 701;—Jean, 1180 ;— Marin, 775;—Nicolas, 1192;— Pierre, 1284;—Thomas, 775.
Godescar, Nicolas, 987.
Godet, Jean, 449.
Goeslard, Jeanne, 682.
Gohier, Pierre, 215.
Gonteville, Pierre, 890.
Gordier, Mathieu, 1154.
Gosse : Marie, 509 ; — Robert, 830.
Gosselin : François, 1029 ; — Jean, 156, 1324;—Pierre, 791; —Robert, 1324;—Thomas,102
Got : Jean, Marguier, Pierre, René, 1145.
Gouberville (de) : Francoise, 663; Jean, 439 ; — Michel, 439, 663;—Simon, 1462; — Thiery, 439.
Gouel, Fœlix, 210.
Gouet : Fœlix, 210 ; — Jean de, 896.
Gouez (le), Germain, 1437.
Gouie, Raphael, 90.
Gouin : Claude, 963 ; — François, 1030 ; — Robert, 963.
Goujon, Guillaume, 113.
Goulé, Pierre, 370.
Goullande (de la) : Guillaume, Simon, 921.
Gourmont: Jean, Pierre, Raoul, Richard, 1245.
Gournier, Anthoine, 577.
Gourron, Barthellemy, 266.
Gousseaume, Mathurin, 1300.
Goyer : Jacques, 959 ; — Olivier, 1163.
Graffard : Gilles, Noel, 169; — Robert, 1477.
Graindor (de): Charles, Michel, 85.
Graindorge : Charles, n. 20 ; — Richard, n. 20, 66.
Grainville (de), Francoise, 730.

— 207 —

Grand (le): Jean, 44, 1194; — Marie, 557; — Robert, 1307.
Grandin : Jean, 43 ; — Robert, Martin, 347.
Gras (le), Robert, 1415.
Greard (Louis), 1355.
Grebert, Robert, 1257.
Gremare : Nicolas, Robert, 408.
Gresil, Louise, 217.
Greslard, Jeanne, 682.
Grieu: Gilles, Pierre, 1205.
Grip : Guillaume, Richard, 928.
Grippel (du), Guillaume, 1185.
Gris (le), Jean, 538.
Griviere (de la), Robert, 592.
Grix (le), Charles, 901.
Groullard, Claude, 916.
Groussy, 836.
Gruel : Germain, Guillot, Nicolas, 1208.
Guedier, Pierre, 1089.
Guenet : Alexandre, Jean, 1170.
Guerard : Anthoine, 720 ; — Estienne, 1182; — Guillebert, 139 ; — Pierre, 299, 778; — Thomas, 1110.
Guerin : Gilles, 1140; — Jean, 1006; — Julien, 1140.
Gueroult: 468; — Anthoine, 887; — Francois, 600, 1298; — Guillaume, 1186; — Jacques, 1500; — Jean, 1261; — Raoul, 1186.
Guerponville (de), M., 1358.
Guerre, Guillaume, 336.
Guerrier, Paul, 351.
Guesnon : Anne, François, 527.
Gueudeville, Pierre, 890.
Guezet, Jacques, 1072.
Guichard, Pierre, 417.
Guillebert: Henry, 1082; — Julles, 1552.
Guillermé, André, 410.
Guillots, Pierre, 174.
Guillote : Robert, Thomas, 34.
Guiot, Etienne, 705.
Guyon, Nicolas, 1355.

Hais (des), Charles, 1139.
Hallé, Berthellemy, 897.
Halley, Guillaume, 872.
Hallot, Gilles, 561.
Hally, Guillaume, 1505.
Hameau (du), Berthelemy, 502.
Hamel (du) : Jacques, 602, 1002, 1168; — Pierre, 83, 94; — Vandrille, 488.
Hamuel (de), Robert, 300.
Hanot, Nicolas, 1337.
Harden, Anthoine, 18.
Hardy: Jean, 931 ; — François, 1538.
Hardouin : Gilles, Thomas, 97.
Harel, Zacharie, 1108.
Hartel (le), Robert, 559.
Haslé, Guillaume, 872.
Hastingue (Louis), 322.
Hauguelle, Alexis, 667.
Hautlondel. Voy. Laurence.
Haye (de la): damoiselle, 428 ; — Georges, 440; — Nicolas, 1404.
Hayer (le), Abraham, 681.
Hayes (des): Jeanne, 688 ; — Pierre, 1427.
Hays (des) : Geufroy, 226 ; — Jean, 226, 248; — Nicolas, 321, 856.
Hazardiere (de la), Jeanne, 1405.
Hazé, Hugues, 503.
Hebert: Claude, 986; — Jean, 1276; — Martin, 1438; — Pierre, 1276.
Hédiart, Jean, 1513.
Helaine: Mathurin, Pierre, 1262.
Helie, Jacques, 898.
Henot, Geffroy, 1227.
Herbelin, François, 431.
Herbelinne, François, 431.
Hericy (de) : Anne, 479 ; — Jean, 537.
Hermenoult (d'), Mathurin, 211.
Hermerel, Jacques, 752.
Hermite (l') : François, 1211, 1452; — Gilles, 1452; — Guillaume, 338, 1211; — Olive, 481.
Heron (du) : Francois, 731 ; — Nicolas, 648, 1308; — Robert, 1308.
Herouval (de), Guillaume, 1326.
Hersent, Jacques, 905.
Hervieu : Jean, 1338; — Marie, 1406; — Richard, 1233; — Robert, 1228, 1406.
Hetehou (de) : Jean, Nicolas, 1280; — Raoul, 1279, 1280.
Heudebert: David, 73 ; — Francoise, 606.
Heudier, Jean, 861.
Heuldes, Anthoine, 331.
Heulté : Léon, Olivier, 253.
Heusard: Jean, Robert, 276.

Heuste : Léon, Olivier, 253.
Heuzé, Jean, 1199.
Hochedin, Robert, 1295.
Hodiart, Julien, 1513.
Hostingue. Voy. Hastingue.
Houart, Jacques, 250.
Houel: Guillaume, Jean, 87.
Houley (du): Jacques, 1496; — Jean, 207.
Hourdet: Francois, Olivier, 904.
Houssage : Guillaume, Jean, Michel, Regnault, Richard, 1296.
Houssey (du). Voy. Houssu.
Houssu : Guillaume le, 1407; — Jeanne du, 680 ; — Michel le, 1407.
Hubert, Pierre, 1049.
Hudebert, Colin, 1196.
Hullin, Jean, 205.
Hue : Anthoine, 383; — Ester, 526; — François, 339 ; — Gaston, 292; — Guillaume, 52, 302, 778; — Jaspard, 339 ; — Jean 213, 383, 1047; — Marie, 525; — Michel, 339; — Pierre, 287, 302, 339, 407, 525, 778; — Thomas, 287.
Hulin, Robert, 1272.
Humelin, Nicolas, 738.
Huré: Nicolas, 72, — Pierre, 335.
Hurel, Robert, 1372.

Isle (de l'). Voy. Delisle.
Iles (des), Nicolas, 1486.
Irlande (d'), Guillaume, 1419.

Jambon: Jacques, Roger, 282.
Jambourg, Lancelot, 1511.
James, Jacques, 237.
Jamet, Guillaume, 177.
Januel (le), Jean 599.
Jardin (du): Jacques, Jean, 1001; — Pierre, 1071.
Jarry, Pasquier, 1492.
Jaunez, Guillaume, 646.
Jean: Estienne, 193 ; — Jacques; 192; — Marie, 575.
Jeolier. Voy. Geolier.
Jollis, Guillaume, 239.
Jollis. Voy. Geolier.
Jouan : Baptiste, 1510 ; — Jean, 1104.
Jouenne, Nicolas, 747.
Joues, Jean-Baptiste, 448.

Jourdain : François, 1469; — Jean, 726; — Louis, 714.
Jourdan, Jean, 726.
Jouvin, Louis, 1149.
Jovin (le), André, 411.
Jozel, Yver, 1512.
Juilliote, Leon, 435.
Jullien: Elisabeth, 691; — François, 65 ; — Jacques, 423, 1086; — Nicolas, 119.
Jumel: Auber, Guillaume, Jean le, 1416; — Philippes, 477; — Thomas le, 1416.
Jumilly (de), Henry, 728.
Jupin : Jean, Pierre, 178.

Labbé, Guillaume, 1373.
Lachon. Voy. Cochon.
Laguet, Agnès, 494.
Laillet : Guillaume, Philippe, 1214.
Lainet. Voy, Laisnel.
Lair, Jean, 527, 611.
Laisnel, Nicolas, 649.
Lalongny, Adam, 1420.
Laloy : David, Jacques, 1027.
Lambert: Charles, 923 ; — Gratian, Guillaume 758 ; — Robert, 166, 778.
Lamour (le capitaine). Voy. Baudoin.
Lamperiere, Mathieu, 328.
Lamy, Jean, 586.
Lande (de la): Jean 778, 779; — Nicolas, 1234; — Robert, 519.
Landes. Voy. Perrette (Jacques).
Landes (des): Jean, 744; — Michel, 953.
Langlois: Charles, 731; — Emery, 1126; — George, 59 ; — Guillaume, 1529; — Jacques, 1325; — Jean, 668, 961, 1219; — Pierre, 1514; — Robert, 1325.
Langouges (de), Charles, 883.
Languedor (de), Pierre, 978.
Languetuit, Pierre, 671.
Larcher: Charles, Jean, 199 ; — Nicolas, 151, 162; — Thomas, 936.
Large (le) : Marie, 467; — Richard, 1356; — Robert, 467.
Larrey, Jean, 482.
Lasseur (le), Regnault, 1216.
Laste (de): Bernard, Robert 294.
Lastecelle, Guillaume, 1142.

Lastel, Charles, 580.
Lastier, René, 1096.
Laudier, Nicolas, 1026.
Launay (de), Jeanne, 179.
Laurence, Guillaume, 1235.
Laurens: Barnabé de, 1100; — Denis, 505.
Lebain, Pierre, 1085.
Lebas: Guillaume, Jean, 50; — Toussainct, 392.
Lebucquet, Francois, 549.
Lecar, Jacques, 540.
Legal, Philippes, 597.
Lemoine. Voy. Remy.
Lempereur, Jean, 1124.
Lennerac (de), Pierre, 787.
Leonard, Jacques, 1471.
Lepelletier, Jacques, 594.
Lepost, Guillaume, 400.
Leroy, Henriette, 877.
Lesdo: Guillaume, 875; — Thomas, 379.
Lesperon, Jacques, 764.
Lespy (de), Marin, 364.
Lezeaux (de), Jean, 1382.
Lhomme, Jean, 809.
Lhoyer (de): Jean, Paul, 281.
Lianastre (de), Jacqueline, 883.
Liegard, Nicolas, 1236.
Lieur (le), Jacques, n. 3.
Lieuré, Francois, 882.
Lievre (le): Guillaume, 678; — Jacques, 1200.
Limoges (de): Collin, Jean, 1213.
Lisle. V. Delisle.
Litolphi Morani, Constanzo, 1008.
Livet (de), Nicolas, 1237.
Livrée, François, 443.
Lodier, Nicolas, 1026.
Loir (du), Jean, 265.
Loisel, Robert, 1137.
Lombart: Guillaume, Noel, 1273.
Londe (de la). Voy. Malleville.
Longeur (le), Pierre, 588.
Lorigla (de), Jean, 1051.
Louchard, François, 1177.
Loué (le): Simon, 1421; — Thomas, 1455.
Loup (le): Michel, 1422; — Pierre, 1041.
Louvel: Fleury, 669; — Jean, 60, 185; — Pierre, 185.
Lozieres, Anthoine, 279.
Lucas: Catherine, 450; — Charles, Hélie, 1408; — Jean, 179, 450, 828; — Pierre, 1035; — Thomas, 991.
Luzière (de la): Guillaume, Jean, 1222.

Mabrei, Henry, 827.
Mache (la), Jean, 533.
Madeleine, Georges, 1097.
Magneville (de): Artus, Pierre, 853.
Magny (de), Arnould, 1507.
Mahault: Jacques, 621; — Jean, 37.
Maignard: Catherine, 590; — Jean, 578.
Maigne (le), Robert, 416.
Maigre (le): Adrienne, 661; — Robert, 661, 871.
Maillard, Jacques, 479.
Maillet, Marie, 601.
Mailloc, Denis, 427.
Maillon (de), Adrien, 722.
Maillot: Michel, 1157; — Pierre, 1156.
Maine (le), Jean, 1503.
Mainet, David, 801.
Mainneville (de): Benoiste, 353; — Pierre, 977.
Mainteterne, Louis, 433.
Maire (le), Alain, 1439.
Maistre (le): Charlotte, 643; — Francois, 912; — Guillaume, 493, 643; — Guyen, 643.
Maitre (le), Georges, 1530.
Malherbe, Jacques, 1327.
Mallet: Jean, n. 4; — Nicolas, 16; — Pierre, 653.
Malleville (de), Gautier, n. 3.
Malmaison (de), Nicolas, 520.
Maloisel, Richard, 184, 778.
Malvoue (de), Macé, 1328.
Mancel: Jean, Thomas, 1339.
Manchon: Guillaume, Jean, 1246.
Mangon: Jacques, Jean, 124; — Michel, 42.
Mannoury, Guillaume, 319.
Manssois: Jean, Rault, 116.
Mante (de): Guillaume, Pierre, 1229.
Maquerel, Adrian, 560.
Marbeuf (de), Pierre, 134.
Marchand (le): Gabriel, 688; — Raullin, 500.
Marconnet, Simon, 268.

Mare (de la): Anthoine, 821; — Guillaume, 103, 1329; — Jean, 569; — Pierre, 725.
Mareq (du): Laurens, 340; — Roger, 1263.
Mares (des): Adam, Pierre, 1311; —Tiery, 874.
Marescot: Francois, Philippe, 269.
Marest: Francois, 965; — Pierre des, 711.
Marets (des): Jean, 756; — Nicolas, 36; — Thiery, 874; — Thomas, 36.
Marette, Francois, 223.
Marguerie: Filippes, 1423; — Jean, Jeanne, n. 9.
Marigny (de), Jean, 1259.
Marinier (le), Guillaume, 1292.
Marne: Nicolas, 868; — Nicolas le, 1088.
Marond, Nicolas, 311.
Marqueret: Jacqueline, Jacques, 652.
Marseul, Robert, 288.
Martel: Charles, 222; — Francois, 369; — Jean, 1109, 1482; — Pierre, 369, 1482.
Martin: Anthoine, 658; — Gilles, 1383; — Guillaume, Jacques, 658; — Jean, 235; — Pierre, 658, 1383.
Masle, Pierre, 1264.
Massé, Nicolas, 474.
Mathieu: Jeanne, 504; — Marie, 549.
Mauduit (de): Jean, 484; — Nicolas, 484, 1265.
Mauger, Jean, 304.
Maunoury: Guillaume, Marie, 496.
Mauny (de), Jean, 1238.
Maussavoir: Charles, 699; — Martin, 432.
Mauvieu (de): Alexandre, Richard, 494.
May (de), Exmes, 984.
Maynet, Charles, 801.
Maze, Nicolas, 940, 1448.
Mazurier (le): Christophle, 82; — Jean, 1128.
Meche (le), Michel, 547.
Mecqueflet, Robert, 409.
Medon. Voy. Modon.
Meillebusc (de), Elisabeth, 521.

Meillibusc (de), Guillaume, 867.
Melun (de), Jean, 840.
Membeuf (de), Girard, 1487.
Menicier (le): Nicolas, Philippe, 98.
Merac, Michel, 1508.
Mercadé, Isambar, 81.
Mercier (le): Adrian, Guillaume, Robinet, 187; — Samuel, 734.
Merle (le), Jean, 1018.
Meslet, Guillaume, 1287.
Meslier, Macé, 1250.
Mesliere (de la), Leonard, 529.
Mesnage, Jacques, 1436.
Mesnard, Yves, 574.
Mesnil (du): Anne, 569; — Catherine, 222, 609; — Francois, 343, 371; — Jean, 343, 541, 1206; — Léon, 1057; — Raoul, 1206; — Renault, 343; — Robert, 1274.
Messent: Gabrielle, 568; — Guillaume, Pierre, 358.
Metel (le), Hyremie, 685.
Meunier (le), Jacques, 859.
Meurdrac (de), Thomas, 291.
Miard, Jean, 554.
Michault, Pierre, 95.
Michaut, Jean, 951.
Michel: Anne, 668; — Collin, 1374; — Denis, 1330; — Guillaume, 1330, 1374; — Jean, Louis, 1374.
Midon (le), Guillaume, Jean, 92.
Miere (le): Jean, 365; — Samuel, 734.
Miffants, Charles, 27.
Mignard, Jean, 660.
Mignot: Francois, Thomas, 768.
Millet, François, 1497.
Milliere, Estienne, 630.
Minier, Guillaume, 462.
Minieres (des), Jean, 845.
Minville (de): Macé, Marc, 1493.
Mire (le), Richard, 1247, 1509.
Mithon: Francoise, 586; — Marie, 653; — Michel, 558; — Richard, 653.
Mnet (le), Artus, 1230.
Modon ou Medon (de), Bertrand, 7.
Mogerets (de), Pierre, 1522.
Moine. Voy. Moyne.
Moisard, François, 1541.
Mondet, Martin, 1239.

— 211 —

Monnier (le): Collinet, 1251; — Jacques, 763, 765; — Philippe, 763; — Richard, 29.
Monstier (du): Jacques, 118; — Nicolas, 1130.
Montausier (le Duc de), 1555.
Monteilles, Nicolas, 1531.
Montenay (de), Cezar, 1557.
Montfort (de): François, Jean, Nicolas, 595.
Montgoubert (de), Jean, 1240.
Montier (du): Guillaume, 96; — Jacques, 196, 1130.
Morand: Jean, 1804; —Thomas, 786
Morant: Estienne de, 1; —Guillaume, 694; — Jean de, 1.
Moranville. Voy. Mouvanville.
Morel: Albert, 51; — Charles, 272; — Elisabeth, 545; — Hilaire, 938; — Hubert, 1409; — Jean, 844, 1409; —Olivier, 932; —Pierre, 782, 800; — Robert, 1459; —Thomas, 1028, 1494.
Morice, Michel, 1023.
Morin: 706; — Charles, 876; — François, 557; — Henry, 876; —Jacques, 876, 976; — Laurans, 1447; —Luc, 706; — Michel, 729; — Philippe, 167; — Robert, 876, 1447.
Morteaux (de), Henry, 1275.
Motte (de la), Louis, 1223.
Moucel (du): Jean, Pierre, 1428.
Moulinet: Anthoine, 1105; — Jean, Pierre de, 1144.
Moullicourt (de), Jeanne, 428.
Moullin (du), Georges, 483.
Moullins, Jeanne, 282.
Mouret, Francois, 949.
Moussay (du), le s^r, 208.
Moussu (le), Thomas, 1489.
Moustardiere (de la): Gaspard, Jacques, 1152.
Moutardier (le): Gaspard, Jacques, 1549.
Moutier (du): Nicolas, 1130; — Thomas, 1304.
Mouton (le), Thomas, 1285.
Mouvanville (de): Durand, Magdelaine, 722.
Moyne (le): Anthoine, 86; —Francois, 137, 157; — Guillaume, Nicolas, 104.
Moysant: Charles, 929; —Guillaume, 733.

Mucy, Gilles, 530.
Mustel, Thomas, 841.
Muzelo: Jean, Raoul, 1467.
Myrrhe (le), Michel, 498.

Nantier (le), Perrette, 669.
Neel, Jean, 1224, 1241.
Neel. Voy. Noel.
Nepveu: Eustache, 497; — Jean, 386.
Neuf (le), René, 430.
Neufville (de), Marie, 538.
Neuville (de): Jean, 125; — Pierre, n. 3.
Neveu (le), Pierre, 662.
Nicolle: Jean, Marin, 1305.
Noble (le), Pierre, 3.
Noel: Charles, n. 9; —Gilles, 55; —Jean, 622, 754, 836, 1241; — Louis, 133; — Marin, 754; — Pierre, 197.
Noire, Jean, 1289.
Nolent (de): Guillaume, Helis, Jean, Pierre, Richard, 1217.
Nollet, Jean, 1468.
Normant (le): Jacques, Marie, 453
Nos de (la), 73; — Jean, 283.
Nos. V. Scota.
Not (du): Jacques, Nicolas, Thomas, 480, 894.
Noury, Jacques, 127.
Novince, Pierre, 1456.
Noyer (du), Guillaume, 666.
Noyers (des), Marin, 1058.
Nud (le), Robert, 38.

Octean, Nicolas, 40.
Onfray, Estienne, 209.
Osbert, Jean, 35.
Osmont: Charles, Jean, 1043; — Louis, 1120.
Oudet. Voy. Hourdet.
Oursel, Guillaume, 1225.
Outresoulle (d'): Gilles, Jacques, 853.
Ozenne, Anthoine, 56.

Pachon, Guillaume, 384.
Pagalde, Pierre, 267.
Page (le): Gabriel, 631, 770; — Jean le, 1532; — Robert, 631, 770.
Pain: Guillaume, Philippe, 1291.
Painteur (le): Claude, 468; —Nicolas, 1094.

Palet (du), Pierre, 1169.
Pallu (de), Jean, 684.
Palme (de), Agnès, 751.
Palu (la): Jean, Pierre, 647.
Pannier, Guillaume, 831.
Paon, François, 402.
Parc (du): Guillaume, 434; — Jacques, 1164;—Rault, 566;— Salomon, 1164.
Paré, Guillaume, 1343.
Pascal, Charles, 191.
Patey, Magdeleine, 600.
Pattin: Robert, Roger, 1490.
Patou, Louis, 1063.
Patouf (le), Charles, 522.
Paumier (le): Julien, 406; —Nicolas, 743, 803;— Pierre, Robert, 361.
Paysant, Philippe, 1357.
Pecquet, Jean, 748.
Pecqueult, Jean, 748.
Pegot, Pierre, 974.
Pellerin, Jean, 1242.
Pellerou (le), Margueritte, 660.
Pelletier (le): Anthoine, 74; — Jacques, 1375;—Jean, 952; — Nicolas, 774;—Richard, 1375; —Robert, Simon, 1212.
Pelley: Nicolas le, 163; — Noel de, 511.
Pelloquin, Denis, 143.
Penon, Jacques, 943.
Perdrix, Estienne, 571.
Periers: Daniel, Laurens, 1111
Periés (des), Jean, 1525.
Peronnes (des), Louis, 835.
Perray (du), Jean, 1524.
Perrette: Jacques, Pierre, 1019.
Perriers (des): Esprit, 736; — Jean, 736, 902;— Louis, 902.
Perrois (des): Jean, Olivier, 1429; —Philippes, 212.
Perrotte. Voyez Perrette.
Pertout (de), Jeanne, 611.
Pery, Vincent, 815.
Petan: François, Renée, 573.
Petit: Estienne, 1098; — François le, 763, 766; — Gilles, 451;—Henry, 1314;—Jean le, 693, 792;—Nicolas, 1045; — Renée le, 693.
Petron. Voy. Penon.
Pevrel, Bernardin, 1410.
Philippe, Pierre, 1093.
Philippes: Louis, 632;-Pierre, 769

Philles, 397.
Phillippe: Anthoine, 1478; — Louis, 532.
Piard, Paul, 554.
Picard (le): Charles, 1501;— Georges, 1092;—Michel, 1501.
Picot: Jean, 623;—Noel, 604.
Picot la Valée, Gabriel, 589.
Picquard (le): 270; — Nicolas, 270.
Piedoue: François, Jean, Jossé, 1081.
Pielevé, Jean, 892.
Pierrecour, Guillaume, 1248.
Piganiere, Guillaume, 1031.
Pigeon (le): Robert, Simon, 1015.
Pigney, Michel, 320.
Pigny (le), Bernard, 1411.
Pillon: Lanfran, 244;— Pierre, 1430.
Pillou, Jacques, 1550.
Pilon: François, 1107; — Giles, 273.
Pin (du): Guillaume, 138;—Thomas, 612.
Pinain, Guillaume, 14.
Pinchon, Guillaume, 384.
Pincon, Gilles, 1025.
Pinel: Guillebert, 1266;—René, 997.
Pingeon, Jean, 596.
Pinson, Pierre, 238.
Pinthereau: Jean, Nicolas, 1125.
Piperey, Jacques, 403.
Planques (des), François, 1017.
Plessard, Nicolas, 107.
Plessis (du), Robert, 1207.
Plongeon, Jean, 624.
Plumetot, le capitaine, 346.
Pocolo, Julles, 889.
Pocquot, Elie, 526.
Poerier, Thomas, 757.
Poignard, Gabriel, 737.
Poiseau (du), Claude, 201.
Poislon, Charles, 691.
Poisson, Paul, 695.
Poitevin, Nicolas, 144.
Pollet, Pierre, 1160.
Pollin, François, 1498.
Pommare (des), Guillaume, 153.
Pommerat (de), Gilles, 1551.
Pomolain (de): Claude, Philippe, 1385.
Ponchin, Jean, 1331.
Pont (du): Adrien, 1315;—Marie,

372 ; — Thomas, 175, 372.
Pontault, André, 707.
Porcher (le), Isaac, 263.
Portes (des) : Claude, 224 ; — Guillaume, 1158 ; — Jacques, 224.
Portier (le). Esmond, 469.
Postis: Geffroy, Richard, 1412.
Pottard : Hierosme, 135 ; — Jean de, 860 ; — Picosme, 135.
Pottier : Jean, 254 ; — Pierre, 1099 ; — Thomas, 170, 778 ; — Ursin, 778, 870.
Poulain : Adrien, Jean, 308 ; — Pierre, 733 ; — Thomas, 308.
Poussin, Anthoine, 822.
Pouyer, Isac, 709.
Poyer, Isac, 709.
Prestrel (le), Jean, 1243.
Prevel (des), Josias, 312.
Prevost (le): Archambault, 1440 ; —Francois, 188, 619 ; — Francoise, 589 ; —George, 1440 ; — Guillaume, 1215, 1384 ; —Helie, 295 ; — Hubert, 1440 ; — Jacquelinne, 589 ; —Jean, 745, 1384 ; — Michel, 1523 ; — Richard, 295 ; — Thomas, 1431.
Prey (du) : Isaac, 472 ; —Jacques, 195, 813 ; — Jeanne, 525 ; — Pierre, 510.
Prieur (le), Guillaume, 225.
Princay (de), Francois, 956.
Prince (le), Louis, 1150.
Puchot : Jean, 1358 ; — Toussainct, 824.

Quentin : Francois, 349 ; — Jeanne, 167.
Quesnay (du), Robert, 617.
Quesne (du) : Francois, Jacques, 571.
Quesnel : Guillaume, Jacques, 28 ; — Jean, 1376 ; — Jeanne, 464 ; —Marie, 565 ; — Romain, 373 ; —Thomas, 1376.
Quesnon : Francois, 63 ; —Louis, 418 ; — Pierre, 233.
Quesnoy, Francois, 63.
Questin, Henri, 259.
Questres (de), Henri, 848.
Quevilly (de), le capitaine, 485, 616.
Quezet, Gilles, 645.
Quievremont (de), Jean, 760.

Quincarnon (de) : Geffroy, Thomas, 1286.
Quintanadoine (de), Jean - Alphonse, 698.

Ragny (de), maison, 771.
Ragot, Benoist, 620.
Ragout, Jean, 1406.
Rallemont (de) : Colin, Colinet, n. 4 ; — Nicolas, n. 4, 1267.
Raoul, Richard, 1332.
Rault, Martin, 542.
Ravend : Guillaume, Jean, 873.
Raye : Adam, Jean, 979.
Reaulté (de), Louis, 640.
Regnault, Nicolas, 1293.
Regnier : Jean, Morel, 1258.
Remy, Pierre, 1290.
Renaze, Estienne, 516.
Renier (du), Jean, 1483.
Repichon, Robert, 182.
Reverend (le), Olivier, 198.
Riboult, Charlotte, 357.
Ricard, Jacques, 313.
Richard, Thomas, 404.
Richer : Guillaume, 1065, 1204 ; — Margueritte, 105.
Richomme (de), Jullien 1007.
Richouel (de), Jullien, 1007.
Rigault, Martin, 730.
Rigoult : Claude, Nicolas, 514 ; — Suzanne, 594.
Rigoust, Gilles, 1424.
Rioult, Pierre, 240.
Rives (de), Jacques, 513.
Riviere (de la) : Jean, Richard, 1359.
Riviere (de). Voy. Doriviere.
Robbe, Jean-Baptiste, 1173.
Robillard, Edmon, 1360.
Rocampourt (de), Pierre, 609.
Roche (de la), Estienne, 1361.
Rocher (du), Laurens, 429.
Rocquigny, Vincent, 464.
Rodriguez, Isabelle, 751.
Roger : Gabriel, 962 ; — Jean, 426, 962, 1268 ; —Pierre, 772 ; —Robert, 778.
Rogeron, Colas, 1281.
Romé, Nicolas, 58.
Rouen (de) : Pierre, Robert, 941.
Rouge (le), Alexandre, 325.
Rouille (de), Charlotte, 164.
Roullet (de), le sieur, 859.
Rousselin : Jacques, Pierre, 1394.

Roux (le): Alexandre, 1441; —Guillaume, 88, 537, 1231;—Jean, 1231, 1316;—Magdeleine, 536;—Marthe, 537;—Mathieu, 1441;—Nicolas, 543;—Philippe, 1395;— Robert, 88; — Suzanne, 405;—Thomas, 1441.

Roy (le): Collin, 1252; — Eustache, 534;—Guillaume, 89; —Jacques, 1362;—Jean, 64, 173, 1032, 1282, 1457; — Jullien, 1044;—Philippes, 1252; —Pierre, 1362;—Roger, 256; —Simon, Thomas, 142.

Rue (de la): Charles, 638; — Jean, 413;—Nicolas, 1244.

Rupaillay (de), Jean, 1159.

Russy, Anthoine, 623.

Sabloniere-Tibault (de la), le capitaine, 360.

Saffray, Pierre, n. 3.

Sage (le): Charles, 396, 1037;—Cesar, Guillaume, 948, 1209; —Jacques, 1003; — Richard, 396, 1003.

St Aubin: Guillaume, Georges, 1135.

St Clair (de), François, 1539.

St Denis (de), Louis, 1036.

St Germain, Nicolas, 1133.

St Martin (de): Charles, 401;—Guillemette, 36; — Jeanne, 462; — Michel, 194, 655; — Pierre, 33.

St Yon (de), Eustache, 810.

Sale (de), Charles, 1033.

Sallen (de), Thomas, 388.

Sallet, George, 475.

Salsede (de): François, Nicolas, 687.

Samets. Voy. Jaunez.

Samson, Michel, 531.

Santerre, Jean, 732.

Saunier (le), François, 1056.

Sauvage: Jean, 1187; — Pierre le, 1363; — Regnault, 1187.

Sauvagere (la), Guillaume, 535.

Sauvé, Guillaume, n. 10.

Sauvel, Jean, 1188.

Scelles: Artus, 455;—Christofle, Michel, 1344;—Raphael, 455.

Scodenos, Claude, 1533.

Scodenos. Voy. Scota.

Scota: Auguste, Charles, 1432.

Sec (le): David, Thomas, 330.

Secart, Pierre, 148.

Seigneur (le): Adrian, 790; — Jacques, 785; — Jean, 677.

Selles: Mathieu, Raphael, 160.

Selliers (de), Jean, 1396.

Sence (de), Jean, 1277.

Senecé (de), François, 214.

Senot: Guillaume, Michel, 1195.

Serre (de la), Louis, 1435.

Seuray (de), François, 214.

Seuré (de), François, 214.

Seure (le), Jean, 457.

Seuroy (de), François, 214.

Sigard, David, 933.

Siget (du), Nicolas, 478.

Signar, David, 933.

Simon: Anthoine, 512;—Charles, 110;—Guillaume, 1189;—Jacques, 989;—Jean, 1189;—Jeanne, 612; — Nicollas, 512; — Ravent, 110; — Richard, 6;—Thomas, 512.

Simout (de), Gilles, 1526.

Sochon, Marie, 648.

Sonning, Jacques, 441.

Sorel, François, 41.

Soret, Jean, 298.

Sorin: Guillaume, Nicolas, 1253.

Sortembosc: Guillaume, Jean, 1218.

Souin (le), Anthoine, 1502.

Sourdet, François, 486.

Soyer: Jean, 341;—Marthe, 733.

Strozzy, Vincentio, 855.

Sublet: Jean, 101; — Michel, 20.

Sucur (le): André, 1118; — Anthoine, 1148; — François, 333; — George, 914.

Surtainville (de): Anthoine, 420; Philippes, 1193.

Susanne, Michel, 327.

Taillebos, André, 1147.

Talbot: Anthoine, 915;—Pierre 10;—Richard, 915.

Talvande, François, 348.

Taquet, Laurens, 1542.

Tardieu, Richard, 39.

Taurin: Georges, Ollivier, 1306.

Tel (du), Charles, 489.

Tellier (le): Jean, 716, 1340;—Louis, 1340.

Terrier (le): Jean, 221;—Louis, 244; — Michel, 342.

Tertre (du): Guillaume, 164; — Jacques, 164, 778; — Pierre, 24.
Theault, Guillaume, 1254.
Theroult, Jean, 523.
Thiault, Nicolas, 992.
Thibault: Nicolas, 992; — Philippes, 957.
Thibaut, Jean, 1302.
Thibout: Lucas, Naudinne, 13.
Thieulin, Jacques, 496.
Thirel, Pierre, 236.
Thiret, Guillaume, 1127.
Thissard, Richard, 22.
Thomas: Gentian, 888; — Gervais, 231; — Jean, 260, 398; — Nicolas, 260; — Robert, 1255.
Thon (du), Jean, 642.
Thorel, Jean, 1442.
Thresor (le), Cyprien, 105.
Thucé (le), Nicolas, 1543.
Thuré (le), Nicolas, 1543.
Tibout, Thomas, 654.
Tiebout, Thomas, 654.
Tiercelin, Jacques, 572.
Tioult (de), Renée, 767.
Tirel, Robert, 9.
Tiremois: Gratian de, Jean de, 906; — Jean, 161; — Joseph, 495; — Laurens, 161.
Tisserant, Roland, 172.
Titere, Anne, 605.
Tollemer (de): Charles, 1345; — Jean, 1312, 1345; — Robert, 1345
Tonnetot (de), Jean, 1181.
Tot (du), Jean, 1249.
Torcapel, Estienne, 473.
Torterel, Guillaume, 927.
Touffaut, Jean, 128.
Toullon (de), Jean, 592.
Touppin: Jean, Pierre, 1479.
Tourneroche, Jean, 843.
Tournevache, Jean, 249.
Tourville: Guillaume, Pierre, 1309.
Toussage, Marthe, 483.
Toustain: Cardine, 1385; — Guillaume, 390; — Marin, 1283; — Nicolas, 1059.
Toustin, Pierre, 1101.
Toutain, Pierre, 1101.
Toutsage: Jean, Pierre, Roger, 1333.
Trefflier, Jean, n. 3.
Trevet: Estienne, 1153; — Guillaume, 593.

Troisemonts (de), Thomas, 357.
Troismons (de), Anne, n. 11.
Trollay (de), Guillaume, 778.
Troterel, Guillaume, 927.
Troussey: Jacques, Michel, Robert, 293.
Truel, Gilles, 1078.
Truffaut, Jean, 128.
Truon (le), Nicolas, 884.
Turpin, Pierre, 833.
Turquier (le): François, Jean, Thiery, 334.

Ujon (d'), Denis, Estienne, Philippes, 323.

Vache (de la): Nicolas, Olivier, Robert, 140.
Vaillant (le): Colin, 1202; — Jacqueline, 497; — Jean, 1202, 1397; — Richart, 1397; — Thomas, 546.
Val (du), Jean, 1473.
Valée (de la), Adrian, 942.
Vallebosc (de), Noel, 389.
Vallois (le): Francois, 551; — Jean, 47, 1444; — Louis, 68; — Roger, 741.
Valois (le): Francois, Jean, Nicolas, 68, 216.
Valpoutrel (du), 1434.
Valsene, Ollivier, 450.
Vandes (des), André, 245.
Varannes (de), Charles, 1544.
Varde (de la), Charles, 881.
Varignon (de), Christophe, 780.
Varin: Francois, 1038; — Guillaume, 202; — Jacques, 317; — Jean, 1038.
Varroc: Gautier, Girard, Vivien, 1413.
Vasse: Guillaume, Jean, Louis, Raoul, Robert, 1377.
Vassel: Louis, 742; — Nicolas, 387.
Vasseur (le): Jacques, 466, 1087; — Jean, 11, 994; — Nicolas, Thomas, 983, 994; — Vincent, 788.
Vattebosc (de), Noel, 389.
Vaufleury, Estienne, 673.
Vaultier: Gilles, 67; — Martin, 565; — Michel, 67, 1123; — Rault, Robert, 67.
Vaumelle, Jean, 555.

Vauquelin, Robert, 1534.
Vaussy, Gilles, 584.
Vautier: Gilles, 778 ; — Michel, 1116.
Vaux (des): Guillaume, 837 ; — Michel, 937.
Vavasseur (le) : Jacques, 634, 1087 ; — Jean, 550; — Nicolas, 154.
Velain (le), Nicolas, 626.
Veneur (le), Gabriel, 353.
Verdun (de), Jacques, 1480.
Verrier, Guillaume, n. 10.
Videcoq, Jean, 1034.
Viel: Lucas, Nicolas, 689.
Vigam, Gilles, 491.
Viger, Jean, 1039.
Vigneral. Voy. Estienne.
Villain (le), Jean, 966.
Villei, Jean, 805.
Villy, Jean, 805.
Vimont (de) : Charles, Jean, 762.
Vincent : Francoise, 269;—Ponthuc, 46.
Vion, Abraham, 1106.
Vionnet, Jean, 563.
Virey, Jean, 155.
Vitrouil, Jean, 1155.
Vivefoy : Francoise, 458;—Jean, Robert, 1256.
Voisin: Catherine, 451 ; — Jean, 147;—Olivier, 93, 451;—Pierre, 651;—Thomas, 93.
Voisinne, André, 866.
Voisné, André, 356.
Vollant (de), Peronnelle, 603.
Voquain, Christophe, 1161.

Yon, Lambert, 1269.

TABLE

DES NOMS DE LIEU.

Abbeville, 495.
Acqueville, 835.
Agnel, 1411.
Agon, 1140.
Airan, 1423.
Airel, 592, 1411, 1413.
Aizy, 1341.
Alençon, 222, 224, 369, 681, 719, 749, 803, 968, 985, 1026, 1048, 1065, 1066, 1078, 1079, 1122, 1141, 1145, 1168.
Alincourt, 960.
Alleaume, 423, 559.
Amaury (l'), 1540.
Amecourt, 612.
Amelot, 64.
Amfreville, 337.
Amiens, 949.
Amontot, 790.
Andely, 172, 621, 1024.
Amfreville, 764.
Anisy, 634.
Annebault, 396, 788.
Anneville, 86, 952.
Anneville sur Seine, 949.
Anquetierville, 1182.
Appeville, 630.
Ardaine, n. 2.
Ardenicourt. Voy. Hardencourt.
Ares (les), 1073.
Argence, 1412.
Argentan, 276, 319, 368, 495, 746, 850, 906, 997, 1043, 1057, 1105, 1445.
Argouges, 603.
Armonville, 894.
Aroumanches, 170.
Arpentigny, 423.
Arques, 181, 1107, 1118.
Arques Laignel, 494.
Arrasis, 1351.

Asseville, 173, 409, 1286.
Assigny, 2.
Auberboc, 154.
Aubermesnil, 86.
Auberville, 84, 85, 1260, 1475.
Aubienilles, 152.
Audouville le Hubert, 1189.
Audrieu, 7, 1223.
Aufienne dit fief de la Motte St Quentin, 27.
Auge, 14.
Aulnez (les), 485, 1516.
Aumale (St Pierre d'), 277.
Aumosne (l'), 214.
Aunez, 616.
Aurecher, 15.
Aussez, 152.
Auteverne, 848.
Autieux, 242.
Avignon, 847.
Avranches, 103, 223, 793, 913, 961, 962, 967, 975, 990, 1029, 1030, 1031, 1068, 1117, 1293; — Notre Dame des Champs d', 205, 823.

Bailleul, 43.
Bailly en Riviere, 1290, 1518.
Balemourt, 364.
Banville, 1163.
Barberie, 248, 625, 676, 1166.
Barbeville, 546.
Barbierres, 1407.
Barc, 1070.
Barenton, 1302.
Barfleur, 533, 536, 607.
Barneville, 350, 717.
Baron, 914, 1530.
Barriere (la), 1032.
Barville, 145.
Bascourtiles (les), 622.

29

Basly, 734.
Basqueville, 687, 1292.
Bassecourt (la), 177.
Basset (le), 176.
Basseville, 1032.
Bastille (la), 283.
Bataille (la), 192.
Baudreville, 200.
Baudroit, 72.
Bauguemont, 103.
Baugy, 163.
Bauquemare, 946.
Baurepere, 1021.
Bautot sur Clere, 924, 1417.
Bauvilliers, 1353.
Bauzardiere (la), 935.
Bayeux, 53, 90, 94, 133, 170, 185, 253, 256, 268, 524, 531, 641, 775, 815, 862, 972, 1028, 1063, 1093, 1101, 1131, 1132, 1163, 1173; — St Malo de, 92, 752; — St Martin de, 278; — St Sauveur de, 600.
Bazanville, 977.
Bazoche, 646.
Beauchamp, 1421.
Beaucourt, 1559.
Beaufay, 448.
Beaufay sur Rille, 491.
Beaufort, 1058.
Beaufou, 896.
Beaugrand, 1049.
Beaulieu, 169, 669, 1147.
Beaumare, 875.
Beaumont, 1091, 1526.
Beaumont le Roger, 1070, 1335.
Beaupré, 271.
Beauregard, 1049, 1127.
Beausejour, 1060.
Beautot sur Clere, 686.
Beauvais, 590, 1078.
Beauval, 277.
Beauville, 739.
Beaux Amis, 763.
Bec de Mortagne (le), 8.
Becquets (les), 12.
Bedasn, 621.
Beine, 1350.
Belbœuf, 776.
Bellander, 1206.
Belle Estoille, 209.
Belleorecherie, 312.
Bellestre, 372.
Belletonne, 227.
Belle Vacherie, 312.
Belleville, 1479.
Belliere, 435.
Bellou, 469, 1360.
Bellozenne, 313.
Bennerey, 1385.
Benneville, 23, 876.
Benouville en Caux, 1320.
Beriage, 523.
Berigny, 1291.
Bernay, 16, 635. 745, 825, 1149, 1170, 1370; — Sainte Croix de, 881.
Berneville, 446, 717.
Bernières, 143, 763.
Bertauville, 234, 869.
Berteville, 1316.
Berville, 217, 984, 1006, 1181, 1211.
Betanniere, 230.
Beugny, 970.
Beuzeval près Dyves, 295.
Beuzeville, 598, 702, 1231.
Beuzeville le Grenier, 461.
Bezu la Forêt, 563.
Bierville, 475.
Bigars, 1415.
Biville, 624.
Blandiniere (la), 942.
Blary, 771.
Blonville, 1148.
Bocage (le), 1126.
Boisbelle, 845.
Boisbenard, 137.
Bois Berenger, 665.
Bois Cardon, 75.
Bois de l'Ange (le), 714.
Bois de la Ville (le), 620.
Boisgarenne, 159.
Boisguilbert (le), 1311.
Boisguillon (le), 100.
Bois Hubert (le), 252.
Boisjosselin (le), 744.
Boislandon, 1550.
Bois le Comte (le), 1403.
Bois le Vicomte (le), 978.
Boisnormand, 851.
Boisolivier, 1426.
Boispinel, 997.
Bois Poussin (le), 250.
Boisrobert, 685.
Boitterie (la), 1104.
Boizy, 1504.
Bolbec, 1346.
Bolleville, 178.
Bonarville, 1273.

Bonneval, 1139.
Bonneville, 23, 24, 1469.
Bonneville sur Touques, 1447.
Bordage (le), 1103.
Bordeaux, 127, 1352.
Bordelliere (la), 1001.
Borelle, 1128.
Bosc (le), n. 4, 564, 581, 1267.
Boscage (le), 849.
Boscautru, 706.
Bosc Chervay (le), 580.
Bosc Roger (le), 1557.
Bosc Roger près Buchy, 1409.
Bos le Borgne, 874.
Bosnormand, 591.
Bossotiere (la), 1141.
Bottesoliere (la), 1141.
Boucheville, 227.
Bougy, 198.
Bouillon, 596, 658.
Boulainville, 1166.
Boulengerie (la), 148.
Boulleville, 585.
Boulon, 1438.
Bourdainville, 89.
Bourdemare, 153.
Bourdiere (la), 119.
Boureville, 1488.
Bourg (le), 676.
Bourguet (le), 353.
Bourneuf, 963.
Bournieres, 1210.
Bourville, 136.
Boussain, 387.
Boutcron, 1211.
Boutteville, 111.
Bouvrettes (les), 1120.
Branville, 17, 564, 1345.
Bras, 1559.
Bray, 969.
Brecy, 1439.
Brecq, 1439.
Breteuil, 428.
Bretigny, 698.
Bretonniere (la), 459, 1019.
Bretouville, 234.
Brets (les), 26.
Bretteville, 180, 594.
Breuil (le), 120, 1133, 1519.
Brevant, 701.
Breveau, 310.
Breviaire (la), 998.
Breville, 6, 131.
Bric, 124.
Bricquebec, 4, 1052, 1015.

Briere (la), 238.
Brieu, 929.
Brieux, 90.
Brillevast, 481, 1211.
Brione, 1206, 1228.
Briouze, 367, 1001.
Briqueville, 1238, 1362, 1398.
Brisemont, 860.
Brisoult, 216.
Brix 124.
Brixe, 1025.
Broches (les), 1469.
Brouay, 1224.
Brucheville, 227, 239.
Brucourt, 861.
Bruquedalle, 1409.
Buats, 1222.
Bufferaye (la), 1030.
Buisson, 242, 334, 881, 1236, 1441.
Buisson de May, 19.
Buissons (les), 956.
Bunegdale, 1409.
Bureil, 1027.
Bures, 3.
Burlins, 415.
Butonniere (la), 243.

Caen, n. 9, 12, 79, 83, 182, 183, 184, 196, 203, 209, 218, 221, 251, 262, 290, 301, 346, 357, 365, 376, 377, 378, 383, 394, 473, 561, 618, 634, 642, 693, 733, 735, 742, 763, 766, 774, 779, 786, 792, 794, 795, 798, 800, 804, 805, 812, 826, 827, 829, 831, 851, 891, 907, 914, 929, 944, 101,3 1023, 1047, 1081, 1108, 1124, 1127, 1128, 1130, 1151, 1152, 1166, 1503;—St Etienne de), 261, 780;—St Gilles (de), 292;—St Jean (de), 639;— St Pierre (de), 644.
Cagny, 1436.
Cahan, 837.
Caieul, 876.
Caillix, 733.
Caillonville, 189.
Cailloué, 1455.
Cailly, 1246.
Cairuville, 1012.
Callenge, 550.
Callengiere (la), 358.
Caloville, 1012.
Cambris (la), 56.
Camilly, 377.

Camp, 676.
Campigny, 242, 363, 1415.
Canderotte, 1352.
Cannay, 68,
Cantabrun, 907.
Canteleu, 59.
Cantepies, 388.
Cany, 915, 919, 1083.
Capelets (les), 743.
Capot, 721.
Cappeau, 722.
Carantilly, 1407.
Carcuit (le), 1251.
Cardonnay, 314.
Cardonnet (le), 209.
Cardonville, 939.
Carentan, 34, 106, 108, 110, 232, 528, 636, 689, 873, 943, 948, 993, 1000, 1017, 1037, 1041, 1042, 1064, 1076, 1103; — St Supplis de, 834.
Carentilly, 680.
Carlette, 861.
Carneville, 705.
Carolles, 1497.
Caron, 127, 1291.
Carouge, 353.
Carpenterie (la), 712.
Carpiquet, 302.
Carquebut, 128, 1245.
Carré (le), 426.
Cartier (le), 1251.
Caslerie (la), 424.
Castilly, 1329.
Cathehoulle, 1142.
Cattelets (les), 743.
Caude, 1063.
Caudebec, 87, 88, 661, 666, 903, 1035, 1102, 1126.
Caugé, 895.
Caule, 1063.
Caumont, n. 42.
Cauvignere (la), 1427.
Cauvigny, 928.
Cavée (la), 98.
Cavel, 835.
Cavigny, 655.
Cerizi, 388.
Cernieres, 1242.
Chaise (la), 589.
Challerie (la), 880.
Chambelac, 852.
Chambray, 1282.
Chamheroult, 147.
Chamonteux, 636.

Champcey, 1204.
Champeaux, 449.
Champres, 1394.
Champs (les), 271, 1027.
Chantelou, 391.
Chantore, 793.
Chapelle (la), 923, 1151.
Chapelle Biche (la), 1197.
Chaslerie (la), 424.
Chateaux (les), 496, 830.
Chatellais (le), 615.
Chatellier (le), 760.
Chaufestu, 138.
Chaumont près Magny, 822, 1125.
Chaussée (la), 811.
Chefdeville, 430.
Chefresne, 854.
Chemin (le), 416.
Cheminette (la), 305, 852.
Cherbourg, 155, 379, 989, 1058.
Cheruye (la), 943.
Chesnay (le), 661, 871.
Chesnaye (la), 532, 844.
Chesne (le), 1079.
Cheurain, 210.
Chevalerie (la), 300.
Chevreville, 646.
Chilandiere (la), 439.
Chretienville, 13, 468.
Cilianne, 145.
Cirfontaine, 716, 1429.
Claire Fougere, 832.
Clais (les), 343.
Claville, 74, 612, 940.
Claville sur Cany, 809.
Clecy, 933.
Clere, 731.
Clermont, 828.
Cleron (de), 1068.
Cleville, 875.
Clitourps, 533.
Closets, 609.
Clos Martin, 1070.
Cocq, 68.
Colbosc, 1033.
Colletot, 1256.
Colleville sur Laize, 475.
Colombier, 145.
Colomby, 119, 120, 1227.
Combray, 1343.
Commanville, 141, 941.
Commecourt (fief-ferme de), 27.
Commune (la), 701.
Conches, 951, 1109.

Condé, 833.
Condé sur Noireau, 310.
Conjugiville, 1472.
Conquiere (la), 918.
Conte (le), 256.
Contennart, 1315.
Contex, 696.
Cordebugle, 599, 659.
Cormelles, 702.
Corteville, 254.
Cosmesnil, 1070.
Cosqueville, 732.
Costanville, 68.
Costecoste, 1114.
Costein (le), 94.
Costentin, 115.
Cotevrard, 1315.
Coudray (le), 559, 759, 1043.
Coudraye (la), 391, 544.
Couldre (la), 146.
Coullerville, 13.
Couppeville, 35.
Courcelles, 348.
Courgeron, 368.
Courson, 1138, 1297.
Coursy, 374, 902.
Courte-Pierre (la), 669.
Courtomer, 1533.
Courtonne, 212.
Courtonne la Meurdrac, 1496.
Coustellerie (la), 512.
Coustieres (les), 1148.
Cousture (la), 376, 678, 920.
Coutances, 34, 125, 395, 487, 510, 870, 911, 938, 1007, 1140, 1162, 1349 ; — St Nicolas de, 286, 682 ; — St Pierre de, 1209.
Coutreanville, 1356.
Couvain, 964.
Couverville, 13.
Couville, 568.
Couvrechef, 774.
Covée (la), 98.
Crasmesnil, 365.
Craville. Voy. Claville.
Crespon, 185, 213, 862, 1288.
Cressonniere, 330.
Creuly, 1235.
Crevecœur, 960.
Crevecœur en Auge, 314.
Criquebeuf, 128.
Cricquetot, 10.
Cricquetot l'Esneval, n. 4, 1267.
Cricqueville, 378, 1233, 1300, 1356.

Cristot, 634.
Croisel, 487.
Croisset, 1313.
Croix (la), 318.
Croix (les), 737.
Croixmare, 1321.
Crontsourt, 1268.
Crosley, 65.
Currot, 254.

Damblainville, 1382.
Dameville, 1133.
Daubeuf le Sec, 597.
Demonville, n. 9.
Dendreville, 1075.
Denneville, 948.
Dermeziers, 993.
Descouppierres, 770.
Desert (le), 273, 933.
Desnaudier, 126.
Dieppe, n. 3, 11, 26, 27, 86, 139, 320, 326, 354, 384, 401, 438, 583, 789, 801, 816, 926, 971, 983, 994, 1011, 1121, 1164, 1169, 1482, 1542, 1544.
Digoville, 700.
Divolrique, 1277.
Donfrond, 728, 744, 880, 921, 1082, 1099, 1119.
Douaittière (la), 998.
Douay, 373.
Doumesnil, 912.
Douveris, 330.
Douvre, 163, 767, 1397.
Duclair, 1272.
Durandiere (la), 673.
Durescu, 379.
Durset, 1368.
Dyves, 150.

Eclon, 28.
Ecots, 1433.
Ecretteville, 917.
Ellebeuf, 201.
Emiret de Pilly (les), 68.
Enaudieres, 761.
Enicourt, 100.
Entreteville, 254.
Epaville, 460.
Epinay, 70.
Epinay sur Odon, 1188, 1191.
Erbigny, 166.
Eroudeville, 51, 1459.
Escadreville en Auge, 1437.
Escalles sur Cailly, 1215.

Escorcherie (l'), 1463.
Escorches, 197.
Escoville, 68.
Esmerville, 129.
Esmieville, 79.
Espagne, 33.
Espinay, 455, 560, 886, 1478.
Esquainville, 244.
Esquenneville, 844.
Essarts (les), 344, 419, 1552.
Essay, 1137.
Estainville, 231.
Estalleville, 402.
Esteux (les), 427.
Estienneville, 726.
Estouteville, 624.
Esvibles, 68.
Etainhus, 543.
Etran, 399.
Eturqueraye, 1265.
Eu, 195, 602, 1113.
Evreux, 165, 445, 550, 590.
Exmes, 802, 1208.

Falaise, 225, 296, 297, 314, 356, 444, 777, 807, 894, 927, 984, 1055, 1104, 1341, 1423 ; — Ste Trinité (de), 275, 627.
Falerue, 142.
Familliere (la), 395.
Fatouville au Bocage, 338.
Faucq (le), 501.
Fauguernon, 1343.
Fauville, 1287.
Faveliere (la), 395.
Faverie (la), 748.
Fay (le), 745.
Fecamp, 514, 708, 1165 ; — StThomas de, 1299.
Feraudiere (la), 472.
Fermantel, 595.
Fermiere (la), 472.
Feron, 834.
Ferrandiere, 998.
Ferriere (la), 145, 333.
Ferriere Harenc (la), 1202.
Ferrieres, 1240.
Ferté Fresnel (la), 1289.
Ferté Macé (la), 238, 410.
Feuguerey, 3.
Feuguerolles, 754.
Feuillie (la), 570, 1511.
Fidelaire (le), 1248.
Fief Charles (le), 465.
Fief de Lepte (le), 371.

Fief Morel (le), 833.
Fierville, 1529.
Flametz, n. 10.
Flexanville, 883.
Florence, 855.
Flottes (les), 1450.
Floumery en Caux, 36.
Foidre (la), 146
Follye (St Pierre de la), 186, 228.
Fontaine (la), 160, 195, 244, 260, 443, 490, 535, 679, 700.
Fontaine Estoupesfour, 68.
Fontaine-Halbout, n. 12.
Fontcine (la), 691, 705, 882, 1054, 1159.
Fontenay, 102, 533.
Fontenay le Marmion, 1435.
Fontenay sur Laise, 813.
Fontene Halbout, 1336.
Fontenel, 289.
Fontenelle, 312.
Fonteville, 312.
Forest Auvray (la), 1261.
Forge (la), 478.
Forges (les), 832.
Foriere (la), 980.
Fortescu, 34.
Fossay (le), 12.
Fosse (la), 641, 774, 1429.
Fossé Enrry (le), 220, 781.
Fossé Virei (le), 220.
Foullerie (la), 911.
Foulongues, 1183.
Fourmetot, 1348.
Fourmigny (Formigny), 80.
Fournieres (les), 1210.
Foye (la), 25.
Foyer (le), 739.
Francourt, 783.
Frangueville (Franqueville), 17
Franquetot, 34.
Fraserie (la), 1052.
Frebourg, 529.
Fredeville, 653.
Frenelles, n. 4.
Frequiesnes, 58.
Fresnais (la), 535.
Fresnay (le), n. 9, 5, 302, 1099.
Fresnay le Buffard, 657.
Fresne (le), 377, 604, 610.
Fresnée, 469.
Fresné la Mère, 1449.
Freville, 71, 1421.
Friegard, 212.
Frion, 1482.

Froidcrue, 303.
Fueilly, 1511.

Gaillefontaine, 1020.
Gaillon, 266.
Garcelles, 800.
Garencieres, 1309.
Garenne (la), 925, 1124, 1136.
Gatteville, 950.
Gebert, 722.
Gemare, 1494.
Genestel, 422.
Geneté, 422.
Gennetay, 351.
Genneville, 1219, 1325.
Geouville, 277.
Gerponville, 1358.
Gerrots, 830.
Giel, 194.
Giffardiere (la), 281.
Gisors, 37, 140, 230, 231, 233, 309, 347, 631, 1024, 1493;— St Gervais de, 770.
Gissonniere (la), 101.
Giverville, 1094.
Gland (le), 355.
Glos la Ferriere, 620.
Glos sur Rille, 330.
Gloz, 942, 964.
Godefrairie (la), 286.
Godefroy, 506.
Godefroyere (la), 530.
Goderville, 190, 710, 1500.
Goesseliere, 896.
Goheville, 1251.
Golleville, 50.
Gombert, 1412.
Gonfreville le Caillot, 844.
Gonneville, 34, 152, 1251, 1270.
Gosseville, 965, 1337.
Goues, 115.
Goulande (la), 921.
Goulé, 370.
Goulet, n° 3.
Goullet (le), 447.
Gouly, 1398.
Gourfaleur, 1115.
Gournay, n. 4, 246, 1338, 1514.
Goustranville, 1356.
Gouville, 57.
Grainteville, 467.
Grainville, 106, 835.
Grainville l'Alouette, 1406.
Granches (les), 659.
Grandbouville, 1428.

Grandcamp, 775, 1018, 1159;— St Nicolas de, 840.
Grandchamp, 1010.
Grande (la), 1338.
Grandeley, 476.
Grandes Dalles en Caux, 817.
Grand Hamel, 501, 732.
Grandloy, 553.
Grand Mesnil, 406.
Grand Quevilly, 773.
Grandvilliers, 1490.
Granges, 23, 152.
Granteville, 559.
Grantmont, 619.
Granville, 205, 279, 835;—Saint Nicolas de, 258.
Grassiere, 69.
Gratteville, 950.
Gravier (le), 155.
Gray, 1258.
Gremonville, 1474.
Grez, 413.
Grichard, 48.
Grimare, 1001.
Grimouville, 1239.
Grivagere (la), 367.
Groissiere (la), 538.
Grosparmy, 512.
Grouestel, 422.
Grouville, 24.
Gruchet, 419.
Gruchy, 873.
Grumesnil, 860.
Guemicourt, 570.
Guenneville, 1333.
Guenouville, 147.
Guerre (la), 542.
Guerriere, 919.
Guerrye (la), 510.
Guesson (le), 28.
Gueutteville, 30.
Guichonniere (la), 101.
Guiergueville, 104.
Guilberville, 215.
Guillerville, 1457.

Hacqueville, 835.
Hagues, 1054.
Haies (les), 655.
Hais (la), 1112.
Hameaux (les), 1000.
Hamel (le), 488, 610, 909, 931.
Hantuais-Poussinniere (les), 502.
Harboudiere (la), 921.
Harby, 945.

Hardencourt, 21.
Hardis (les), 891.
Hardouville, 307.
Haricourt, 159.
Harmonville, 480.
Haseray (le), 626.
Haubosc, 541.
Haulle (la), 897.
Haute Chapelle, 424.
Haute Chere, 909.
Hautelheure, 909.
Hautenos, 161.
Haute Rocque (la), 716.
Hautot, 121.
Havre de Grace (le), 33, 345, 437, 710, 867, 995, 1039, 1059, 1098, 1135, 1546.
Hay (le), 485, 616.
Haye-Cailleville (la), 1230.
Haye du Puis (la), 853, 1285.
Haye Heurrant (la), 1432.
Haye St Silvestre (la), 1367.
Hays (la), 976.
Hebecrevon, 976.
Heberville, 1266.
Henneville, 930.
Henouville 995.
Hermanville, 331.
Heroud^{elle}, 51. Voy. Eroudeville.
Heroudeville, 109.
Heudicourt, 20.
Heudimesnil, 838.
Heudreville en Auge, 1437.
Heugleville, 979, 1246.
Heurtevent, 319, 496.
Hicheville, 189.
Hicsville, 189, 1012, 1422.
Hommets (les), 1495.
Honfleur, 202, 483, 499, 820, 980, 1396.
Hotot en Auge, 833, 1199.
Houdan, 945.
Houdetot en Caux, 952.
Houdienville, 1037.
Houstiere, 1116.
Houssaye (la), 1150.
Huberdiere, 516.
Hudimesnil, 838, 1394.
Husson, 1147.
Hutelliere (la), 224.

Icquelon, 28.
Ifs (les), 741.
Illeville, 138.
Imare, 134.

Infreville, 1545.
Ingouville, 700.
Intraville, 56, 671.
Isle (l'), n. 3, 322, 860.

Janville, 572.
Jardinniere (la), 969.
Jauniere (la), 428.
Jeucourt, 1553.
Jonchets, 644.
Joncquay (le), 239.
Jonqueres (les), 1038.
Josselin, 744.
Joué du Plain, 1355.
Jouvance, 236.
Jouveaux, 1379.
Jouvenal, 236.
Juganviere (la), 206.
Jumelles, 1212.
Jumilly, 728.
Juviceaux, 545.

Laguerie, 499.
L'Aigle (St Martin de), 683, 1022.
Laillery près Chaumont, 364.
Lamgrune, 339.
Lanchal, 1048.
Lande (la), 112, 265, 839, 1526.
Landemare, 755.
Landes, 323.
Langrune, 383.
Lastilly, 93.
Lastreaumont, 488.
Lattainville, 231.
Launay, 498, 547, 551, 656, 726, 936, 1509.
Lavay, 91.
Lemignere, 457.
Lenclos, 295.
Lerie, 231.
Lesperon, 764.
Leurts, 720.
Libellay, 76.
Lilletot, 900.
Lilly, 1254.
Limare, 345, 437, 868.
Limarez, 1041.
Limars, 1172.
Limeville, 1172.
Lingevre, 1319.
Lion, 772.
Lions, 241, 1024, 1160.
Lisieux, 407, 413, 484, 498, 575, 616, 638, 743, 922, 923, 965, 996, 1077, 1513.

Lisores, 534.
Lithaire, 612.
Litteau, 552.
Littetot, 900.
Littry, 577.
Livet, 179.
Lizine, 1533.
Loges (les), 1149, 1225.
Loheac, 773.
Loir (le), 265.
Londe (la), 1326.
Longpray, 275.
Longpré, 989.
Longue Fosse, 431.
Longuemare, 77, 840.
Longuerue, 759.
Longueville, 595, 966.
Loraille, 690.
Louvigny, 1179.
Lozier, 413.
Lozieres, 279.
Luneray en Caux, 414.
Luzette (la), 651.

Maclouy, 380.
Madeleine de Nonancourt (la), 538.
Magny, 469.
Maheudiere (la), 1146.
Mailleville sur la Mer, 97.
Maillon, 169.
Maineglize, 103.
Maineval, 433.
Mainneville, 68, 431.
Mainneville la Goupil, 153.
Maisbourg, 251.
Maisoncelles, 649.
Maisons, 118.
Maizieres, 993.
Maizonnette, 649.
Malheudiere (la), 854.
Mallay, 164.
Malleville, 1034.
Mallouy, 164.
Maloisel, 893.
Maltot, 1038.
Manitercul, 573.
Manneville, 299, 1325.
Manoir (le), 55, 741, 1023, 1283.
Manoms, 55.
Manville, 199.
Marbeuf, 1286.
Marche (la), 677.
Marcilly la Campagne, 1284.
Marcouville, 1006.
Mare (la), 78, 168, 655, 1132.

Marechaux, 654.
Mares (les), 1402.
Marets (les), 899, 906, 965, 1016, 1558.
Marevel, 311.
Marfosse, 1039.
Margueritte (la), 1059.
Marigny, 879, 1093.
Marneval, 868, 1088.
Maromme, 785.
Marpalus, 232.
Marseille, 904.
Martainville, 265.
Martigny, 98, 561, 588, 625.
Martot, 592.
Martragny, 98.
Materre, 948.
Mathieu, 1491.
Mauny, 877.
Mauon, 117.
Mautois, 71.
Mauvieu, 494.
Meauffe (la), 1411.
Melleraux (le), 1373.
Melleville, 445.
Mellimont 1428.
Mellinieres, 418.
Mellinniere (la), 63.
Menardiere (la), 658.
Merceville, 454.
Merecgueville, 454.
Meridon, 197.
Merie (la), 392.
Merlerault (le), 1373.
Merval, 425.
Merville, 199, 538.
Mesley (le), 1414.
Mesnil (le), 37, 113, 141, 452, 553, 726, 807.
Mesnil Adoyer (le), 979.
Mesnil Auval, 1462.
Mesnil Auvay, 1462.
Mesnil Cordelier, 393.
Mesnil de Lacey, 276.
Mesnil Eury, 1007.
Mesnil Gaillard, 1011.
Mesnil Glaize, 863.
Mesnil Godefroy, 425, 520, 718.
Mesnil Godinet, 1419.
Mesnil Guillaume, 68.
Mesnil Hubert, 1019.
Mesnil Mauger, 1431.
Mesnil Opac, 216.
Mesnil Rousselin, 527.
Mesnil Segouin, 979.

Mesnil sous Lislebonne, 1314.
Mesnil Terre, 990.
Mesnil Toufray, 1420.
Mesnil Uraye, 1007.
Mesnil Vité, 1364.
Mesny (le), 1472.
Messey, 517, 935.
Messy, 313.
Meudon, 197.
Meugdinez, 291.
Meules, 1328.
Mezerville, 454.
Mezieres, 1110.
Millay, 305, 852.
Milleraye (la), 208.
Millerie (la), 208, 1489.
Millet, 604.
Millieres, 1306.
Minieres, 1198.
Mirreville, 715.
Mochion, 497.
Moigny, 349.
Moisardiere (la), 1541.
Moissonniere (la), 582.
Mommartin, 1186.
Monceaux, 168, 171, 508, 771.
Monchatton, 1451.
Monfiquet, 1138.
Mongaroult, 1244.
Montabot, 281.
Montagne (la), 1063, 1312.
Montaigne (la), 660.
Montaval, 922.
Montbray, 645; — St Martin de, 1146.
Montcrocq, 704.
Montebourg, 1221.
Montegrirac, 1083.
Montelegle, 233.
Montfalon, 1451.
Montfarville, 104.
Montfort, 138, 982.
Montfreville, 892, 1061.
Montgaillard (le), 736.
Montgrenne, 1083.
Montguley, 736.
Monthuchon, 418, 510, 581.
Montigny, 805.
Montiviller, 190, 285, 373, 459, 613, 670, 1087, 1092, 1486; — Ste Croix de, 400; — St Germain de, 640.
Montmartin en Graigne, 1229.
Montpinchon, 1142.
Montpinçon, 532.

Montreuil, 105, 717.
Montrou, 47.
Monts, 223.
Monts (les), 284, 928, 1071.
Mont Serven, 107.
Monts Jorel (les), 296.
Montville, 480, 687, 1185.
Moon, 53, 117.
Morainville, 748.
Moraiziere, 999.
Morandiere (la), 164.
Mordant, 1215.
Morelliere, 999.
Morigny, 349.
Morlanne, 294.
Mortaing, 43, 673, 674, 677, 839, 1095, 1100.
Mortainville, 104.
Mortemer, 1120.
Morville, 1263, 1316.
Motte (la), 45, 253, 721, 1240.
Motte St Quentin (la), 27.
Motte Vesleue (la), 707.
Mouchel (le), 501.
Mouchy, 39.
Moudeville, 167.
Moulins (le), 417.
Moulins (les), 1131.
Moulins la Marche, 1079.
Moyaux, 211, 1120, 1339.
Moyon, 208, 931, 1298, 1489.
Muchedent, 324.
Mucy, 530.
Muneville sur la Mer, 97.

Nassandres, 737.
Navare, 826.
Negremont, 751.
Nerfville, 711.
Neufbourg (le), 205.
Neufchastel, n. 10, 289, 724, 1021, 1062.
Neuffleury, 1391.
Neufve Granche, 241.
Neufville, 1522.
Neufville sur Eaulne, 1308.
Neufville sur Toucques, 606.
Neufvillette, 399.
Neuilly, 608.
Neuilly le Malherbe, 387.
Neusville, 1318.
Neuville, 1240.
Neville, 1318.
Nicorps, 519.
Nilly, 768.

— 227 —

Noblerie (la), 493, 596, 643.
Noe (la), 308.
Nolles (les), 266.
Nonie (la), 438.
Norfville, 188.
Normanville, 748.
Normare, 60.
Norval, 1493.
Nostre Dame de Fresne, 235, 1252.
Nostre Dame de Tilleul, 999.
Noyers, 209.
Noyon, 1552.
Noyou sur Andelle, n. 3.
Nuissement (le), 234, 869.
Nuissemont, 234.

Ocqueville, 1389.
Offranville, 389.
Oistrehan, n. 9.
Olivier, 76.
Ongueru, 910.
Orage (l'), 849.
Orbec, 72, 321, 427, 729, 856, 1139, 1155, 1156, 1157, 1327, 1330, 1524, 1548.
Orbois, 1471.
Orcher, 1424.
Orgeres, 647.
Orguelande, 112.
Ormes, 1310.
Ormesnil, 1374.
Orveaux, 1171.
Orville, 363, 1019.
Osmanville, 622.
Osville, 38.
Ouinville, 957.
Ourville, 416, 871.
Outreleau, 286.
Outresoulle, 853.
Ouville, 35, 685.

Palleziere (la), 351.
Pallieres, 796.
Parc (le), 336, 470, 500, 1477.
Pares (les), 193.
Pariniere (la), 361.
Paris, 263.
Parquerel, 539.
Parquets (les), 689, 693.
Parts (les), 1077.
Pas (les), 954.
Peignel, 765.
Pelletiere (la), 352.
Percy, 493, 643, 1340, 1535.

Perdeville, 319.
Perdoelle (la), 211.
Perdrielle (la), 211.
Periers, 836, 958, 1046, 1264.
Perrette (la), 1453.
Perruque (la), 421.
Petit Hamel (le), 108.
Petit Mesnil (le), 1208.
Petit Mont (le), 219, 819.
Piaudiere (la), 235.
Picardiere (la), 892.
Picauville, 109, 1243.
Pierrefite, 1084.
Pierreval, 1339.
Pierreville, 1187.
Pierry, 1281.
Pieux (les), 1280.
Pillette (la), 1524.
Pimont, 1485.
Pin (le), 212, 1247.
Pinterie (la), 212, 271.
Place de Seez (la), 553.
Placy, n. 9.
Plainville, 754, 1241.
Planche (la), 747.
Planches, 540.
Plemmare, 1092.
Plessis (le), 244, 506, 667, 736, 824, 975, 1053.
Poissy, 425.
Pommerais (les), 1377.
Pommeraye (la), 870, 1055, 1136, 1448.
Pommeret, 1551.
Pommerey, 1551.
Pommeruel, 664.
Ponchiniere (la), 1331.
Pont (le), 949.
Pontardon, 436.
Pont Audemer, 22, 25, 45, 236, 386, 392, 393, 637, 800, 901, 1034, 1067, 1089, 1129.
Pontcorden, 436.
Pont de l'Arche, n. 4.
Pontemangue, 140.
Pontfarcy (le), 1394.
Pont l'Evesque, 207, 381, 442, 893, 920, 973, 1084, 1136, 1416.
Pont Marin (le), 288.
Pontoise, n. 4.
Pontorchon (le), 283, 417, 889, 975, 1036, 1528.
Porte (la), 128, 205, 472.
Portes (les), 346, 1077.
Potterie (la), 1362.

Prairie (la), 1053.
Preaux, 248, 974 ; — St Sebastien de, 226.
Precaire, 215.
Pretot, 867.
Prevel (les), 312.
Prey (le), 657.
Prez (les), 32.
Prunellay, 491.
Pucheuil, 1440.
Putot, 5, 780, 1444.

Querqueville, 104, 1305.
Querrière (la), 919.
Quesnay, 50, 642.
Quesné (le), 480, 894.
Quesney (le), 1269, 1363.
Questerville, 229.
Quettehou, 48, 131, 1014, 1049, 1334.
Quetteville, 483.
Quettreville, 229, 306.
Quilly, 475, 796, 1254.
Quinerville, 329.
Quineville, 329.

Rabut, 318.
Radiolle, 414.
Raffaut, 180.
Ramée (la), 1017.
Ramier (le), 56.
Rampant, 1411.
Raveton, 274.
Raziere (la), 939.
Redent (le), 82.
Refuveille, 625.
Renicaulle, 42.
Renouard, 1018.
Ressencourt, 729.
Reuville, 790.
Reuzemare, 946.
Reville, 1143, 1279.
Ricarville, 298.
Rigneville, 1050.
Rive (la), 859.
Riviere (la), 356, 379, 389, 866.
Riville, 505.
Roche (la), 1446.
Rocher (le), 258.
Roches (les), 1469.
Rocque Baignard (la), 574.
Rocquerel, 639.
Rommois, 56, 571.
Ronceray, 626, 632.
Roncherolle, 1287.

Roncherolles en Bray, 1390.
Ronfrebosc, 154.
Ronnenneville, 1413.
Ronversy, 981.
Rosiere (la), 1373.
Roque (la), 287.
Rosay, 572.
Rouellay, 760.
Rouen, n. 3, n. 4, 12, 28, 31, 32, 59, 82, 84, 96, 129, 130, 143, 147, 149, 151, 158, 169, 174, 176, 178, 180, 187, 226, 249, 255, 260, 264, 289, 300, 307, 334, 372, 385, 391, 411, 415, 425, 441, 466, 484, 488, 614, 633, 650, 675, 692, 694, 697, 698, 735, 755, 759, 771, 775, 782, 784, 801, 819, 841, 843, 845, 849, 872, 886, 887, 890, 894, 898, 905, 924, 925, 934, 946, 970, 978, 979, 986, 987, 988, 991, 992, 1002, 1024, 1027, 1039, 1060, 1080, 1088, 1090, 1106, 1114, 1120, 1153, 1170, 1172, 1174, 1175, 1176, 1361, 1417, 1484, 1555 ; — Ste Croix St Ouen de, 783.
Rouestiere (la), 1042.
Rougeval, 122, 892.
Roullin, 809.
Rousseaux (les), 1286.
Roussiere, 1064.
Roustiere (la), 1157.
Rouveraye (la), 1156.
Rouville, 4.
Rouvray, 626.
Roy (le), 481.
Royauté (la), 1190.
Roys (les), 374.
Roziere (la), 136, 304, 484, 939, 1466.
Ruberry, 1408.
Ruelle (la), 135, 272.
Rully, 1347.
Russy, 604, 623.

Sahurs, 617.
St Agnan de Crasmesnil, 272, 541, 1274.
St Amador, 768.
St André, 629, 1128.
St André de l'Espée, 204.
St André de l'Espine, 204, 885.
St André de Messay, 284.
St Arnoult, 148.

St Aubin, 290, 1135, 1546.
St Aubin d'Arquenay, 1262.
St Aubin de Bois, 288.
St Aubin de Sellon, 1388.
St Aubin de Terregatte, 910.
St Aubin en Caux, 656.
St Aubin le Cauf, 341.
St Aubin le Vertueux, 626.
Ste Barbe, 214.
St Callais, 1109.
Ste Cecile, 1250.
St Clair sur Etretat, 1214.
Ste Colombe du Pont de l'Arche, 477.
St Contest, 735.
St Cyr, 29, 282.
St Cyr proche Valogne, 29.
St Denis, 1045.
St Denis de Cuves, 271.
St Denis des Grez, 660.
St Etienne, 1500.
St Etienne de la Tillais, 1111.
St Etienne du Rouvray, 300.
St Etienne l'Allier, 220.
St Eustache la Forest, 672.
St Evroult, n. 11.
St Flocel, 1517.
St Floxel, 1255.
St Fremont, 814.
St Front, 750.
Ste Geneviefve, 1016.
St Georges du Tuit, 1234.
St Georges en Auge, 866, 1234.
St Germain, 515.
St Germain de Clairfeuille, 1057.
St Germain de Vaux, 1193.
St Germain le Gaillard, 1268.
St Germain le Vasson, 1420.
St Gervais, 996.
St Gilles de Livet, 509.
St Gourgon d'Avesne, 1323.
St Hilaire, 78.
Ste Honorine près Fallaize, 396.
Ste Honorine le Guillaume, 1003.
St Jacques sur Dernetal, 908.
St Jean d'Abbetot, 515.
St Jean Daussieres, 390.
St Jean de Daye, 696.
St Joires, 293.
St Jorean, 237.
St Jorre, 237.
St Just, 1213.
St Laurens de Condel, 1303.
St Laurens de Thorigny, 1464.
St Lo, 93, 102, 204, 287, 382, 472, 527, 654, 655, 885, 930, 936, 959, 976, 982, 1027, 1032, 1044, 1046, 1061, 1069, 1115, 1116, 1123, 1150, 1555.
St Lo de Courcy, 1400.
St Lo d'Ourville, 1483.
St Louis sur Loze, 587.
St Loup de Fribois, n. 12, 192.
St Marc, 1525.
St Marcouf, 1180.
St Mards de Fresne, 1525.
St Marc d'Egraine, 707.
Ste Marthe, 1307.
St Martin, 324, 957, 1090.
St Martin au Bosc, 1237.
St Martin aux Arbres, 565.
St Martin aux Buneaux, 1376.
St Martin de Haricel, 1033.
St Martin de la Lieue, 1354.
St Martin des Bessaces, 1399.
St Martin de Talvende, 955.
St Martin du Manoir, 1033.
St Martin du Mesnil, 257.
St Martin le Blanc, 1295, 1440.
St Maur, 1096.
Ste Melleigne, 374.
Ste Mere Eglise, 1040, 1192, 1372
St Morice, 1025.
St Nicolas, 849.
Ste Opportune, 66, 549, 1056, 1253.
Ste Opportune de Cissay, 1259.
St Ouen, 652, 941, 1478.
St Ouen du Bosc, 730.
St Ouen le Houx, 1551.
St Ouen le Nouet, 240.
St Ouen le Tubeuf, 1328.
St Paer, 605.
St Pair du Mont, 317, 579.
St Pair le Serrain, 1271.
St Paul, 1344.
St Pellerin, 95.
St Philbert, 270.
St Pierre de Courcy de l'Isle, 1194.
St Pierre du Breuil, 1220.
St Pierre Eglise, 1512.
St Pierre en Port, 817.
St Pierre Langé, 1366.
St Pierre le Cauchois, 1404.
St Pierre le Vieil, 1536.
St Pierre sur Dives, 337, 356, 866, 894, 1045.
St Quentin, 126, 354, 761, 927, 1414.

St Quentin des Isles, 1275.
St Remy sur Avre, 667.
St Romain de Colbosc, 1033.
St Sauveur Landelin, 1051, 1402.
St Sauveur le Vicomte, 726, 756, 758, 882, 1134.
Ste Scolasse, 1301.
St Sent, 29.
St Sent proche Valogne. Voy. St Cyr.
St Sever, 1278.
St Silvin, 813.
St Sulpice, 912.
St Suplix, 341.
St Supplice, 799.
St Thomas de Touques, 1369.
St Vallery, 270.
St Vast, 1073.
St Vast Dieppedalle, 294.
St Victor, 13.
St Victor de Crestienneville, 904.
Sap (le), 137, 601, 1205.
Sap André, 1332.
Saptel (le), 428.
Sassetot, 1102.
Sassy, 906.
Saurent, 85.
Saussais (la), 118.
Saussay (le), 99, 368, 713.
Saussaye (la), 601, 775, 1065.
Saussonniere (la), 527.
Sauvagerie (la), 517.
Savigny, 928.
Sazilly, 773.
Seez, 1144, 1145;—St Pierre de, 361.
Seillery, 950.
Senouville, 127.
Sentilly, 274, 1056.
Septimanville, 617.
Serez, 1540.
Serols, 1497.
Serville, 475.
Sevray, 162.
Sigy, 730.
Smermesnil, 1308.
Soliers, 299.
Sommery, 36.
Sondres, 440.
Sorteval, n. 9.
Sortosville, 1178.
Sortosville près Vallognes, 421.
Sourdeval, 1296.
Suline, 555.
Suraudiere (la), 998.

Surrain, 1386.
Surtainville, 1178.
Survie, 1196.

Taillepied, 504.
Tambrie (la), 56.
Tarnetot, 302.
Tassilly, 93.
Teil (le), 757.
Tenneur (le), 187.
Terrasina, 889.
Tertre (le), 453.
Tessel (le), 765.
Tesses, 208.
Tessey, 185, 862.
Tessy, 208, 243, 333.
Theil (le), 635, 825.
Thiétreville, 1226.
Thilaudiere (la), 439.
Thorigny, 909, 1154.
Thuit (le), 617.
Thury, 933.
Tiboutot, 1.
Tierceville, 37.
Tiergeville, 615.
Tibebert, 1404.
Tillers, 252, 353.
Tillieres, 1516.
Tilly, 557.
Tincep, 162.
Tirepied (Nostre Dame de), 723.
Titteville, 1226.
Torchy, 52.
Torp, 1237.
Tortisambert, 532.
Tot (le), 8, 695.
Toucques, 14.
Touffeville, 625.
Touffreville sur Cailly, 174.
Tour (la), 1492.
Tour la Ville, 758.
Tournay, 629.
Tourné, 1184.
Tourneur (le), 1202.
Tourny, 1553.
Tourseauville, 1260.
Tourville, n. 10, 31.
Toutainville, 703.
Tracy, 73.
Travailles, 259, 848.
Travers (le), 1139.
Treauville, 811, 1260.
Treilly, 1210.
Treize-Saints, 162.
Tremaulle, 995.

Tremauville, 995, 1218.
Tremauville aux Alloyaux, 1276.
Tremblaye (la), 1119.
Trinité (la), 1201.
Trois Minettes (les), 275.
Trop (le), 373.
Trouard, 772.
Troverie (la), 287.
Trun, 1203.
Tuit (le), 813.
Turqueville, 879.

Ujon, 323.
Urville, 1420, 1466.

Vacquerie (la), 544, 1418.
Val (le), 123, 124, 171, 508, 1050, 1377.
Val d'Agranville (le), 769.
Val de Launay, 535.
Val Durand, 951.
Val Hebert, 352.
Val le Seurre, 493.
Val Martin, 412.
Val Misset, 556.
Valailles, 635.
Valcanville, 116.
Valée (la), 766, 770.
Valiege (la), 335.
Vallée (la), 16, 447, 631, 1086.
Vallées (les), 1066, 1161, 1173.
Vallemont, 1546.
Vallency, 754.
Valleville, 87.
Valleziere (la), 937.
Vallonville, 189.
Valmont, 1135.
Valmont en Caux, 1158.
Valognes, n. 10, 144, 422, 487, 757, 899, 928, 932, 938, 950, 954, 981, 1010, 1167.
Valsinop, 1167.
Vaneville, 509.
Vannecroq, 849.
Varanne, 881, 1101.
Varende, 881, 1101.
Varneville, 1249.
Varreville, 1245.
Vascherie (la), 156.
Vassouie, 820.
Vast (le), 1143.
Vaucelles, 359, 546.
Vaudreuil (le), 859.
Vaudrimesnil, 838.
Vaufouquet, 482.

Vaugoust, 788.
Vaugueron, 876.
Vaulion, 386.
Vauricarde, 125.
Vaussel (St Michel de), 831.
Vaux (les), 837.
Vaux sur Aure, 99.
Veau du Parc, 971.
Veaugrard, 1014.
Vendeuvre, 406.
Venois, 49.
Ver, 1269.
Verbuisson, 281.
Verge, 549.
Vergenetté n. 12
Vergueron, 368.
Vermanoir, 287.
Verneuil, 224, 1075, 1097, 1545.
Vernon, 157, 159, 266, 280, 328, 578, 1294.
Vertemare, 514.
Veteville, 1287.
Vetouville, 1383.
Veulles, 270.
Vicquemare, 790.
Vidouville, 584.
Vieille Lyre, 1528.
Vieillerie (la), 647.
Vienne, 1089, 1283.
Vierville, 1365.
Viette, 1395.
Vieu, 76.
Vievre, 220.
Vilaines, 707.
Villedieu les Bailleuls, 1529.
Villejouvier, 20.
Villers, 250, 417.
Villers sur Glos, 1560.
Viller sur Mer (St Martin de), 884.
Villette, 68, 194.
Villy, 1449.
Vimoutier, 496, 555.
Vincent, 46.
Violerie (la), 647.
Vironvay, 265.
Virres, 436, 471, 953, 1161.
Viseneuil, 563.
Vitray, 1378.
Vivier (le), 693.
Volerie (la), 647.
Vollerie (la), 1072.
Volliere (la), 684.

Yvetot, 668, 1106.

www.ingramcontent.com/pod-product-compliance
Lightning Source LLC
Chambersburg PA
CBHW060129190426
43200CB00038B/1896